»Richtig reisen«

Guadeloupe

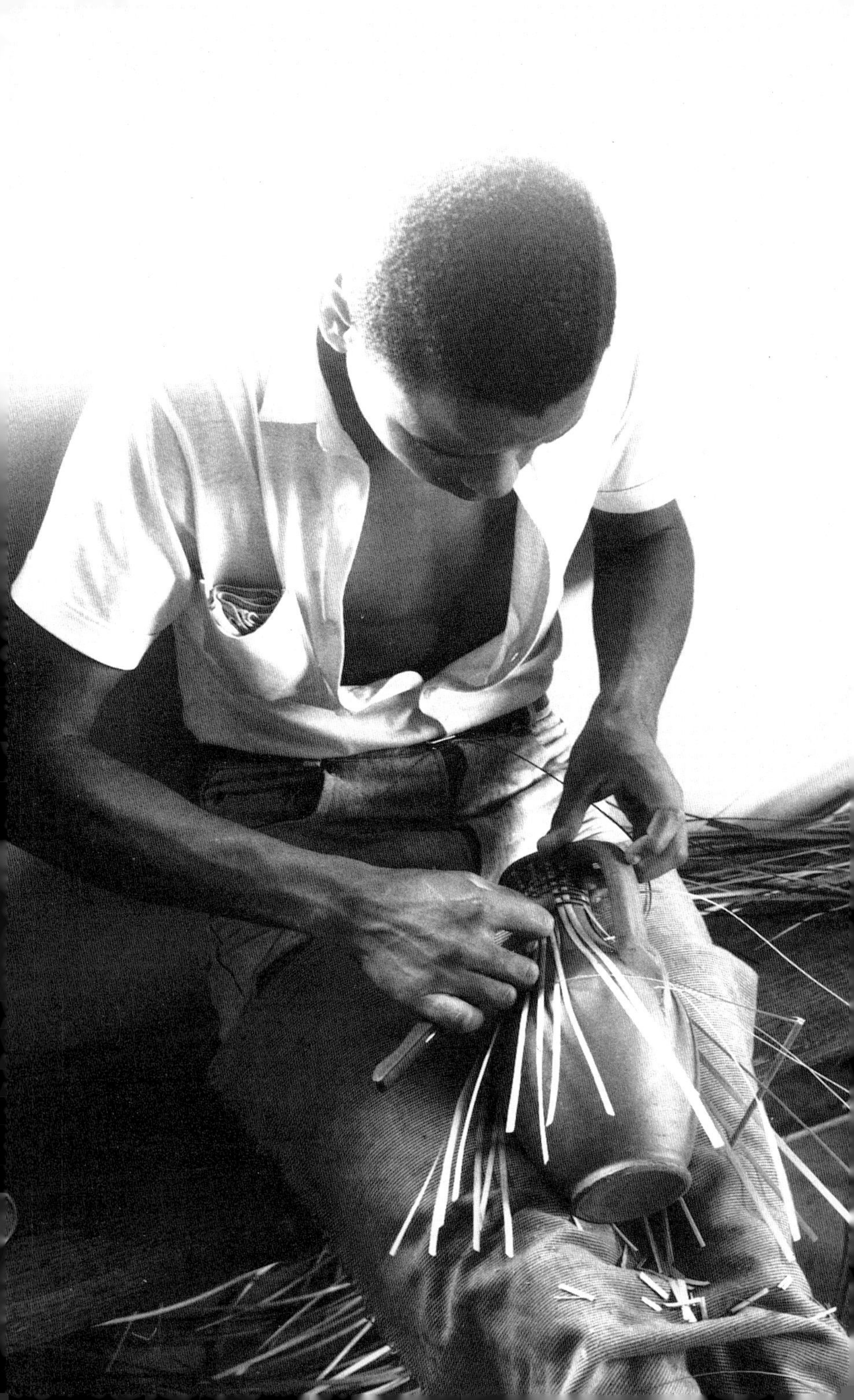

»Richtig reisen«

Guadeloupe · Martinique

Französische Antillen

Nikolaus und Alo Miller

DuMont Buchverlag Köln

Umschlagvorderseite: Blick auf Sainte-Luce (Martinique)
Umschlaginnenklappe: Frauen auf Martinique in traditioneller Kleidung
Umschlagrückseite: In den Grands Fonds (Guadeloupe)

Die Namen der Karibischen Inseln weisen unterschiedliche Schreibweisen auf. Der Grund hierfür ist in der bewegten Geschichte zu suchen, in deren Verlauf die spanischen, englischen, französischen und holländischen Eroberer die Inseln nach Bedarf tauften oder die vorgefundenen Bezeichnungen an ihre Sprache anpaßten.

CIP-Titelaufnahme der Deutschen Bibliothek

Miller, Nikolaus:
Guadeloupe, Martinique : Französische Antillen / Nikolaus u.
Alo Miller. – Köln : DuMont, 1990
(Richtig reisen)
ISBN 3-7701-2235-6
NE: Miller, Alo:

Satz und Druck: Rasch, Bramsche
Buchbinderische Verarbeitung: Bramscher Buchbinder Betriebe

Printed in Germany ISBN 3-7701-2235-6

Inhalt

Landeskunde

Lage 10
Vulkanismus 11
Pelée-Ausbruch und Soufrière-Krise 13
Klima 15
Zyklone 17
Korallenriffe 18
Mangroven 20
Strände und Kliffs 21
Regenwald 23
Plantagen und Gärten 27
Lexikon der Nutzpflanzen 29

Geschichte

Kolumbus und die Indianer 33
Siedler und Sklaven 35
Die Habitation-Sucrerie 37
Staaten und Piraten 38
Rebellen und Republikaner 40
Guadeloupe 1794 41
Halbe und ganze Franzosen 44

Politik – Wirtschaft – Gesellschaft

Keine Alternative zum DOM-Status 47
Der Dichter und Politiker Aimé Césaire 48
Geldabfluß und Warenschwemme . 50
Landwirtschaft in der Dauerkrise . 54
Rhum agricole 59
Arbeitslosigkeit und Emigration . . 62
Geschlechterrollen antillanisch . . . 63

Rassismus von oben und unten . . . 64
Frantz Fanon oder Schluß mit dem Kolonialsyndrom . 68

Kultur

Architektur 70
Küche 71
Trinkgelegenheiten 72
Kleidung und Schmuck 73
Musik 74
Religion und Aberglaube 76
Der Sturz von Man Justina 77
Feste 78
Hahnenkampf 80
Die kreolische Sprache 82
Literatur 84
Cric-Crac 85

Orts- und Landschaftsbeschreibungen

Guadeloupe

Pointe-à-Pitre 90
Grande-Terre 94
  Die Riviera 94
  Die Atlantikküste 122
  Von der Pointe de la Grande Vigie in die Grands Fonds 125
Basse-Terre 128
  Durch das Capesterre zur Südspitze 128
  Wanderungen: Durch die Monts Caraïbes 133
  Rund um die Soufrière 133
  Wanderung: Zu den Carbet-Fällen 134
  Wanderung: Besteigung und Umrundung der Soufrière 136
  Wanderung: Auf dem Hauptkamm nach Norden 139

Von Basse-Terre zu den Ilets de Pigeon 142
Der Norden von Basse-Terre . . 145
Die Traversée 147

Dependancen

Saint-Martin 152
Saint-Barthélemy 154
La Désirade 157
Wanderungen: Auf Désirade . . 158
Marie-Galante 159
Die Saintes 162

Martinique

Fort-de-France 168
Der Norden 173
Von der neuen in die alte Hauptstadt 173
Saint-Pierre vor der Zerstörung . 177
Rund um den Mont Pelée 179
Wanderung: Anse Couleuvre – Grand-Rivière 180
Wanderung: Besteigung des Mont Pelée 181
Vom Capot zur Caravelle-Halbinsel 186
Wanderungen: Durch die Biotope der Caravelle-Halbinsel 189
Trace und Transversale 191
Wanderungen: Im Pitons-Massiv 192
Der Süden 195
Die südwestliche Halbinsel . . . 195
Die Südostspitze 199
Gommier- und Yole-Regatten . . 200
Wanderung: Pointe des Salines – Anse Macabou 202
Das Atlantiktrio und sein Hinterland 203

Abbildungsnachweis 206

Praktische Reiseinformationen

Wissenswertes vor der Reise
- Anreise . . . 210
- Einreisebestimmungen . . . 211
- Preise . . . 212
- Reisezeit . . . 212
- Veranstalter . . . 212

Unterkunft
- Hotels . . . 213
- Appartements und Bungalows . . . 215
- Gîtes ruraux . . . 216
- Camping . . . 217

Essen und Trinken
- Restaurants . . . 217
- Selbstversorger . . . 219

Verkehrsmittel
- Auto . . . 220
- Wohnmobile . . . 220
- Motorroller und Mofas . . . 221
- Straßenverhältnisse/ Verkehrsverhalten . . . 221
- Taxis . . . 222
- Busse/Sammeltaxis . . . 222
- Schiffsverbindungen . . . 222
- Flugverbindungen . . . 223

Wanderwege . . . 224

Sport
- Angeln (Hochseeangeln) . . . 227
- Fahrradfahren . . . 227
- Fliegen . . . 227
- Fußball . . . 228
- Golf . . . 228
- Reiten . . . 228
- Schnorcheln . . . 229
- Segeln . . . 229
- Tauchen . . . 230
- Tennis . . . 231
- Wasserski . . . 232
- Windsurfen . . . 232

Praktische Informationen von A–Z
- Ausflüge . . . 232
- Einkaufen . . . 233
- FKK . . . 233
- Fotografieren . . . 233
- Galerien . . . 234
- Geld . . . 234
- Gesundheit . . . 234
- Karten . . . 236
- Kinder . . . 236
- Konsulate . . . 236
- Kreuzfahrten . . . 236
- Kriminalität . . . 236
- Kulturveranstaltungen . . . 237
- Kunsthandwerk . . . 237
- Literatur . . . 237
- Medien . . . 238
- Museen . . . 239
- Nachtleben . . . 240
- – Diskotheken . . . 241
- – Spielkasinos . . . 241
- Pitt . . . 241
- Post . . . 242
- Rumdestillerien . . . 242
- Strom . . . 244
- Telefon . . . 244
- Trinkgeld . . . 244
- Zeitverschiebung . . . 244
- Zoll . . . 244

Antillanisches Wörterbuch . . . 245

Register . . . 247

Explodierende Natur

Landeskunde

Lage

Die Französischen Antillen liegen, fast 7000 km von Paris entfernt, vor Südamerika (14–18° nördlicher Breite, 60–63° westlicher Länge). Sie bestehen aus zwei Hauptinseln (Guadeloupe, Martinique) und fünf Dependancen (ca. 260 km), die zum Archipel Guadeloupes gehören oder gerechnet werden. Saint-Barthélemy und Saint-Martin, durch fremde Eilande (Barbuda, Sint Eustatius, Saint Kitts, Nevis, Antigua, Montserrat) vom guadeloupanischen ›Kontinent‹ getrennt, bilden 230–260 km nördlich eine Brücke auf dem Weg nach Puerto Rico. Désirade, Marie-Galante und die Saintes gruppieren sich in unmittelbarer Nähe Guadeloupes, sind wahre Ableger der Hauptinsel. Diese setzt sich eigentlich aus zwei Inseln (Grande-Terre, Basse-Terre) zusammen, die einen 1520 qkm großen Schmetterling formen, dessen ›Flügel‹ Längenausmaße von durchschnittlich 50 km erreichen. Martinique, die kleinere ›Schwester‹ (1100 qkm), liegt 120 km südlich, jenseits von Dominica, und mißt bei einer variablen Breite von 10–26 km in der Länge maximal 64 km.

Les Antilles sagen die Franzosen und folgen damit einer spanischen Namensgebung. In der Seekarte Toscanellis war das sagenhafte Land ›Antilia‹ im Südwesten der Azoren eingezeichnet. Nach den Entdeckungen machte der Gelehrte Petrus Martyr am spanischen Hof den Vorschlag, die neue Inselwelt nach der alten Trauminsel zu benennen. Im englischen Sprachraum bevorzugt man, in Erinnerung an den epochalen Irrtum von Kolumbus, der sich ja auf dem Weg nach Indien glaubte, die Bezeichnung *West-Indies*. Dieser Terminus umfaßt alle Inseln des amerikanischen ›Mittelmeers‹ einschließlich der Bahamas. Der Begriff Antillen ist eingeschränkter und bezeichnet die Inselkette, die das Karibische Meer vom Atlantischen Ozean abtrennt und von Cuba bis Trinidad reicht.

Es handelt sich bei dem Archipel um Gebirgszüge, von denen nur Fragmente, Inseln eben, aus dem Meer ragen. Die Großen Antillen (Cuba, Jamaica, Hispaniola und Puerto Rico) sind erdgeschichtlich sehr alte Formationen, die – geologisch mit Honduras und Nicaragua verwandt – aus tiefen Meeresgräben (Cayman-Graben, 7680 m) aufsteigen. Die Kleinen Antillen, wesentlich jüngere Vulkanprodukte, entstanden an einer Nahtstelle der Erdkruste und müssen daher immer wieder mit Erd- und Seebeben rechnen. Man teilt sie in die Inseln *über dem Wind* (Virgin Islands bis Trinidad), die dem Atlantik zugewandt, und die Inseln *unter dem Wind* (Margarita bis Aruba), die der venezolanischen Küste vorgelagert sind.

Guadeloupe und Martinique liegen zentral im Bogen der Inseln über dem Wind. Genau genommen ist zwischen einem inneren gebirgigen und einem äußeren Bogen flacher Kalkplateaus zu unterscheiden: einerseits Saint Kitts, Basse-Terre, Dominica, Martinique, Santa Lucia, Saint-Vincent – eine lange Gebirgskette mit drei aktiven Vulkanen (Mont Pelée auf Martinique, die Soufrières auf Guadeloupe und Saint-

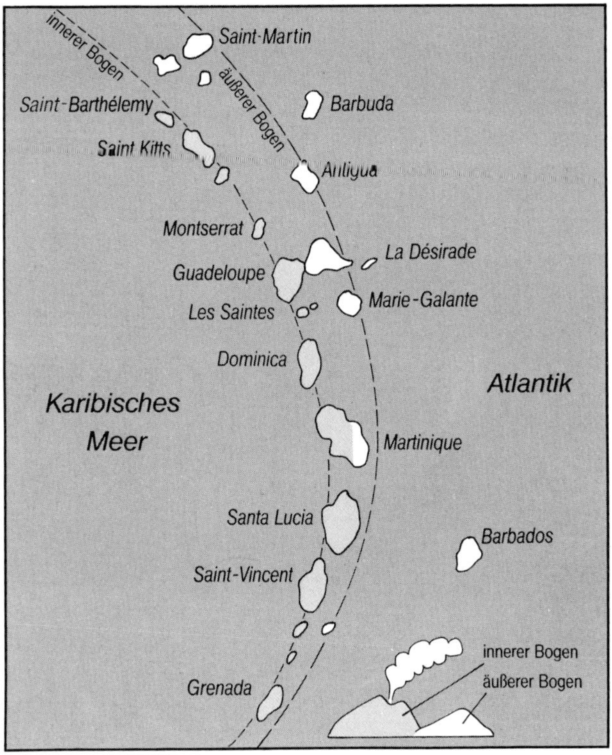

Innerer und äußerer Bogen der Kleinen Antillen

Vincent); andererseits Saint-Martin, Saint-Barthélemy, Barbuda, Grande-Terre, Barbados – eine Reihe von Kalkinseln, die auf vulkanischem Sockel aufgebaut und zum Teil verkarstet sind. Die landschaftliche Vielfalt der Inseln erschließt sich am schönsten auf Guadeloupe: die Ostseite (wie der Saintes-Archipel) gehört zum inneren, die Westseite (inklusive Marie-Galante und Désirade) zum äußeren Bogen.

Vulkanismus

Man muß sich die Erdoberfläche als ein Mosaik von Krustenplatten vorstellen, die auf dem Erdmantel treiben, auseinanderdriften und gegeneinanderstoßen. Die Kleinen Antillen liegen an den Rändern zweier kollidierender Schollen. Die karibische Platte scheuert hier gegen die atlantische, die unter sie abgetaucht ist und ins Erdinnere drückt. In dieser Subduktionszone reihen sich die Erdbebenherde aneinander und es kommt zu Aufschmelzungen des Gesteins. Magma steigt in flüssigen Taschen nach oben, setzt Gas frei und tritt als Lava aus. Emporgeschleudert und zerspratzt, regnet sie als Asche nieder (Lapilli, Schlacken, Bomben), die sich kegelförmig um die Krater häuft.

Die Vulkane des inneren Inselbogens sind keine feuerspeienden Berge aus dem Bilderbuch. Die Lava fließt nicht fotogen über den Kraterrand wie am Ätna oder auf Réunion. Sie enthält 52–65 % Kieselsäure, ist daher recht dickflüssig, die Gase entweichen schwer, Überdruck entsteht. Es drohen also Eruptionen, die besonders explosiv geraten, wenn der Förderkanal bei früheren Ausbrüchen verstopft wurde. Und das ist hier die Regel. Denn die zähe Lava quillt wie Zahnpasta aus dem Krater, bildet Staukuppen in Form von Hauben (*dômes*), Spitzen (*pitons*) oder Nadeln (*aiguilles*). Neuer Glutfluß sprengt den alten Lavapfropfen aus dem Schlot, jagt gelegentlich einen ganzen Gipfel in die Luft.

Das aus dem Magma freigesetzte Gas sucht sich unterhalb der Verstopfung Seitenausgänge, Spalten (*failles*) entstehen. So brach 1902 der Kegel des Mont Pelée auf, und eine glühendheiße (700–1000°C) Feuerwand aus Gas und leichterAsche raste hangabwärts. Erst dieser katastrophale Ausbruch hat die Gefährlichkeit des Antillenvulkans ins allgemeine Bewußtsein gerückt. Die Explosion überraschte nicht nur die ahnungslose Bevölkerung, die ihren Hausberg halberloschen glaubte und sonntags gern zum Picknick an den Kratersee aufbrach. Sie revolutionierte auch die Vulkanologie, die jetzt als Wissenschaft gefordert war und mit neuen Klassifikationen aufwartete. Seit Lacroixs ausführlicher Studie über ›La Montagne Pelée et ses Eruptions‹ (1904) bezeichnet man den hochexplosiven Ausbruchstyp als *peleanischen*, den es vom ruhigen (*Hawai-Typ*), regelmäßigen (*Stromboli-Typ*) und heftigen (*Vesuv-Typ*) zu unterscheiden gilt. Außerdem ist die Glutwolke als französischer Begriff (*nuée ardente*) in die wissenschaftliche Literatur eingegangen.

Doch die Eruptionsvorgänge der Antillenvulkane bleiben unberechenbar. Wenn der Berg zu prusten und spucken anfängt, ist der Ausgang der Krise noch nicht abzusehen. Der langsame Magma-Aufstieg geht zunächst mit der Erhitzung des Wassers einher, das der Vulkan aufgenommen hat. Er saugt schließlich in diesen Breiten jährlich 10000 mm Regenwasser auf, sein Sockel ist vom Meer umgeben. Der peleanische Typ wirkt also wie ein Dampfkochtopf: das Wasser verdunstet, der Druck hebt den Deckel, altes Material wird nach draußen geschleudert. Diese Explosionen sind *phreatischer* Natur und kein Grund zur Entwarnung! Denn die ausgeworfenen Gesteinsbrocken entwickeln sich unter dem Einfluß des Tropenregens zu gefährlichen Schlammlawinen (*lahars*). Vor allem aber ist noch nicht entschieden, ob den Emissionen von Gas, Wasserdampf und Asche nicht doch noch frische Lava folgt und es zu einer *magmatischen* Eruption kommt. Kein Wunder, daß sich 1976 auf Guadeloupe die Geologen mit unterschiedlichen Diagnosen in die Haare gerieten. Prof. Brousse (Leiter des Expertenteams) hielt den Magmaaufstieg in der Soufrière für irreversibel und rechnete mit einer Glutwolke. Haroun Tazieff widersprach und sah in den phreatischen Explosionen keine Vorboten eines peleanischen Ausbruchs. Er behielt damals recht.

Die beiden aktiven ›Peleaner‹ gebieten ihrer Gefährlichkeit wegen besonderen Respekt. Zum Landschaftsbild tragen jedoch die erloschenen Vulkane nicht weniger bei. Auf der Südseite der Soufrière häufen sich die klassischen Kegel (Citerne, Madeleine, Gros Foujas), die in einem Fall (Citerne) sogar einen Kratersee bergen, wie er

Pelée-Ausbruch 1902

Anfang April Ein Lehrer des Gymnasiums von Saint-Pierre entdeckt dampfende Fumarolen im oberen Bereich der Rivière Blanche.
23. April Leichter Aschenregen fällt auf die Stadt, von Schwefelgeruch und Erdstößen begleitet.
Ende April Die Geschäfte in Saint-Pierre müssen schließen, weil Asche bereits einige Straßen unpassierbar macht. Tiere fliehen oder sterben an giftigen Gasen. Immer mehr Einwohner verlassen die Stadt, in die zahlreiche Flüchtlinge aus der Umgebung strömen. Die vom Gouverneur eingesetzte Kommission kommt jedoch zu dem Ergebnis, daß keine unmittelbare Gefahr besteht.
5. Mai Der Kratersee ergießt sich ins Tal der Rivière Blanche. Im Mündungsgebiet begräbt eine Schlammlawine die Zuckerfabrik Guérin unter sich und fordert 30 Menschenleben.
6. Mai Truppen halten die fliehende Bevölkerung zurück. Der Gouverneur stattet Saint-Pierre einen Besuch ab und versucht zu beschwichtigen. Am kommenden Sonntag sollen Wahlen stattfinden!
7. Mai Erste Lava-Auswürfe am Gipfel. Die Zeitung ›Les Colonies‹ empört sich über die Nervosität der Bürger: »Der Mont Pelée bietet für Saint-Pierre keine größere Gefahr als der Vesuv für Neapel. Wir können diese Panik nicht verstehen. Wo könnte außerhalb von Saint-Pierre jemand besser Schutz finden als in der Stadt?«
8. Mai Nach einer schlimmen Nacht (heftige Eruptionen, Donnergetöse, Schlammlawinen) tritt morgens unheimliche Stille ein. Kurz vor 8 Uhr zerreißt es den Gipfel, und eine atompilzähnliche Wolke rast auf die Stadt nieder. Saint-Pierre ist innerhalb weniger Sekunden ausgelöscht: 30 000 Tote, einziger Überlebender der Häftling Cyparis. Die Schiffe im Hafen brennen und kentern im kochenden Meer, nur der Dampfer Roddam kann – mit großen Verlusten unter der Mannschaft – entkommen. Von Purser Thompson, einem überlebenden Besatzungsmitglied der Roraima, stammt folgender Augenzeugenbericht:

»Unser Schiff erreichte Saint-Pierre am frühen Morgen des Donnerstages. Für Stunden, ehe wir die Reede erreichten, konnten wir sehen, wie vom Mont Pelée Flammen und Rauch aufstiegen. Niemand an Bord hatte eine Vorstellung von der Gefahr. Kapitän G. T. Muggah war auf der Brücke, und alle Mann kamen an Deck, das Schauspiel zu sehen. Als wir uns Saint-Pierre näherten, konnten wir die rollenden und springenden Flammen unterscheiden, die in gewaltiger Menge vom Berg ausgespien wurden und hoch in den Himmel aufstiegen. Riesige schwarze Rauchwolken hingen über dem Vulkan. Zuckend stiegen die Flammen empor, hin und wieder einen Moment auf diese oder die andere Seite wogend, dann plötzlich wieder höher aufspringend. Ständig war ein dumpfes Rollen zu hören. Das Ganze war vergleichbar dem Aufflammen der größten Ölraffinerie auf dem Berggipfel. Etwa 7.45 Uhr, kurz nachdem wir eingelaufen waren, gab es eine schreckliche Explosion. Der Berg wurde in Stücke geblasen. Es gab keine Warnung. Die Flanke des Vulkans riß auf, und eine dichte Flammenwand raste auf uns zu. Es donnerte wie aus tausend Kanonen. Die Glutwolke stürzte sich wie ein grell aufflammender Blitz auf uns und über uns hinweg. Sie glich einem Hurrikan von Feuer, der sich in voller Masse direkt auf Saint-Pierre und die Schiffe wälzte. Die Stadt verschwand vor unseren Augen, dann wurde um uns die Luft erstickend heiß. Wo auch immer die feurige Masse die See traf, begann das Wasser zu kochen, und mächtige Dampfwolken stiegen auf. Ich rettete mein Leben, indem ich in meine Kajüte stürzte und mich in meinem Bettzeug vergrub. Der Feuersturm vom Vulkan hielt nur wenige Minuten an. Er schrumpfte zusammen und setzte alles, was er traf, in Brand. Brennender Rum rann in Strömen die Straßen von Saint-Pierre hinab in das Meer. Ehe der Vulkan barst, waren die Landebrücken von Saint-Pierre mit Menschen überfüllt. Nach der Explosion war keine einzige lebende Seele mehr an Land zu sehen.«

Saint-Pierre nach dem Ausbruch des Mont Pelée

30. August Eine weitere Glutwolke zerstört Morne-Rouge und kostet über 1000 Menschen das Leben.
November Aus dem Gipfel wächst eine Lavanadel heraus, die im Lauf der Monate eine Höhe von 260 m erreicht und am 10. August 1903 in sich zusammenbricht.

Soufrière-Krise 1976/77

8. Juli An der Südwestflanke öffnet sich eine über 500 m lange Spalte. Schwefeldampf entweicht in dichten Strahlen, schwere Gesteinsbrocken fliegen Hunderte von Metern weit, eine Schlammlawine stürzt ins Carbet-Tal hinunter. Bis zum Abend verlassen etwa 20000 Bewohner Saint-Claude und Matouba, nachdem sich der Himmel verfinstert hat und grauer Ascheregen niedergegangen ist.
25. Juli An der Nordseite werden alte Fumarolen tätig.

15. August Auf Anweisung des Präfekten tritt der ORSEC-Plan in Kraft. Die Gemeinden Basse-Terre, Saint-Claude, Gourbeyre, Vieux-Fort, Baillif, Trois-Rivières, Vieux-Habitants (teilweise) und Capesterre (teilweise) werden evakuiert. Im Fort Saint-Charles bleibt ein Wissenschaftlerteam zurück.
16. August Explosion am Gipfel, heftige Erdstöße (4,63 auf der Richterskala) sind bis Pointe-à-Pitre zu spüren.
18. August Jederzeit umkehrbereit, starten Kleinbauern in die *zone interdite,* um ihr zurückgelassenes Vieh einzuholen. Tausende nutzen die Kommandoaktion zur Rettung von Habseligkeiten. Ganz Guadeloupe wartet auf den Ausbruch der Soufrière.
Ende August Zwischen Magmatikern und Phreatikern entbrennt ein Expertenstreit. Die Bewohner von Vieux-Fort kehren in ihr Dorf zurück. Erwachsene aus vier anderen Gemeinden erhalten die Erlaubnis, von 7 bis 18 Uhr in den Bananenplantagen zu arbeiten.
30. August Eine neue Fraktur entsteht. Der Vulkanologe Tazieff wird auf einer Explorationstour verletzt. Vor der Presse berichtet er:

»Der Krater, aus dem einige Dämpfe entwichen, war völlig ruhig und friedlich, als wir plötzlich ein Pfeifen hörten, das sich sehr schnell verstärkte. Ein weißer Dampfstrahl schoß auf. Eine Minute später wurden die Wirbel grau. Das war Asche. Wir ergriffen die Flucht, aber der Steinhagel brach sofort los. Ein dröhnender Lärm, schlimmer als Artilleriefeuer. Wir warfen uns alle hinter einen Felsen oder Abhang, um Kopf und Oberkörper zu schützen. Es ist ein Wunder, daß uns die größten Felsbrocken nicht voll getroffen haben.«

Bis 1. März 1977 halten die Eruptionen an.

vor 1902 auch den Pelée-Gipfel zierte. Die formschönen Pitons du Carbet sind Dazit-Ruinen, die von der Erosion bis auf die harten Lavaschichten abgenagt wurden und jetzt als steilwandige Nadeln aus dem martiniquanischen Regenwald ragen. Im Norden Basse-Terres und im Süden Martiniques ist eine Abfolge von Kuppen (*mornes*) zu erkennen, deren aktive Zeit auf den Anfang des Quartärs zurückgeht. Auch zeugen die zahlreichen heißen Quellen vom lebendigen, aber auch abklingenden Vulkanismus. Denn selbst erstarrende Magmaherde können in die Tiefe dringendes Grundwasser noch über Jahrmillionen hinweg aufheizen.

Klima

Die Antillen liegen zwischen den Wendekreisen und warten deshalb mit einem feucht-heißen Tropenklima auf. Die Sonne steht steil, viel Wasser verdampft über dem Meer und in den Wäldern. Sobald man aus dem Flugzeug steigt, spürt man die schwüle Luft. Unvorsichtige holen sich an den Stränden leicht Sonnenbrände, da die Temperaturen tückischerweise recht angenehm sind: sie schwanken zwischen 23 °C

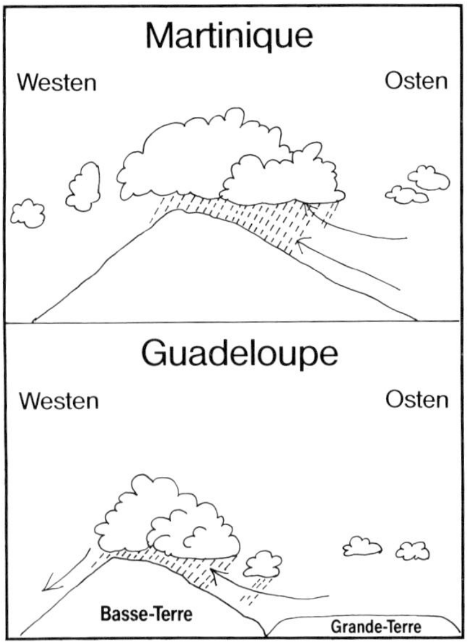

Das Gebirge bedingt die klimatischen Unterschiede auf den Inseln

und 26 °C, steigen aber nur ausnahmsweise über 30 °C. Dafür sorgt der Passat (*alizé*), ein von höheren Breiten kommender, durch die Erddrehung nach Osten abgelenkter Wind.

Er bläst beständig aus Nordost und trifft auf die Gebirgsmassive, die Basse-Terre und Martinique in nord-südlicher Richtung durchziehen. Die wasserdampfgesättigte Luft steigt an den Osthängen auf, kühlt sich in der Höhe ab und kondensiert. So kommt es auf der Luvseite (*côte au vent*) zu Nebelbildung und heftigen Regenfällen. Wenn die Luft die Gipfel überwindet, hat sie den größten Teil ihrer Feuchtigkeit abgegeben. Auf der Leeseite (*côte sous le vent*) stellt sich ein Föhneffekt ein, denn die abfallende Luft komprimiert und erwärmt sich.

So wirkt das Gebirge als Klimascheide. Auf der windzugewandten Seite mißt man jährlich 2000–4000 mm, in Höhenlagen sogar 6000–8000 mm Niederschläge. Im Laufe des Tages kommt es hier zu kurzen, aber heftigen ›Duschen‹, die Abkühlung bringen und meist schnell wieder der stechenden Sonne weichen. Die windabgewandte, relativ trockene Küste weist bis zu 10 °C höhere Temperaturen auf. Sie ist dennoch nicht mit den heißen und ariden Flachzonen zu vergleichen, die dem Passatwind kein Hindernis entgegenstellen und von den Niederschlägen fast nie erreicht werden (Osten Grande-Terres, Südosten Martiniques). Das extreme Gegenteil dieser gebirgsfernen Wüsten stellen die kühlen und (nebel)feuchten Hochlagen der Gebirge dar, in denen Pullover und Anorak gute Dienste leisten. Auf engstem Raum wechseln wir von einem Mikroklima ins andere, und warme Kleidung gehört zur Ausrüstung wie die Badehose und der als Regen- wie Sonnenschutz verwendbare Schirm.

Die Thermometer sinken um 5–6 °C, wenn nach kurzer Dämmerung gegen 18 Uhr eine zwölfstündige Dunkelheit hereinbricht. Der Temperaturunterschied zwischen Tag und Nacht ist immer noch deutlich größer als der zwischen den ›kalten‹ und

›warmen‹ Monaten. Man spricht deshalb von einem Tageszeitenklima. Jahreszeiten in unserem Sinn gibt es nicht. Man kann lediglich zwischen der vergleichsweise trockenen Saison (*carême*) und der eigentlichen Regenzeit (*hivernage*) unterscheiden, in der 75 % der Jahresniederschläge fallen. Erstere (Dezember bis März) bringt gemäßigte Temperaturen und ist die Hauptsaison der Touristen. Letztere (Juli bis Oktober) bringt schwülere Luft und ist die Hauptsaison der Zyklone.

Zyklone

Von Juli bis Oktober muß man mit ihnen rechnen. Sie erhalten Vornamen in alphabetischer Reihenfolge und bleiben so über Generationen hinweg als mehr oder weniger berühmte Katastrophen in Erinnerung. Satelliten und modernst ausgerüstete Flugzeuge verfolgen ihren Irrweg durch die Karibik, um die Bevölkerung der Durchzugsgebiete 24 Stunden vorher zu alarmieren. Es zieht sie – trotz mancher launischer Schnörkel – in nordwestlicher Richtung die Kleinen Antillen hoch, hinüber in den Golf von Mexiko und in den Süden der USA. Über Land geht ihnen die Luft aus, nur über dem erwärmten Meer behalten sie ihren fürchterlichen Schwung.

1989 wütete der Zyklon ›Hugo‹ auf Guadeloupe

Zyklone sind Wirbelstürme. Sie entstehen aus einer atmosphärischen Störung auf der Höhe der Kapverden. Wenn der Atlantik aufgeheizt ist, kann sich ein solches Tropentief (*onde tropicale*) in eine Depression verwandeln. Warme, feuchtigkeitsgesättigte Luftmassen steigen auf, die unter dem Einfluß der Erdrotation ins Drehen kommen und sich in heftigen Regenfällen entladen. Je geringer der Luftdruck im Zentrum des Wirbels, desto höher die Windgeschwindigkeiten. Kreisen die Luftmassen mit mehr als 60 km/h ums ›Auge‹, so hat man es mit einem Tropensturm (*tempête*) zu tun. Ab 118 km/h spricht man von einem Hurrikan (*ouragan*), der im Extrem (Stärke 5) über 250 km/h erreichen kann. Das ganze System, der Zyklon, bewegt sich mit 20–50 km/h vorwärts.

Die verheerende Gewalt eines Zyklons ist für Europäer fast unvorstellbar. Die heulenden Windstöße wirbeln alles in die Luft, was nicht niet- und nagelfest ist, zerstören Ortschaften und schleudern Autos und Wellblech durch die Gegend. Das windgepeitschte Meer gebiert Springfluten, 10–20 m hohe Wasserwände, die gegen die Küste krachen, über die Häuser schwappen und losgerissene Schiffe ins Land tragen. Hinzu kommen die Regenmassen, an einem Tag mehr als 2000 l/qm, die aus allen Windrichtungen niederprasseln und ungeheure Überschwemmungen anrichten.

Auf Guadeloupe ist der letzte Zyklon (Stärke 4) noch in aller Munde. In der Nacht vom 16./17. September 1989 zog er über Désirade, Grande-Terre, den Norden Basse-Terres eine Spur der Verwüstung. ›Hugo‹ (1989) war schlimmer als ›Ines‹ (1966) oder ›David‹ (1979) und wird von den Alten mit dem ›Jahrhundert-Zyklon‹ von 1928 verglichen. Das perfekte Vorwarnsystem hat zwar die Zahl der Todesopfer minimieren, doch nicht verhindern können, daß Tausende obdachlos, alte Baumbestände abrasiert und sämtliche Bananenpflanzungen vernichtet wurden. Es kann noch Jahre dauern, bis alle Schäden beseitigt und die Schulden der Opfer getilgt sind.

Korallenriffe

Die Inseln der Karibik sind großenteils aus Kalk aufgebaut. Auf vulkanisch entstandenem Sockel haben Korallen beständig Kalk abgelagert und in Jahrmillionen ausgedehnte Plateaus gebildet. Dieser Prozeß ist noch nicht beendet, denn die Riffe, die Guadeloupe und den Süden Martiniques umsäumen, wachsen jährlich 1 cm ins offene Meer hinaus. Sie liegen nicht weit vor der Küste und trennen türkisschimmernde Lagunen von der tiefblauen Hochsee ab. Auf der bewegten Atlantikseite erkennt man die unsichtbare Barriere an dem feststehenden Brandungsstreifen. Bedingt durch die geringen Gezeitenunterschiede (höchstens 50 cm) ragen die Riffkronen selbst bei Ebbe kaum aus dem Wasser. In einigen Buchten (Plage de Clugny, Anse du Bout) sieht man jedoch Strandterrassen, gehobene Riffplatten, deren Korallen längst abgestorben sind.

Riffe (*cayes*) entstehen in warmen, tropischen Meeren mit Wassertemperaturen über 20 °C. In Flußmündungen findet man keine Korallen, denn das Wasser muß von

Schlick und Treibsand frei und kristallklar sein. Auch in großen Tiefen (mehr als 50 m) sucht man sie vergebens, denn sie beziehen ihren Sauerstoff von einzelligen Grünalgen, die für ihren Stoffwechsel (Photosynthese) Licht brauchen. Auf Korallengärten (s. Farbabb. 9/10) stößt man also im oberen Warmwasserbereich, in licht durchfluteten Naturbecken, auf dämmerigen Lagunenböden (*fonds*), am Riffabhang bis zur Lichtgrenze hinab. Ob man nun an der Oberfläche schnorchelt oder mit Sauerstoffflaschen absteigt, man taucht allemal in eine vielgestaltige Zauberwelt von Türmen, Schluchten, Grotten, Labyrinthen ein, die von seltsamen Filigrangebilden besetzt sind: den Feuer- (*coraux de feu*) und Hirnkorallen (*cervaux*), den Hirschhorn- (*corne de cerf*) und Elchhornkorallen (*pâte à chaux*), den fächer- und buschartigen Gorgonien (*gorgones*).

Korallen sind keine Pflanzen, sondern festgewachsene Tiere, die aus einem Verdauungsapparat bestehen und an ihrem freien Körperende einen von Tentakeln umkränzten Mund aufweisen. Mit diesen nesselnden Fangarmen lähmen sie Kleinstlebewesen, die sie aus dem Wasser seihen und verspeisen. Korallen scheiden eine kalkhaltige Substanz ab und bilden so ein Außenskelett, mit dem sie auf dem Riff festsitzen und das seinerseits die Grundlage für die nächste Schicht darstellt. Denn die Polypen leben in Kolonien, teilen sich und sterben unter ihrem Nachwuchs ab. So entsteht das Riff, eine wachsende Ansammlung von Millionen und Abermillionen von Lebewesen. Zu ihnen gehören verwandte Aufsitzer, die ihrerseits Pflanzen ähneln, aber kein Skelett ausbilden: die Schwämme (*éponges*), Seeanemonen (*anémones*) und Röhrenwürmer (*vers*). Diese nehmen am Bau des Riffs teil, indem sie Korallenbruchstücke zusammenhalten. Die Funktion des Mörtels übernehmen freilich Kalkalgen, wirkliche Pflanzen, die wie blumenkohlartige Krusten aussehen und die Korallenbauten vor dem Wellenschlag schützen.

Die beweglichen Bewohner des Riffs sind nicht minder interessant. Verschiedenste Schnecken und Muscheln sitzen an den Wänden der Riffgräben. Felsenkrabben reinigen sie von toten Weichtieren, und Einsiedlerkrebse nutzen deren leere Gehäuse als Versteck. In kleinen Kalksteinhöhlungen baden Seeigel (*oursin*, lokal. *chadron*) unter Wasser oder in der Gischtzone der Gezeitentümpel. Weiter unten verbergen sich die Langusten (*La Brésilienne, La Cigale de Mer*) in schattigen Nischen, die sie nur nachts zur Nahrungssuche verlassen. Und dann die farbenprächtigen Korallenfische! Ganze Schwärme huschen von einem Winkel zum andern: die Papageienfische (*poisson-perroquet*) mit ihren kräftigen Mäulern, die Doktorfische (*poisson-chirurgien*) mit ihren Schwanzmessern, die Kofferfische (*coffre*) mit ihren panzerartigen Knochenplatten, die buntgefleckten Schmetterlingsfische (*poisson-papillon*), die vertikal stehenden Trompetenfische (*poisson-trompette*) oder die Serganten (*sergent-major*) und Schnapper (*pargue*). Besonders lustig sieht der Kugelfisch (*diodon*) aus, eine Art Igel des Meeres, der bei Gefahr Wasser schluckt und in aufgeblähtem Zustand seine stachligen Schuppen abspreizt. Mehr Respekt gebietet die Muräne (*murène*), die mit ihren scharfen Zähnen lauernd aus irgendeiner Spalte starrt (s. S. 235). Zu gefährlichen Begegnungen kann es nur an der Riffaußenkante kommen, wo gelegentlich Räuber der Hochsee (Haie, Barrakudas) patrouillieren.

Die schönsten Unterwasserlandschaften bieten die Naturschutzgebiete Guadeloupes (Ilets de Pigeon, Grand Cul-de-Sac Marin). Andere Parks vor Grande-Terre

Einsiedlerkrebs auf einer Muschel

(Riviera, Anse Souffleur), der Südküste Martiniques (vom Ilet Cabrit bis zum Diamant) und einigen Buchten der Dependancen stehen diesen kaum nach. Man sollte allerdings nicht vergessen, daß diese Naturparadiese bedroht sind. Nicht von den Schwämmen, die sich in die Korallenbauten bohren, den Schnecken, die sie abweiden, den Papageienfischen, die sie anknabbern. Die Zerstörungen kommen vom Menschen, der die Fischgründe ausräubert, Abwässer einleitet und Korallen als Souvenirs sammelt. Die auffällige Vermehrung der schwarzen Seeigel deutet bereits auf eine empfindliche Störung des ökologischen Gleichgewichts: die Jagd nach bestimmten Muscheln (*casques, tritons*) hat seine natürlichen Feinde stark reduziert; nun fressen sich die dunklen Büschel massenhaft ins Riff.

Mangroven

Ein nicht minder faszinierendes Ökosystem sind die Mangroven. Sie brauchen tropische Wassertemperaturen (mindestens 22 °C) wie die Riffe und entstehen gern im ruhigen Niedrigwasser, wo dieses Sedimente mit sich führt und Schlamm ablagert. Die Mangroven wachsen förmlich aus Flußmündungen und Schwemmlandküsten heraus, bilden amphibische Wälder, Labyrinthe von Prielen und Kanälen, die allmählich Buchten füllen und Meer in Land verwandeln. Im Mündungstrichter des Goyave-Flusses (Guadeloupe) mißt man jährlich 10 m Landzuwachs! Beim Anflug auf Pointe-à-Pitre sieht man, wie an der Nahtstelle der Rivière Salée die beiden

Inselhälften aufeinandertreffen. Auf 7000–8000 ha, ca. 4 % der Insel, breiten sich die Mangroven aus, vornehmlich im Bereich des Grand Cul-de-Sac, sonst vereinzelt im Capesterre, an der Riviera und bei Moule. Das weniger umfangreiche Mangrovengebiet Martiniques (1800 ha, ca. 1,5 % der Insel) umfaßt neben der Anflugschneise von Génipa zwei kleinere Atlantikbuchten (Baie des Anglais, Caravelle-Halbinsel).

Die Mangrove ist eine Landpflanze, die sich dem Salzwasser anpassen konnte. Auf den Antillen trifft man an vorderster Front auf die Rote Mangrove (*Rizophora mangle*). Mit ihren schlickfangenden Stelzwurzeln spielt sie eine Pionierrolle bei der Verlandung des Meeres. Sie bildet pfeilförmige Keime aus, die durch ihr eigenes Gewicht in den Schlamm fallen. Der Mutterbaum bringt also lebende Junge zur Welt – für Pflanzen eine ungewöhnliche Form der Fortpflanzung (Viviparie). Andere Arten (*palétuvier blanc, mangle blanc*) verblüffen durch ihre Luftwurzeln und Atemkniee (Pneumatophoren). Auch sie stehen noch im Wasser, gehören aber nicht zu den Sumpfmangroven, deren Hauptvertreter (*mangle rivière*) Brettwurzeln entwickelt und von Epiphyten besiedelt wird.

Der fast undurchdringliche, nur mit Booten erreichbare Meereswald ist ein schutzbedürftiges Biotop. Die zahlreichen Moskitos (volkstümlich: yens-yens, sprich yin-yin) konnten lange Zeit niemand davon abhalten, darin zu wildern. Inzwischen wird dafür gesorgt, daß man die natürlichen Brutkästen nicht leerfischt oder mit Abwässern vollpumpt. Denn das Brackwasser ist voller Jungfische und Larven. Erdkrabben wie Langusten wachsen hier heran, bevor sie an Land krabbeln oder ins Riff umziehen. An den Wurzeln der Mangrove siedelt eine wohlschmeckende Auster (*huître des palétuviers*), die nur auf den Antillen heimisch ist. Außerdem bietet das Wurzelgewirr ideale Nistplätze für zahlreiche Vogelarten: Reiher (Kio, Krabbenfischer), Strandläufer, Enten. Die Sümpfe Guadeloupes sind übrigens auch ein Rückzugsgebiet für den endemischen Racoon *(Procyon minor Miller)*, das größte wildlebende Säugetier. Man wird kaum mehr Gelegenheit haben, diesen putzigen Waschbären beim Säubern seiner Beute (Fische, Krebse, Schnecken) zu erleben, denn er ist vom Aussterben bedroht und hat nur noch als Maskottchen des Nationalparks eine Zukunft.

Strände und Kliffs

Aus dem Meer erheben sich flache und steile Küsten, die sich zu einer variantenreichen Uferlinie formieren. Landspitzen (*pointes*) und Buchten (*anses*) wechseln einander ab, von Riffen oder Mangroven gesäumt, bisweilen schutzlos der Brandung ausgeliefert. Besonders auf der Atlantikseite graben die Wellen oft Tore und Gassen (*Portes d'Enfer*) in die Felsen, lösen Brocken aus dem Kalk- oder Vulkangestein. So bieten die spektakulären Ostküsten Grande-Terres (Pointe des Châteaux, Pointe de la Grande Vigie), Martiniques (Grand-Rivière bis Sainte-Marie, Savane des Pétrifications) oder Marie-Galantes (Caye Plate, Les Galéries) großartige Erosionsgebilde. Den umgekehrten Vorgang kann man in den geschützten Buchten und Rifflagunen, vornehmlich ›unter dem Winde‹ beobachten. Die sanft auslaufenden Wellen schütten dort Sandwälle auf und lassen Strände in allen Varianten entstehen. Es gibt weiße und gelbe aus Korallensand, daneben graue und schwarze aus zerriebenem Vulkangestein. Sind viele Muschelbruchstücke und Schneckenhaussplitter in den Sand gemischt, so kann er rosafarbene Töne annehmen. Während das Feinmaterial im Sog des Wassers zurückströmt, bleibt Gröberes auf der Strandböschung liegen: Kiesel und Tang, fossile Korallen und Muscheln, Sanddollars und andere Seeigelgehäuse.

Am Strand wachsen nur Pflanzen, die dem Wind, der Sonne und dem hohen Salzgehalt von Luft und Boden trotzen. Direkt auf der Sandoberfläche gedeihen Strandwinden (*patate bord-de-mer*), Kriechgewächse mit rosafarbenen Blüten, die zur Befestigung des Bodens beitragen. Zu den wichtigsten Schattenspendern zählt die Meertraube (*raisinier*), ein breitstämmiger Baum mit fetten runden Blättern, der oft bis ins Meer hinausragt und dessen traubenartige Früchte in den Punsch wandern. Von vergleichbar niederem Wuchs ist der Catalpa (*catalpa* oder *calpata*) mit seinen schmucken gelben Blüten und den Äpfelchen, die man besser nicht probieren sollte, da sie leicht mit den hellgrünen Früchten des hochtoxischen Wolfsmilchgewächses (*mancenillier*) verwechselt werden, das beim geringsten Kontakt (Berühren der Blätter, bei Regen) die Haut verätzt. Der Mancenillier ist auch hinter der Küste in Trokkengebieten relativ häufig anzutreffen und nur manchmal mit roten Ringen und Warnschildern gekennzeichnet. Ein ebenfalls landeinwärts vorkommender Strandbaum ist die Meermandel (*amandier*) mit ihren ungenießbaren, jedoch ungiftigen Früchten. Abschließend sei noch die bis zu 25 m hohe Kokospalme (*cocotier*) erwähnt, das elegante Markenzeichen des Karibikstrands. Die Palme erweist sich als Schattenspender jedoch nur begrenzt geeignet, da man in Stammnähe Gefahr läuft, von den kiloschweren, auf den Boden plumpsenden Nüssen getroffen zu werden.

An den windgepeitschten, aber niederschlagsarmen Felsenküsten erscheint die Vegetation äußerst karg. Problemlos wachsen hier nur Sukkulenten, Dickblattpflanzen, die genügend Wasser speichern können. Die bis zu 5 m hohen Kerzenkakteen (*cierges*) sind am häufigsten anzutreffen und bilden dann Kolonien, die wie grüne Mäuerchen in den Himmel ragen. Seltener sieht man die dornigen Opuntien (*raquettes*), und den endemischen Kugelkaktus mit dem gehässigen Namen *tête à l'Anglais* (›Engländerkopf‹) muß man schon suchen. Es gibt neben diesen Kakteen und einigen Agavenarten auch noch genügsame Sträucher der Akazien- und Ti-baume-Arten, die sich zu einer Dornbuschsavanne ausweiten und landeinwärts in einen Trockenwald übergehen können. Das schönste Gewächs ist hier der Frangipanistrauch (*frangipanier*) mit seinen langen spitzen Blättern und den stark duftenden weißen oder rosafarbenen Blüten. Eine Park- und Friedhofspflanze, deren Pracht am kargen Fels besonders ins Auge sticht.

Zum Küstenerlebnis gehört die Begegnung mit ihren größten Bewohnern: dem Fregattvogel, dem Pelikan und dem Leguan. Den Großen Fregattvogel (*frégate*) sieht man hoch oben am Himmel kreisen. Das Weibchen ist unscheinbar braun, das Männchen schwarz und mit einem Kehlsack ausgestattet, der sich zur Paarungszeit scharlachrot färbt. Der Flugkünstler mit dem schönen Scherenschwanz ist ein Luftpirat, der anderen Vögeln die Beute abjagt und immer zur Stelle ist, wenn die Fischer anlanden. Er kann nämlich nicht schwimmen wie der Pelikan (*pélican*, kreol. *grand*

Im Schatten von Rasinierbäumen

gosier), ein früher weitverbreiteter, heute seltener Vogel, der inzwischen auf den Inseln als Comic-Figur populär ist. Es wirkt recht amüsant, wenn der Pelikan abwechselnd paddelt und taucht, aus dem Wasser flattert oder an Land watschelt. Da sein Fett als Heilmittel gefragt war, wurde er weithin ausgerottet. Man sieht den braungefiederten Tolpatsch gegenwärtig nur noch auf den nördlichen Dependancen (Saint-Barthélemy, Saint-Martin) und an entlegenen Felsküsten Guadeloupes (Monts Caraïbes). Dort läßt sich gelegentlich auch der Leguan (*iguane*, s. Farbabb. 7) blikken, der sonst lediglich auf Désirade, den Saintes und der Südspitze Martiniques (endemischer Glattkopfleguan) anzutreffen ist. Das Tier mutet mit seinem gezackten Rückenkamm wie ein prähistorischer Drache an; er ist ein scheuer Pflanzenfresser, der sich von Kakteen und Hausmüll ernährt und die meiste Zeit träge im dichten Geäst verbringt. Meist übersieht man ihn, zumal er seine Tarnfarbe chamäleonartig wechseln kann.

Regenwald

Üppig wuchernder, immergrüner Regenwald (*forêt de la pluie, forêt dense*) überzieht die Höhenlagen der gebirgigen Hauptinseln (Basse-Terre, Norden Martiniques). Dort ergießen sich regelmäßig die Passatwolken in heftigen Regenschauern, die sich zu einer jährlichen Niederschlagsmenge von 3000–8000 mm summieren. Im Flachland und auf den niederen Hügeln, mißt man oft weniger als 1000 mm Regen pro Jahr. Man trifft dort auf einen lichten Trockenwald (*forêt xérophile*) von kleinblättrigen Bäumen (*poirier, mapou gris, gommier rouge, fromager*) und Sträuchern (*acacia, campêche, ti-baume*), die ihre ohnehin geringe Verdunstungsoberfläche durch Laubabwurf beinahe auf Null reduzieren. Erst bei mittleren Niederschlagsmengen (2000–3000 mm jährlich), in Höhenlagen von 300–400 m, kann man eine Vorstufe des Regenwalds (*forêt mésophile*) beobachten einen schmalen Gürtel von Tropenbäumen, die jedoch in der regenarmen Zeit des Carême noch häufig ihre Blätter verlieren. Typisch für diese Zone sind Côtelette- und Kapokbäume (*fromager*) sowie die schönen Courbaril- und Mahagonihölzer. Es handelt sich meist um nachgewachsenen Sekundärwald, wenn nicht gar um aufgeforstete Monokulturen, denn der ursprüngliche Bestand ist seit Jahrhunderten den vorrückenden Plantagen (Kakao, Kaffee, Bananen) zum Opfer gefallen. Der ›wirkliche‹ Dschungel (*forêt hygrophile*) beginnt dann über 350 m (›im Wind‹) bzw. 550 m (›unter dem Wind‹). Er steht unter dem Schutz des Office National des Forêts (ONF), der Forststraßen in das grüne Paradies geschlagen und Picknickplätze, Lehrpfade sowie Waldmuseen angelegt hat.

Der tropische Regenwald ist das reichste Ökosystem des Planeten. Wachsen in Frankreich pro qkm durchschnittlich fünf Pflanzenarten, so sind es auf den Französischen Antillen etwa 200. Insgesamt rechnet man mit 2500 Arten, und es werden immer wieder neue entdeckt (1981/82 zwei Orchideen der Gattung *Campylocentrum*). Dabei ist der Boden ausgesprochen nährstoffarm, denn eine Kompostierung

Am Rande des Regenwaldes

herabfallender Blätter findet kaum statt. Da die Bäume ihre Blätter kontinuierlich abwerfen und diese ständig nachwachsen, trägt der Wald ein immergrünes Kleid. Sein Lebenselixier ist der Regen, der auf das Pflanzendickicht niederprasselt, wieder verdunstet und nur zum geringsten Teil in Bächen und Wasserfällen talwärts rauscht (s. Farbabb. 15). Das beständige Treibhausklima (95–100 % Luftfeuchtigkeit) sorgt für das überquellende Wachstum des Laubes und verhindert die Bildung von Jahresringen an den Stämmen.

Im Querschnitt erkennt man vier ›Etagen‹. Die oberste Laubschicht, das Dschungeldach, wird von den Kronen der Urwaldriesen gebildet. 30–40 m recken sie sich dem Licht entgegen: der weiße Gummibaum (*gommier*) mit dem duftenden Harz, der gelbe Mangrovenbaum (*palétuvier jaune*) mit den meterhoch verknäulten Stelzwurzeln, die Brettwurzelbäume (*châtaignier, acomat-boucan*) mit ihren ausgeprägten ›Stützwänden‹. Unter ihrem Blättergewölbe, im Dämmerlicht, die vergleichsweise dürftigen Wipfel der mittleren Bäume (*laurier, bois blanc, mahot*). Sie breiten ihre Kronen auf schlanken Stämmen aus und erreichen eine Höhe von etwa 20 m. Eine weitere ›Etage‹ tiefer die bis zu 10 m hohen Federbüsche der Baumfarne (*fougère arborescente*) und Euterpe-Palmen (*palmiste montagne*). Auch die importierten Bambussträucher (*bambou*) fächern in diesem ›Stockwerk‹ ihre knisternden Rohre auf. Und auf dem finsteren Boden wachsen vielfältige Gräser, Farne, Moose und die prächtigen Heliconien (*balisier*), die in Lichtschächten aus dem Dickicht hervorleuchten. Es handelt sich um Bananengewächse, die an ihrem Wurzelstock (s. Farbabb. 12) kahnförmige Blätter ausbilden und in roten, gelben oder orangegelben Sorten vorkommen.

Seinen unverwechselbaren Dschungelcharakter erhält der Regenwald erst durch die zahllosen Schlingpflanzen und Epiphyten, die auf den Bäumen siedeln und die ›Stockwerke‹ überbrücken. Kaum ein Baumstamm, der nicht von Lianen bewachsen ist, mögen diese nach Art der Fliegenflügel (*ailes à mouche*) dichtes Laubwerk entwickeln oder als nackte ›Tarzanseile‹ zum Hangeln verleiten wie die korkenzieherartigen Wasserlianen (*liane à eau*). Auch Philodendren klettern die Bäume hinauf dem Licht entgegen, kleidsame Blätterspiralen (*siguine rouge*) oder riesige Elefantenohren mit langen Luftwurzeln (*siguine blanche*). Es sind dickblättrige, wächserne Pflanzen, die dem Wirtsbaum aufsitzen (Epiphyten = Aufsitzerpflanzen), ohne schmarotzend in sein Gewebe einzudringen. Die perfektesten Selbstversorger sind die Ananas (Familie der Bromelien) mit ihren rosettenförmig angeordneten Blättern (Trichter), in denen abgefallenes Laub und tote Tiere verrotten und Nährstoffe abgeben. Zu den Epiphyten gehören auch Farne, Orchideen und ein Gewächs mit dem sprechenden Namen Würgerfeige (*figuier maudit*). Sie schlingt ein dichtes Gewirr von Luftwurzeln um ihren Wirt, der schließlich kein Licht mehr abbekommt und eingeht.

Angesichts dieser atemberaubenden Pflanzenkonzentration verwundert die bescheidene Fauna. Die Insellage hat die Zuwanderung großer Säugetiere aus den kontinentalen Regenwäldern verhindert. In Guadeloupe beobachtet man noch den Racoon, auf Martinique das Opossum (kreol. *manicou*) und auf beiden Inseln hier und da den hasenähnlichen Aguti (*agouti*). Papageien und Sittiche sind schon vor Jahrhunderten hemmungslosem Jagen zum Opfer gefallen. Als verhängnisvoll hat sich auch die Einführung des zur Schleichkatzengattung gehörenden Mungo

Junger Farn (Bischofsstab) im Nebelwald

(*mangouste*) erwiesen, der nicht nur Schlangen und Ratten, sondern auch Vögel und Leguane dezimierte. Während Guadeloupe von Giftschlangen frei ist, kann man auf Martinique allerdings immer noch der Lanzenotter (*trigonocéphale*) begegnen. Von einem Vogelparadies kann man auch nicht sprechen, wenn neben dem endemischen Guadeloupe-Specht (*tapeur*) zwei Taubenarten (*ramier, perdrix croissant*) und verschiedene Drosselfamilien (*grive fine, grosse grive, grive à pieds jaunes*) anzutreffen sind sowie drei (Guadeloupe) oder vier (Martinique) Kolibriarten auftauchen. Zahlreich sind Schmetterlinge, Anolis-Eidechsen (s. Farbabb. 8) und die Pfeiffrösche, die bei Einbruch der Dämmerung mit den Grillen ein ohrenbetäubendes Konzert anstimmen. Schließlich gibt es über 100 Insektenarten, darunter eine 30 cm lange Stabheuschrecke (*cheval à diable*), den großen Herkuleskäfer (*scieur de long*) und die giftige Vogelspinne (*matoutou-falaise*).

Über 1000 m verändert der Regenwald sein Gesicht: die Bäume werden kleiner, das Laub zäher, der Artenreichtum geringer. Wir befinden uns in der extrem feuchten (8000 mm Jahresniederschlag) und relativ kühlen Region (12–18 °C) der Wolkenbildung. Nebel und Sprühregen hüllen den Krüppelwald (*forêt rabougrie*) ein, der auf Basse-Terre von einem endemischen Manglebaum beherrscht wird und sonst von Euterpe-Palmen und Marbribäumen bestanden ist. Über der Baumgrenze beginnt die Höhensavanne (*savane d'altitude*) mit ihren bunten Blumeninseln (Bergveilchen = *violette montagne*, Höhenheidelbeere = *myrtille des hauts*, Bergthymian = *thym montagne*) und den fetten Rosetten der gelb- oder rotblühenden Bergananas (*ananas montagne*). Sie sitzen auf einem wasserdurchtränkten Teppich von Bärlapp, Moosen und Flechten (s. Farbabb. 14), der sich bis auf die Gipfel zieht.

Plantagen und Gärten

In den unteren Lagen fielen die Wälder den Monokulturen zum Opfer, die seit der Besiedlung das Landschaftsbild der Inseln bestimmen. Nur die kleinen, trockenen und felsigen Dependancen haben sich für den Anbau als ungeeignet erwiesen. Die Hauptinseln jedoch sind großflächig mit zwei, drei Nutzpflanzen bedeckt. Zuckerrohrfelder überziehen das fruchtbare Schwemmland, beherrschen weite Teile der Kalkplateaus (Grande-Terre, Marie-Galante). Bananenplantagen ziehen sich die Hänge bis an den Rand des Regenwalds hoch. Sie teilen die höheren Lagen gelegentlich (im Norden Martiniques) mit Ananasfeldern und dringen im Zuge der künstlichen Bewässerung auch in die Ebenen (Capesterre, Goyave) vor. Trotz einiger Anstrengungen, die Palette der landwirtschaftlichen Produkte zu erweitern (Auberginen, Avocados, Melonen), dominieren immer noch die Monokulturen, die sich im 18. Jahrhundert durchgesetzt haben. An die Baumwoll- und Tabakpflanzungen der ersten Siedlergenerationen erinnert fast nichts mehr. Nur auf der Leeseite Basse-Terres entdeckt man noch Relikte der Kaffeeplantagen, die seinerzeit mit anderen tropischen Nutzpflanzen (Kakao, Vanille, Zitrusfrüchte) durchmischt waren. Eine vergleichbare Vielfalt des Anbaus hat sich nur in den *jardins créoles* erhalten, den winzigen Gärtchen, aus denen die Kleinbauern ihren eigenen Bedarf decken. Auf engstem Raum wachsen hier die ›traditionellen Nahrungsmittel‹ (s. Farbabb. 24), die früher die Sklaven, teilweise schon die Kariben, für den Eigenbedarf angebaut haben.

Brotfruchtbaum *(arbre à pain)*

Lexikon der Nutzpflanzen

Ananas: Kolumbus fand sie auf Guadeloupe, Dutertre nannte sie die Königin der Früchte. Sie sitzt in einer Rosette harter, spitzer Blätter und gehört zur Familie der Bromelien. Die beste Sorte ist die Flaschenananas.
Avocado: Nach Nüssen schmeckende Baumfrucht mit großem Steinkern.
Banane: Empfindliche Staude (Zyklone!) mit metergroßen Blättern, die an den Rändern leicht einreißen. Über der violettroten Blütenspitze bildet sich ein Fruchtstand aus. Neben verschiedenen Sorten der Obstbanane *(figue, plantin)* gibt es die Gemüse- *(poteau)* und die reine Zierbanane.
Brotfrucht: Maulbeerbaumgewächs, das von Kapitän Bligh zur Ernährung der Sklaven aus Tahiti eingeführt wurde (1723). Der *arbre à pain* liefert neun Monate hindurch stärke-, zucker- und vitaminreiche Nahrung. Zwischen tiefgrünen gelappten Blättern sitzen die kindskopfgroßen warzigen Kugelfrüchte (2 kg), deren Fleisch an Brotkrume erinnert. Man kocht oder brät sie wie Kartoffeln.
Cashew-Nuß oder **Kaschu-Apfel:** Nierenförmige Frucht des hohen Acajoubaums, über dessen vielseitige Verwendbarkeit schon Pater Labat schreibt. Die Nuß sitzt an einer eßbaren ›Birne‹, kann selbst aber nur geröstet verzehrt werden.
Carambole: Säuerlich schmeckende Sternfrucht mit gelber, wächserner Schale. Zum Verzieren von Drinks unersetzlich.
Christophine: 10–20 m langes Lianengewächs mit hellgelben Schoten in Paprikagröße. Als Gratin oder Mousse zuzubereiten.
Corossol: Grüne, melonenähnliche Stachelfrucht, eine Annonenart. Aus ihr wird ein sahniger, aromatischer, leicht säuerlicher Saft gewonnen.
Guave: An Büschen wachsende Vitaminbombe südamerikanischer Herkunft. Unter der glatten Haut verbirgt sich das rosafarbene Fruchtfleisch mit harten Samen. Das Birnen- und Feigenaroma kommt am besten in Säften, Marmeladen und Eis zur Geltung.
Igname oder **Yamswurzel:** Stärkehaltige Wurzelknolle, bis zu 20 kg schwer. Die Einheimischen unterscheiden verschiedene Sorten (weiße, gelbe, Bastards). Die Knollen werden in Salzwasser gekocht (sonst giftig!) und gehören zu den traditionellen Grundnahrungsmitteln.
Kaffee: Erst grüne, dann rote Strauchbeeren, die sich aus jasminartig duftenden Blüten entwickeln. Sie bestehen jeweils aus zwei gegeneinander abgeplatteten ›Kirschkernen‹, den Kaffeebohnen.
Kokosnuß: Die Nüsse tragende Palme, eine der ältesten und wichtigsten Kulturpflanzen, bringt jährlich 50–100 Früchte hervor. Nicht nur die Milch, das Fruchtfleisch (Pflanzenfett), die Bastschicht (Matten), auch die Palmwedel (Hüttendächer) und die Stämme (Bauholz) werden verwertet.
Limone oder **Limette:** Kleine grüne Zitrone *(citron vert),* die für den täglichen Rum-Punsch benötigt wird. Alle anderen Zitrusfrüchte (Chadec, Grapefruit, Mandarine, Orange, Pomelo) haben geringere Bedeutung.
Litschi: Die in China beliebte Frucht kam über Jamaica auf die Antillen. Das weiße, zuckrige Fruchtfleisch unter der rosafarbenen, warzigen Schale schmeckt nach Muskat und hat das Aroma von Rosen.

Mango: Aus Indien importierter, bis zu 30 m hoher Schattenspender mit glänzend dunkelgrünem Laub und ovalen, köstlich duftenden Früchten *(mangots).* Die veredelten, sehr saftigen *mangues* wachsen an kleineren Bäumen.
Maniok: Stärkehaltiges Grundnahrungsmittel, von den Arawaks aus Südamerika importiert, in Notzeiten findet es als Getreideersatz Verwendung. Die Wurzelknollen werden geraspelt, gewässert, ausgepreßt und somit entgiftet, bevor die getrocknete Paste gemahlen wird. Aus dem Maniokmehl backt man ein Fladenbrot *(cassave).*
Maracuja oder **Passionsfrucht:** Aromatische Lianenfrucht mit geleeartigem Fleisch aus vielen Kernen. Köstlich als Sorbet.
Muskatnuß: Lorbeerähnlicher Baum mit pfirsichähnlichen Früchten, in denen eine kleine Nuß steckt, die mit einem roten ›Netzhemd‹ überzogen ist.
Papaya: Die melonenartigen Früchte hängen unter dem palmenähnlichen Blätterdach direkt am Stamm und erreichen beachtliches Gewicht (bis zu 8 kg). Das mildsüße Fleisch leuchtet orangefarben und mundet mit Limonensaft am besten.
Piment: Strauch mit grünen und roten Schoten. Höllisch scharfes Chili-Gewürz, in der kreolischen Küche unentbehrlich.
Quenette: Grüne Fruchtkugel mit pelzigem Fleisch, anfangs aromatisch, dann schal schmeckend.
Sapotille: Apfelgroße Früchte mit kandissüßem Fleisch unter der braunen Schale.
Süßkartoffel oder Patate: Stärkehaltige Knolle, die durch das Kochen einen süßlichen Geschmack erhält.
Surelle: Die kirschgroße gelbe Strauchfrucht hängt in Trauben an zarten Zweigen. Nur mit viel Zucker (im Punsch, kandiert und als Marmelade) genießbar. Nicht nur dem Namen nach leicht zu verwechseln mit der an Stielen sitzenden **Surette**.
Tamarinde: 10–20 cm lange braune Hülsen des gefiederten Zierbaums, säuerlich im Geschmack. Man nennt sie *tamarin-ci,* im Unterschied zur *tamarin des Indes,* einer runden und karamelfarbenen Sorte.
Vanille: Importiertes Lianengewächs in schattenspendenden Obstbäumen. Die Blüten werden manuell befruchtet, die Schoten vor der Reife geerntet und getrocknet.
Zimt: Rinde des zweijährigen Schößlings *(canelle),* die abgeschält und in Bündeln zum Trocknen ausgelegt wird.
Zimt- oder **Rahmapfel:** Die Baumfrucht aus der Familie der Annonen sieht wie ein genoppter Apfel aus und heißt frz. *pomme de canelle.* Man lutscht das sahnige Fruchtfleisch von den Kernen ab, der Geschmack ähnelt einer Mischung aus Birne und Zimt.
Zuckerrohr: An Schilf erinnerndes Tropengras *(canne)* mit silbernen Blütenrispen *(flèches)* und zuckerhaltigem Halm. Die bis zu 5 m hoch wachsenden Stengel werden ab Dezember geschlagen. Kinder kauen oft die nicht sehr wohlschmeckenden Halmstücke.

Zahlreiche Zierpflanzen schmücken Straßenränder, Dorfplätze, Friedhöfe. Da gibt es den *Flamboyant* (Flammenbaum, Feuerakazie) mit seinen roten (manchmal gelben) Blütenkaskaden, den gefiederten Blättern, seine Schoten werden zu Kleiderbügeln verarbeitet. Er ist der beliebteste unter den Bäumen, übertrifft an Farbenpracht noch den Tulpenbaum von Gabun *(tulipier),* wirkt jedoch weniger majestätisch als die Königspalme *(palmier royal),* die oft Kirchenfassaden flankiert oder vor

Kokosnußbaum

Herrenhäusern Alleen bildet. Zum Hochzeitsphoto stellt man sich vor den Baum des Reisenden *(arbre de voyageur)*, keine Fächerpalme, sondern ein Bananengewächs, dessen weitgespreizte, fransige Blätter in einem wasserspeichernden Korbgeflecht zusammenlaufen (s. Farbabb. 11). Er steht an repräsentativer Stelle, in Parkanlagen oder vor dem Haus. Zierhecken von Croton-Sträuchern säumen die Dorfstraßen, umrahmen Veranden und Gärten. Meist runden Blütenbüsche das Bild ab: die vorwiegend violette *Bougainvillea,* die gelbe *Allamanda,* die rote *Ixora* und immer wieder der weiße, orange- oder rotfarbige *Hibiskus,* die ›Rose der Tropen‹. Nicht zu vergessen die exotischen Schönheiten unter den Blumen: der ährenförmige Antillenlavendel *(alpinia)*, der faustgroße Fackelingwer *(rose porcelaine*, s. Farbabb. 13), die steife Heliconie *(balisier)* und die Flamingo-Blume *(anthurium)* mit den wachsartigen Hüllblättern und den warzigen Blütenkolben.

Kolibris umschwirren die nektarreichen Blüten, scheinen in der Luft zu stehen, oder vermögen gar rückwärts zu fliegen. Man kann drei Arten unterscheiden: den Granatkolibri *(madère)* mit dem langen, gekrümmten Schnabel, den kleineren Doktorvogel *(colibri falle vert)* und den winzigen, 3 g schweren Haubenkolibri *(colibri huppé)*. Auf Martinique ist noch eine vierte Art, der Blaukopfkolibri *(colibri tête bleue)* anzutreffen, allerdings nur in den Bergen (ab 450 m Höhe). Besonders zivilisationsfreundlich scheinen die Zuckervögel oder Bananaquits *(sucrier)*, gelbbäuchige

Sperlinge, die in den Gartenhecken nisten und zum Essensklau auf die Terrassen kommen. Dort sieht man auch die grünen Anolis-Eidechsen *(anolis)* im Zickzack über die Wände huschen und kampfeslustig ihren gelben Kehlsack aufblasen (s. Farbabb. 8). Als Haustiere werden neben Hund und Katze allerlei Geflügel gehalten, wobei Kampfhähne sich besonderer Zuwendung erfreuen (s. S. 80ff.). Das schwarze Hausschwein ist ein beliebter Fleischlieferant (Weihnachtsbraten, *boudin créole*), ebenso die Ziege *(cabri)*, neuerdings auch das indische Buckelrind *(zébu)*. Es diente früher vor allem als Lasttier und zog die zweirädrigen Cabrouets von den Zuckerrohrfeldern (s. Farbabb. 29). Heute sieht man immer mehr von den Tieren auf ehemaligen Anbauflächen weiden, meist in Begleitung eines Kuhreihers *(ibis)*. Der schmale weiße Vogel (ca. 50 cm groß) stürzt sich auf die Insekten, die das Zebu beim Grasen aufscheucht.

Europäische Verbrechen

Geschichte

Kolumbus und die Indianer

Wie alle Westindischen Inseln mußten auch die Französischen Antillen erst für die Weltgeschichte entdeckt werden. Aus ihrer Abgeschiedenheit wurden sie von einem kosmographisch gebildeten Genueser Dickschädel gerissen, der Indien partout auf westlichem Weg erreichen wollte. Im Auftrag der spanischen Krone unterwegs, vom gleichmäßigen Passatwind getrieben, landete Christoph Kolumbus am 12. Oktober 1492 mit seinen drei Nußschalen Niña (17 m), Pinta (20 m) und Santa María (23 m) auf Guanahani, einer Insel der Bahamas. Er gründete auf Hispaniola die erste europäische Siedlung der Karibik (La Navidad) und ließ 39 Spanier im Fort zurück. Nach Spanien zurückgekehrt feierte Kolumbus seinen Erfolg, um ein Jahr später mit nunmehr 17 Schiffen zur zweiten Reise nach Amerika aufzubrechen. Nach 21 Tagen gelangte er diesmal auf eine trockene Insel, die er *La Deseada* (Die Ersehnte), französisch *La Désirade* taufte. In ihrer Nachbarschaft entdeckte er dann binnen eines Tages Dominica (es war Sonntag!), Marie-Galante (seinem Schiff Santa María zu Ehren!) und die Saintes (Allerheiligen!). Der Schiffsarzt berichtete über diesen aufregenden ersten Novembersonntag 1493: »Wir bemerkten eine Insel am Bug der Schiffe, und dann tauchte rechter Hand eine andere auf: die erste [Dominica] war auf der uns einsehbaren Seite mit Bergen bedeckt; die zweite [Marie-Galante] war ein ebenes, aber mit sehr dichten Bäumen bestandenes Gelände. Im Lauf des Tages erschienen allmählich hier und da weitere Inseln [die Saintes], so daß wir an diesem Tag sechs von verschiedenen Seiten erblickten, die meisten davon ziemlich groß.« Am nächsten Tag näherten sie sich dann einem besonders eindrucksvollen Stück Land: »Da erhob sich ein hohes Gebirge, dessen höchster Punkt einem Vulkan glich [Soufrière] und von einer gleißenden Helligkeit glänzte. Auf den Schiffen wurde gewettet, ob es sich um Felsen oder Wasser handelte. Erst aus größerer Nähe konnten wir uns das wunderbare Schauspiel erklären: überall stürzten schäumende Kaskaden von schwindelerregenden Höhen.« Die Spanier werfen Anker vor Karukera, der ›Insel der schönen Wasser‹, und Kolumbus gönnt seiner Mannschaft eine Ruhepause an diesem paradiesischen Ort, den er in Santa María de Guadalupe de Extremadura – kurz Guadalupe – umbenennt, um ein Versprechen an die Mönche des berühmten spanischen Klosters einzulösen. So entdeckt Kolumbus auf dieser Reise die Inseln über dem Wind bis hinauf nach Puerto Rico und Hispaniola, wo er seine Siedlung La Navidad zerstört und ihre spanischen Bewohner ermordet vorfindet. Die Blumeninsel Madinina (Martinique) freilich, von der die Legende ging, daß sie »zur Gänze von Frauen bevölkert sei« (Bordbuch der ersten Reise), sie bekam Kolumbus auch auf seiner zweiten Expedition nicht zu Gesicht. Er betrat sie erst kurz vor seinem Tod, auf seiner vierten und letzten Amerikafahrt 1502 und notierte seinerzeit begeistert: »Das ist die beste, die fruchtbarste, die reizendste Gegend auf der ganzen Welt.«

Die Spanier interessierte an den Karibischen Inseln vor allem eines: Gold. Sobald sie an Land gingen, kamen ihnen arglose Eingeborene entgegen, die sie mit Schmuck und anderen Geschenken begrüßten. Sie erhielten den Namen ›Indianer‹, weil Kolumbus glaubte, Indien gefunden zu haben. Die Bezeichnung ›Rothäute‹ geht auf die Körperbemalung der Kariben zurück, die sich zur Zeit der Entdeckung auf den Antillen durchgesetzt hatten. Vor ihnen befand sich ein anderes Indianervolk bereits auf dem Rückzug: die Taino aus der Sprachgruppe der Arawaks. Aus spanischen Berichten weiß man noch einiges über dieses friedliche Volk, das mit seinen Einbäumen im 1. und 4. Jahrhundert vom Süden her eingewandert war. Waffen waren den Arawaks völlig unbekannt, weshalb sie sich auch beim Anfassen spanischer Schwerter sofort verletzten. Auf die Frage nach der Ursache ihrer Narben am nackten, buntbemalten Körper bekam Kolumbus auf Guanahani die Auskunft, daß sie sich gegen die Kariben zur Wehr setzen müßten, die sie zu Sklaven machen wollten und immer mehr ihrer Frauen in Besitz nahmen. Während die Männer zur Jagd und auf Fischfang gingen, bauten die Frauen Maniok, Tabak, Ananas und Mais an. Beliebt war ein Ballspiel, bei dem der Ball weder mit den Händen geworfen, noch mit den Füßen getreten werden durfte. Um ihn mit einem Hüftstoß weiterzubefördern, trugen die Arawaks schön verzierte Hüftringe. Auf Dorffesten wurde getanzt und gesungen. Der Häuptling oder Kazike erzählte Legenden und trug so die geschichtliche Überlieferung weiter. Man glaubte an gute und böse Geister. Zu letzteren gehörte der Hurrikan, der natürlich auch damals schon die Gegend in regelmäßigen Abständen heimsuchte. Verheerender als der Wirbelsturm waren allerdings die spanischen Entdecker. Sie lernten von den Arawaks den Tabakgenuß sowie den Gebrauch der Hängematte und sorgten im Gegenzug für deren endgültige Ausrottung. Geblieben sind uns die Felszeichnungen und Keramiken, die wir im Parc Archéologique von Trois-Rivières und in Museen der beiden Hauptstädte bewundern können.

Widerstandsfähiger als die Arawaks waren die Kariben. Auch sie waren aus Südamerika mit ihren schnellen Booten nach Norden vorgestoßen und hatten die Kleinen Antillen ca. 750 unterworfen. Ihr Name *Carib* ist spanischen Ursprungs und bedeutet Kannibale. Hinter dem Kannibalismus steckte die Vorstellung, die Kräfte des Verspeisten zu erlangen. Allerdings dürften die spanischen Berichte über die grausamen Sitten der Kariben übertrieben sein und zur Rechtfertigung der Massaker an den Indianern gedient haben. Die Caribs liebten Schmuck und waren Meister in der Herstellung von Keramik und Flechtwaren. Auch sie hatten Hängematten, die sog. *Hamacs,* in Gebrauch und sie bauten in Brandrodung dieselben Kulturpflanzen an wie die Arawaks. Die Spanier bemerkten übrigens auch, daß die Frauen eine andere Sprache als die Männer benutzten, was weniger an den getrennten Lebensbereichen der Geschlechter als daran lag, daß es sich um geraubte Arawak-Frauen handelte, die ihre Sprache erhalten konnten. Über die Geschicklichkeit der Kariben ist fast Unglaubliches überliefert. Mit Pfeilen, auf die Wachs gesteckt wurde, ›erlegten‹ sie Kolibris und verkauften sie in gedörrtem Zustand an die Europäer! Ihre Kanus stellten sie ganz ohne eiserne Werkzeuge her, indem sie einen Baum fällten und ihn in die gewünschte Form brannten; mit Steinbeilen wurde dann das verkohlte Holz herausgehauen. Mit solchen bis zu 150 Personen fassenden Booten fuhren die Kariben auf die hohe See hinaus, bei schönem wie bei widrigem Wetter. Dank ihrer schnellen

Boote, ihrer treffsicher abgeschossenen Giftpfeile, aber auch ihrer guerillaartigen Rückzugs- und Angriffstaktik wegen konnten sie sich noch fast 200 Jahre gegen die Europäer behaupten. Hauptstützpunkte in ihrem Kampf waren Dominica und Guadeloupe. Krankheiten, Alkohol, Kämpfe untereinander, vor allem aber die grausamen Verfolgungsaktionen der Europäer, die gegen die im Busch Versteckten wilde Hunde hetzten und die Indianer zerfleischen ließen, trugen zur Ausrottung der einheimischen Bevölkerung bei. In Martinique kann man zwischen Saint-Pierre und Le Prêcheur das ›Grabmal der Kariben‹ sehen, einen Felsen, von dem sich die letzten Indianer – von Siedlern verfolgt – hinabgestürzt haben sollen. Nachkommen der Kariben leben heute nur noch auf der Nachbarinsel Dominica, wo durch einen Erlaß von Königin Victoria 1903 ein Indianerreservat geschaffen worden ist.

Siedler und Sklaven

Für die Spanier waren die Kleinen Antillen nur ein Sprungbrett zum Festland, von dem sie sich – mit Recht – mehr Ausbeute versprachen. Französische Freibeuter witterten ihre Chance, vertrieben die Spanier aus Teilen Hispaniolas und konnten Richelieu mit derlei Erfolgen davon überzeugen, daß es in der Karibik für die Monarchie eines Louis XIII. etwas zu holen gab. Der normannische Seefahrer Pierre Belain d'Esnambuc organisierte also in königlichem Auftrag eine Compagnie des Iles d'Amérique, die Freiwillige auf die südlichen Inseln transportierte und sich die Reisekosten in Form von dreijährigen Arbeitsverträgen bezahlen ließ. Diese *Engagés* oder *Trente-six mois* waren die ersten französischen Siedler, abenteuerlustige Kleinbauern, die auf ihren 20 ha Grund Indigo, Ingwer und Tabak anpflanzten und im Grunde Sklaven der Compagnie waren.

D'Esnambuc arrivierte vom Piraten zum Gouverneur von Saint-Christophe (Saint Kitts), der ersten französischen Kolonie, und bereitete von dort die weitere Expansion vor. 1635 landete er mit einigen hundert Mann in Martinique, wo er keinen einzigen Spanier, aber Kariben und Schlangen antraf. An der Landungsstelle wurde ein Kreuz errichtet und einige Kilometer nördlich die erste Siedlung (Saint-Pierre) gegründet mit einem Fort, das selbst für die kampfentschlossenen Indianer uneinnehmbar war. Monate vorher hatte d'Esnambuc zwei Normannen seines Schlags vorausgeschickt, die jedoch nur einen Tag auf Martinique geblieben und Richtung Guadeloupe weitergesegelt waren. C. Liénard de l'Olive und J. Duplessis d'Ossonville setzten sich mit 550 Engagés und einigen Missionaren auf der Westhälfte der Schmetterlingsinsel fest, doch die Kolonisierung der fruchtbaren vulkanischen Böden kam kaum voran: Krankheiten, Überfälle der Kariben und Streitigkeiten zwischen den beiden normannischen Führern waren dafür verantwortlich. In Martinique lief alles besser. Dort erwies sich d'Esnambucs Neffe Jacques Duparquet als geschickter Ökonom und Politiker. Er nahm der bankrotten Compagnie die Insel ab und verständigte sich mit den Kariben auf ihren friedlichen Abzug nach Süden. Gleichzeitig holte

Bestrafung eines Negersklaven (Gravur)

er holländische Juden ins Land, die – von den katholischen Portugiesen aus Brasilien vertrieben – das Geheimnis des Zuckerbleichens an die Franzosen verrieten. Sein erfolgversprechendes Vorgehen wurde bald darauf von einem ehrgeizigen Mann namens Charles Houel kopiert. Er kaufte sich Guadeloupe und nahm seinerseits jüdische Flüchtlinge auf, die diesmal Martinique und seinen eifernden Jesuiten den Rücken kehrten. Seine berechnende Toleranz hat die Kolonisierung der Insel in die Ebenen (Capesterre, Grande-Terre) vorangetrieben und auch Guadeloupe in eine aufstrebende Insel verwandelt.

Der Anbau von Zuckerrohr wurde das gewinnbringende Geschäft, für das man dringend Arbeitskräfte benötigte. In den spanischen Kolonien war Bartolomé de Las Casas als erster auf die Idee gekommen, Negersklaven einzusetzen, um die wenig widerstandsfähigen und durch eingeschleppte Krankheiten (Pocken) und Massaker gnadenlos dezimierten Indianer zu schonen. Der bahnbrechende Vorschlag nutzte zwar den aussterbenden ›Rothäuten‹ herzlich wenig, verhalf aber vielen europäischen Händlernaturen zu ungeahntem Reichtum – auf Kosten der schwarzen Bevölkerung. Seit 1640 fuhren mit Edelmetallen und Zucker beladene Schiffe nach Europa, um von dort Waffen und Schnaps nach Afrika zu bringen, wo sie bis auf den letzten Quadratmeter mit Negersklaven vollgepfercht wurden. Nantes war der französische Haupthafen für den Dreieckshandel und hieß daher Ville des Négriers. Der französische König hatte die Senegalesische und die Guinesische Handelskompagnie vertraglich dazu verpflichtet, jährlich mindestens 2000 Sklaven auf die französischen Inseln zu schaffen. Da der Arbeitskräftebedarf nicht zuletzt wegen des hohen Verschleißes bedeutend größer war, konnten Privatunternehmer bei diesen Monopolen Lizenzen erwerben. Im übrigen war es gang und gäbe, sich gegenseitig Sklaven zu stehlen und das zugesagte Kontingent nötigenfalls durch Raub englischer Sklaven zu organisieren.

Guadeloupe und Martinique veränderten ihr Gesicht: die ursprünglichen Kulturen wurden vernichtet, rund um die Zuckermühlen entstanden riesige Plantagen, bald überstieg die importierte schwarze Bevölkerung die Zahl der weißen Siedler. Diese konnten nach dem Kirchgang auf der Auktion Sklaven erstehen, die entsprechend ihrer ärztlich festgestellten Arbeitsfähigkeit in Güteklassen eingeteilt wurden. Wenn sie eine Eingabe machten, in der unter anderem die Menge der eingekauften Sklaven angegeben war, bekamen sie vom königlichen Feldmesser eine Urkunde über die Anbaufläche ausgehändigt. Je nachdem, ob und wieviel Sklaven man erwerben und ersetzen konnte, stellte sich unter den Siedlern bald heraus, ob man zu den *petits blancs,* den armen Bauern, oder den *grands blancs,* den reichen Pflanzern gehörte. Aber auch die Sklaven waren durchaus nicht alle auf gleicher sozialer Stufe: Haussklaven standen über Feldsklaven, Handwerker und Kutscher über Gartenhelfern. Aus dem Zusammenleben mit den Herren erwuchs eine Aufsteigerschicht von ergebenen Dienern und Mulatten, die Freie werden und dann sogar eigene Sklaven besitzen konnten, die sie oft noch härter und arroganter behandelten als die Weißen. Für die

Die Habitation-Sucrerie

Diese Form der Kolonie in der Kolonie ist eine Welt für sich und als Produktionseinheit und Lebensgemeinschaft nahezu autark. Neben den geometrisch angelegten, großflächig mit Zuckerrohrfeldern bedeckten Plantagen (100–300 ha) gibt es Brachland und Gemüsekulturen zur Selbstversorgung. An markanter Stelle erheben sich die Wohn- und Arbeitsbauten, die nach Funktionen geordnet verstreut auf hügeligem Terrain liegen. Gut ventiliert und mit dem nötigen Überblick das Herrenhaus mit dem schattigen Garten und den hauswirtschaftlichen Anbauten (Küche, Bügelzimmer, Domestikenkammern). In Sichtweite die Behausungen des weißen Personals (Aufseher, Buchhalter, Ingenieure, Ärzte) und die Sklavensiedlung. Außerdem: eine Krankenstation, eine Kapelle, die Verliese. Die industriellen Bauten bilden daneben einen eigenen Komplex. Sie liegen auf unterschiedlicher Höhe, so daß die Zuckerproduktion ohne mühsame Transporte ablaufen, der Saft fließen, das Faß rollen kann.

Die Mühle steht oberhalb der Siederei auf einer Kuppe und wird von Wasser-, Windenergie oder, in der Frühzeit, noch von Tieren angetrieben, die unter einem Wetterdach im Kreis gingen (s. Farbabb. 28). Sie setzen ein Walzwerk *(rolles)* in Gang, das die gestutzten Zuckerrohrstengel gründlich zermalmt und eine holzige Masse *(bagasse)* übrigläßt, die in der Siederei als Brennstoff dient. In dem dickwandigen Gebäude mit dem gedrungenen Schlot stehen unterschiedlich große Kessel *(chaudières)* aufgereiht, in denen der ausgepreßte Zuckersaft *(vesou)* erhitzt wird. Man schöpft den Schaum ab und füllt den gefilterten Zuckersirup in Becken *(rafraîchissoires)* und Holztröge *(canots),* wo er abkühlt und auskristallisiert. Wenn er nicht als Rohzucker gelagert wird, kommt er zur weiteren Raffination in die *purgerie.* Sie ist ein langgestrecktes Gebäude, in dem man die Melasse ausfiltert, die nebenan – in der *vinaigrerie* – zu Schnaps (*guildive,* kreol. *taffia*) verarbeitet wird. Lagerräume, Ställe, die Schmiede und andere Werkstätten schließen sich an die Fabrik an.

Masse der Schwarzen war freilich ein Ende der Knechtschaft nicht vorgesehen, und manche von ihnen flohen in die Wälder, wo sie sich mit den aussterbenden Indianern vermischten. Diese entlaufenen Sklaven (span. *cimarrón,* franz. *marrons*) waren vogelfrei und wurden mit Kopfgeldern gejagt. Im Sklavenstatut des *Code Noir* standen sie festgeschrieben: die Möglichkeiten der Freilassung (bei Verwandtschaft und außergewöhnlicher Treue), die Strafen für Fluchtversuche (Abschneiden der Ohren, Durchschneiden der Kniekehlen, Tod im Wiederholungsfall) und auch Schutzbestimmungen (Verbot des getrennten Verkaufs von Mutter und Kind, Ernährungs- und Arbeitszeitregelungen), die jedoch nicht verhindern konnten, daß Krankheit, Selbstmord und Tod unter den entkräfteten Sklaven an der Tagesordnung waren. Doch das war kein Problem: Schließlich bestand der entscheidende Vorteil des schwarzen Menschenmaterials darin, daß sein Nachschub nie ausging – und das dreieinhalb Jahrhunderte lang.

Die anschaulichste Schilderung der damaligen Lebensverhältnisse stammt von Pèrre Labat, dem patenten Dominikanerpater, der zehn Jahre lang auf den karibischen Besitzungen wirkte. Schon die Beschreibung seiner Ankunft auf Martinique (1694) verrät Neugier und den Sinn des Pragmatikers: »Es kamen viele Neger zu uns an Bord, deren ganze Bekleidung aus einer leinernen Unterhose bestand, wozu etliche noch eine Mütze oder einen alten Hut trugen. Viele hatten auf ihren Rücken noch die Striemen der empfangenen Peitschenhiebe, die aber nur bei uns Neulingen Mitleid erregten und die man bald nicht mehr beachtete.« Denn der naturwissenschaftlich gebildete Missionar errichtete Zuckermühlen, gründete Siedlungen, baute Befestigungsanlagen – und besaß natürlich Sklaven, die er streng, aber gütig, also patriarchalisch behandelte. Neu eingetroffene Neger durften sich ausruhen und einölen, jedoch solange nicht mit den Altsklaven essen, bis sie getauft waren. Spiel und Tanz war ihnen erlaubt mit Ausnahme der *Calenda,* die wegen »höchst unzüchtiger Bewegungen« dem Seelenheil abträglich war. Lobend hebt Labat den Zusammenhalt und Familiensinn der Sklaven hervor und kopfschüttelnd rügt er die kurzsichtige Profitgier von Plantagenbesitzern, die ihren frisch eingekauften Arbeitskräften keine Verschnaufpause gönnen und sie nach den Strapazen der Reise sofort in die Pflanzungen treiben. So wurde der Pater bei den Schwarzen zur populären Respektsperson, mit der man noch bis vor kurzem den Kindern Gehorsam abforderte: »Sei brav, sonst holt dich der Père Labat!«

Staaten und Piraten

Die rechtschaffenen Leute *(Braves Gens)* von Guadeloupe und die noch tüchtigeren Herren *(Messieurs)* von Martinique hatten für ihren französischen Staat eine neue Quelle des Reichtums erschlossen. Versailles profitierte nicht nur über Zölle und Steuern vom Überseehandel, sondern beteiligte sich selbst am Geschäft mit dem ›weißen Gold‹. 1664 kaufte Colbert ihren Besitzern (Houel, Duparquet) die Kolonien wieder ab und gründete die Compagnie des Indes Occidentales, deren Haupt-

Jean-Baptiste Labat

aktionär die Krone war. Als zehn Jahre später die Gesellschaft ruiniert war und der Kolonialbesitz ganz der königlichen Domäne anheimfiel, hatte sich am staatlichen Nutzungsinteresse ebensowenig geändert wie an der merkantilistischen Doktrin. Der gesamte Handel wurde ausschließlich mit dem Mutterland betrieben, das in Europa das Zuckermonopol errang. »Ein guter Handelsvertrag ist wichtiger als die Einnahme von mehreren Festungen«, sagte Louis XIV. Doch je mehr sich der *Pacte colonial* auszahlte, desto wichtiger war die militärische Sicherung der Inseln. Zweimal im Jahr wurden Kriegsschiffe von Frankreich aus in Marsch gesetzt, entlang der Küste entstanden Befestigungsanlagen (Forts, Batterien), auch mußte jeder Inselbewohner in der Miliz dienen und sonntags an der Waffe üben.

Zwei Jahrhunderte machten sich die europäischen Kolonialmächte ihre karibischen Besitzungen streitig. Dabei kämpften eifrig Piraten mit – für nationale wie für partikulare Interessen. Sie fuhren nicht auf Kriegsschiffen, sondern unter eigener Flagge, bekamen keinen Sold, sondern Beuteanteile – und waren doch häufig Agenten Ihrer Majestät. Die englische Krone bediente sich der Herren Drake, Hawkins und Morgan, um den Spaniern ihren Kolonisationsvorsprung abzujagen. Und für denselben edlen Zweck kämpften die französischen Korsaren *(flibustiers)*, vornehme Piraten, die mit königlichen Kaperbriefen ausgestattet waren. Meist stachen sie von der Schildkröteninsel (Ile de la Tortue) aus in See, einem uneinnehmbaren Schlupfwinkel an der Nordküste Haitis (damals Saint-Dominique). Für ihre langen Kriegsfahrten versorgten sie sich mit ausreichend Fleisch, das die sog. Bukaniers zwischen den Brettwurzeln der Urwaldriesen geräuchert und damit haltbar gemacht hatten. Diese seltsamen Existenzen waren – wie die Piraten selber – meist arbeitslose Soldaten oder gescheiterte Engagés und lebten in West-Hispaniola, aber auch im Norden Basse-Terres in eheähnlichen Männergemeinschaften *(matelotages)*. Die Freibeuter waren im übrigen meist mit Gouverneur und örtlichen Kirchenkreisen befreundet, die von ihrem gewalttätigen Geschäft durchaus profitierten. Der Korsar Lambert war ein Freund von Pater Labat, und bei seinem Tod weinte die ganze Kolonie. Schließlich waren sie gesittete Räuber, die vor jedem Überfall einen Vertrag *(chasse-partie)* schlossen, in dem neben den Beuteanteilen auch die Entschädigungssummen für

Die Schlacht von 1782

verlorene Gliedmaßen festgelegt wurden. Alles ging rechtens zu, es wurde kräftig auf die Bibel geschworen und selbst die Witwenversorgung war geregelt.

Dabei waren die Piraten Waisenknaben verglichen mit ihren Auftraggebern, die einander ganze Inseln wegschnappten, um ihre Beute entweder als eigene Kolonie zu behalten oder gegen andere Besitzungen an den Feind zu veräußern. Die Franzosen bekamen es hauptsächlich mit den Engländern zu tun. Diese tauchten immer wieder vor Basse-Terre und im Süden Martiniques auf, konnten mehrmals (1691, 1703, 1759) das Fort Saint-Charles einnehmen und schossen auch das besser gesicherte Fort Royal sturmreif (1762). Kaum waren Guadeloupe und Martinique englisch geworden, erfolgte schon wieder die Rückgabe im Austausch gegen Kanada, Ohio/Mississippi, Saint-Vincent, Tobago und die Grenadinen (Vertrag von Paris). So rettete Frankreich sein Zuckermonopol, während England die koloniale Übermacht errang. Grund genug für das Ancien Régime, ein Rollback zu versuchen und sich im amerikanischen Unabhängigkeitskrieg auf die Seite des ›Fortschritts‹ zu schlagen. Am 12. April 1782 kommt es zur großen Seeschlacht bei den Saintes, die nach 13 Stunden mit der vernichtenden Niederlage der Flotte des Grafen de Grasse (35 Schiffe, 150 Frachter, 6000 Soldaten) endet. Der französische Traum von einer Vormachtstellung auf den Kleinen Antillen war damit ausgeträumt.

Rebellen und Republikaner

Die Französische Revolution sorgte auch auf den Kolonien für Verwirrung. Die weniger begüterten Weißen *(petits blancs)* und die freien Farbigen *(affranchis)* waren von den Idealen der Freiheit, Gleichheit, Brüderlichkeit angetan und begannen, für sich gleiche politische Rechte zu fordern. Insbesondere in den Städten, unter Handwerkern und Kaufleuten, fand das Lager der Republikaner regen Zulauf. Auf dem Lande formierte sich indessen die Partei der großen Pflanzer *(grands blancs)*, der die ganze Richtung nicht behagte. Man merkte, daß unausgesprochen die Frage der Sklaverei aufgeworfen war, und bekam auch noch recht durch die Massaker auf Saint-Dominique (Haiti), wo 800 Pflanzungen vernichtet und 2000 weiße Siedler ermordet wurden. Da kein royalistischer Gouverneur auf seinem Posten sicher und auf die Soldaten auch kein Verlaß mehr war, blieben nur die Engländer als letzte Hoffnung. In Martinique ging die Rechnung der Zuckerbarone auf: die feindliche Kolonialarmee verjagte die Jakobinerclubs aus République-Ville (vormals Fort-Royal) und garantierte acht Jahre lang die alte Ordnung. In Guadeloupe aber lief es anders als erwartet: die Engländer waren zwar wieder einmal auf Basse-Terre gelandet und bis nach Pointe-à-Pitre vorgestoßen, wurden jedoch dort von Victor Hugues aus dem Fort Fleur d'Epée vertrieben.

Der ehrgeizige Revolutionskommissar war vom Wohlfahrtsausschuß nach Guadeloupe geschickt worden, um die Kolonie für die Republik zu retten und das Dekret über die Abschaffung der Sklaverei in die Tat umzusetzen. Den royalistischen Vaterlandsverrätern ging es jetzt an den Kragen. Auf der Place de la Victoire wurde die Guillotine aufgestellt und nach Pariser Vorbild fleißig hingerichtet: 865 Pflanzer verloren ihr Leben, unzählige flohen ins Ausland, wenige konnten sich in unwegsame Berggegenden retten (Blancs Matignon s. S. 64 u. S. 127). Die befreiten Sklaven aber

Guadeloupe 1794

»Der Kommissar gab den Befehl, sofort die Salinen von Grande-Terre anzusteuern. Bald sichtete man in einem Wirbel schillernder Nebeldünste die Insel Marie-Galante, und die Schiffe wurden gefechtsklar gemacht. Und indes der Lärm rollender Lafetten anschwoll, indes Kabel und Flaschenzüge quietschten, laute Rufe ertönten, Vorbereitungen getroffen und eilig Formationen gebildet wurden unter dem Wiehern der Pferde, die das nahe Land und die frische Weide witterten, ließ sich Victor Hugues von den Druckern einige hundert während der Überfahrt hergestellte klecksige Plakate übergeben, auf denen in großen Lettern der Text des Erlasses vom 16. Pluviôse gedruckt stand, der die Abschaffung der Sklaverei verfügte und die Gleichberechtigung vor dem Gesetz für alle Bewohner der Insel ohne Ansehen von Rasse und Stand proklamierte. Dann durchmaß er mit festem Schritt das Oberdeck, trat auf die Guillotine zu und nahm die geteerte Umhüllung ab, daß das Blutgerüst zum ersten Mal im Licht der Sonne erstrahlte, mit nackter, scharf geschnittener Beilschneide. Im Glanz aller Insignien seiner Autorität, unbeweglich, zur Statue erstarrt, die rechte Hand an die Pfosten der Maschine gestützt, hatte sich Victor Hugues plötzlich in eine Allegorie verwandelt. Zusammen mit der Freiheit hielt die erste Guillotine ihren Einzug in der Neuen Welt.«

(aus: Alejo Carpentier, ›Explosion in der Kathedrale‹)

Freiheit oder Tod

(aus: Histoire des Antilles en B.D., Fort-de-France, 1981)

sahen mit Genugtuung die Köpfe rollen und strömten begeistert in die Armee des Kommissars, die das englische Militär auch noch aus Santa Lucia und Saint-Martin vertrieb. Doch das Ende der Plantagenwirtschaft war nicht geplant und das Kapern fremder Handelsschiffe nur ein vorübergehendes Notprogramm. So trieb der ›Robespierre der Antillen‹ die ehemaligen Sklaven schnell wieder in die Zuckerrohrfelder, wo sich die Marseillaise etwas seltsam anhörte:

»Voran, Kinder aus Guinea / Der Tag der Arbeit kam nun herbei / Ach, so ist nun unser Schicksal / Auf dem Feld bevor die Sonn' aufgeht / So befiehlt es das Gesetz / Unterwerfen wir uns seinem Wort / Laßt uns schuften ohne zu klagen / Um zu verdienen, was man uns gibt / Die Hacke in die Hand, Bürger aufgestellt / Grabt mit aller Kraft, Furchen, Reih an Reih« *(nach André Schwarz-Bart: Die Mulattin Solitude).*

Alle Mißverständnisse in Sachen Freiheit wurden entgültig ausgeräumt, als Napoleon 1802 die Sklaverei wieder offiziell einführte. Zur ›Wiederherstellung der Ordnung‹ wurde General Richepance nach Guadeloupe geschickt, mit 3470 Soldaten und dem Auftrag, die schwarzen Milizen zu entwaffnen. Schließlich hatte in Haiti Toussaint Louverture eine kampfstarke Negertruppe aufgebaut und in einem blutigen Feldzug den Süden der Insel unterworfen. In Guadeloupe war das Gespenst einer ›Negerrepublik‹ schnell verscheucht, denn der Mulatten-Offizier Pélage war ein loyaler Statthalter Frankreichs, der sich widerstandslos entmachten ließ. Sein Leutnant Delgrès aber schlug eine aufrührerische Proklamation an die Mauern Basse-Terres und verschanzte sich zehn Tage lang im Fort Saint-Charles. Als Richepance sich aus Pélages Kompanien Verstärkung holte, war die feindliche Übermacht zu groß und die Moral gebrochen. Delgrès floh mit 300 Getreuen nach Matouba hinauf zur Habitation d'Anglemont, wo er sich am 28. Mai vor den anrückenden Bonapartisten in die Luft sprengte.

Mit seiner heroischen Niederlage hat sich Delgrès die Herzen seiner Landsleute erobert. Straßen, Plätze und Schulen tragen jedoch viel häufiger den Namen Victor Schœlchers, der als der eigentliche Befreier verehrt wird. Er war kein schwarzer Rebell, sondern ein Elsässer Fabrikantensohn, der die häßlichen Seiten der Sklaverei auf seinen Handelsreisen erlebte und in zahlreichen Veröffentlichungen anprangerte. Bis zum Sturz der Juli-Monarchie blieb sein Engagement folgenlose Philantropie. Zwar war bereits auf dem Wiener Kongreß der Sklavenhandel verboten worden, nachdem der kolonieinterne Nachwuchs bei steigenden Handelspreisen vorzuziehen war. Doch jetzt stand die Ausarbeitung einer Emanzipationsakte an, und Schœlcher wurde zum Vorsitzenden der Kommission bestellt. Am 27. April 1848 wurde in Paris die endgültige Befreiung der Sklaven verkündet. Da das Dekret auf dem Seeweg jedoch nicht schnell genug in die Kolonien gelangte, kam es am 22. Mai in Saint-Pierre noch zu einer letzten blutigen Sklavenrevolte – ausgelöst durch ein lächerliches Trommelverbot.

87000 (Guadeloupe) bzw. 72000 (Martinique) Schwarze wurden mit einem Schlag französische Staatsbürger. Die meisten von ihnen verließen fluchtartig die Stätten ihrer Leiden und rodeten Parzellen an den Berghängen, wo sie sich selbst zu versorgen gedachten. So fehlte es an Arbeitskräften, die bereit waren, sich freiwillig gegen Lohn den Plantagenherren zur Verfügung zu stellen. Wieder einmal hielt man Ausschau nach fremdländischem Menschenmaterial, um diesmal vor allem Inder zu importieren, die zu Zehntausenden die Lücken füllten. *Coolies* wurden sie abfällig von den Schwarzen genannt, die sich in ihren Gärtchen als freie Menschen fühlten und doch bald gezwungen waren, als Tagelöhner in den Zuckerrohrplantagen ein wenig Geld zu verdienen. Sie bekamen jetzt Arbeitsverträge, die jedoch an der gewohnten Plackerei wenig änderten.

Wirkliche Umwälzungen kamen von ganz anderer Seite: die Einführung der Dampfmaschine machte die vorindustriellen Zuckersiedereien *(sucreries)* überflüssig, und ein neues Kreditwesen *(Crédit Foncier Colonial)* sorgte für kräftige Kapitalbildung. Jetzt entstanden große Zuckerfabriken *(usines centrales)*, die gleich die Ernte mehrerer Plantagen verarbeiteten. Lokomotiven drehten ihre Runden, um die Bündel geschnittenen Rohrs überall einzusammeln und in großen Mengen zur Zentrale zu befördern. Die einzelnen Pflanzer waren zu landwirtschaftlichen Zulieferern degradiert und in ihrer wechselseitigen Konkurrenz gezwungen, um Beteiligungen am Fabrikkapital nachzusuchen. Dann kam die große Zuckerkrise (1883–90): das überreichliche Angebot an billigem Rübenzucker ließ den Preis um die Hälfte fallen, die verschuldeten Habitationen gerieten in Zahlungsnot, die kapitalstarken Bank- und Industriegesellschaften übernahmen bankrotten Grundbesitz. In Guadeloupe verloren daraufhin die revolutionsgeschädigten Kreolen vollends ihre Macht an mutterländische Aktiengesellschaften und in Martinique konzentrierte sich das Grundeigentum auf wenige große Béké-Familien (Hayot, Despointes u. a.).

Zugleich schlug die Geburtsstunde der antillanischen Arbeiterbewegung. Denn die rohrschneidenden Tagelöhner bekamen den Kampf der Pflanzer in drastischen Lohnsenkungen zu spüren, auf die sie schon in den 80er Jahren sporadisch mit Streiks reagierten. Im Februar 1900 brach dann in Martinique eine Lawine los. Rund um Sainte-Marie strömten die Landarbeiter scharenweise von den Feldern, um in einer *grève marchante* von Fabrik zu Fabrik zu ziehen. Sie kamen bis Le François, wo Gendarmen und Marinesoldaten auf sie schossen: dabei verloren mindestens zehn Menschen ihr Leben, gab es zahlreiche Verletzte, und die Empörung war verständlicherweise groß. Das Abkommen von Rivière-Salée (50%ige Lohnerhöhung, Neufestsetzung des Tagessolls) brachte zwar die Arbeiter wieder auf die Plantagen, doch das politische Klima war verändert. In den Zeitungen des farbigen Bürgertums beklagte man jetzt die Vernachlässigung der alten Kolonien, die ja innerhalb des enorm gewachsenen Kolonialreiches (Afrika, Asien) fürs Mutterland tatsächlich an Bedeutung verloren hatten. Die politische Linke setzte die *Assimilation* auf die Tagesordnung, die volle rechtliche Gleichstellung des farbigen Bürgers mit den Kontinentalfranzosen. Man scheute nicht davor zurück, nach den Errungenschaften der allgemeinen Schulbildung und des Wahlrechts für den Antillaner konsequent den Militärdienst zu fordern. So kam es, daß 1914 Tausende von schwarzen Tagelöhnern auf die Schlachtfelder Europas drängten – gegen den Willen der großen Pflanzer, die an ihrer Arbeitskraft interessiert waren, und trotz der Bedenken des Militärs, dem die Zuverlässigkeit der schwarzen Soldaten nicht ganz geheuer war.

Zum Dank gab es Kriegerdenkmäler, keineswegs die erhoffte Gleichstellung. Sie blieb das Anliegen der Linken, die das politische Leben der Inseln nun zunehmend bestimmten. Die Koloniale Partei verfolgte den Aufbau demokratischer Strukturen mit Argwohn und sehnte sich nach den ›guten alten Zeiten‹. Und so beging man 1935 den 300. Geburtstag. Der Kolonialstatus Guadeloupes und Martiniques war so oder so eine Selbstverständlichkeit. Schließlich kamen die Nahrungsmittel zu 66% aus Frankreich, das seinen Besitzungen andererseits 90% der Produktion abnahm. Die wirtschaftliche Abhängigkeit vom Mutterland erschien sogar als vergleichsweise idyllischer Zustand, als die Nabelschnur plötzlich abriß. Mit der Besetzung Frankreichs durch die Nazis schlug die monokulturelle Ausrichtung der Inseln nämlich in blanke Not um: überschüssiger Zucker auf der einen, kein Fleisch (nur Fisch), keine Butter (Kokosöl als einziges Fett), kein Getreide (statt dessen Maniok, Igname, Brotfrucht) auf der anderen Seite, also Hunger, Rationierung, Schmuggel. Und während man zu einer notdürftigen Autarkiewirtschaft gezwungen war (und nebenbei mit Nachbarinseln und den USA ein bißchen Ersatzhandel trieb), mußte man auch noch die Fremdherrschaft eines Admiral Robert ertragen, der als Statthalter Vichys auf jüdische, kommunistische und gaullistische ›Elemente‹ Jagd machte. Der 1944 gedrehte Hawks-Film ›To have and have not‹ (Humphrey Bogart als Fluchthelfer) vermittelt

Kriegerdenkmal in Pointe-à-Pitre

Sitz der gewählten Lokalversammlung *(Conseil Régional)*

einen Eindruck von der Isolation Martiniques, die durch die amerikanische Blockade (November 1942 bis Juli 1943) aufs äußerste zugespitzt und schließlich beendet wurde. Der Sturz Roberts war die Folge, nicht der Grund der amerikanischen Aktion, die die französischen Kolonien (somit auch die in Martinique liegenden Goldreserven Frankreichs) vor dem Zugriff der Deutschen und Engländer sicherte. Und dann? Guadeloupe und Martinique warteten zwei Jahre auf die Befreiung des Mutterlands und wurden nach Kriegsende schließlich als Departements in die Republik aufgenommen: ein Sieg für die Anhänger der Assimilation, die nicht nur um gleiche Rechte, sondern auch um ein entsprechendes Selbstbewußtsein des schwarzen Antillaners (Négritude s. S. 48f.) gekämpft hatten. 1946 war die Kolonialzeit offiziell zu Ende.

Politik – Wirtschaft – Gesellschaft

Keine Alternative zum DOM-Status

Guadeloupe und Martinique sind Überseedepartements (*Départements d'outre-mer,* DOM) und als Verwaltungsbezirke den Departements der Metropole prinzipiell gleichgestellt. Alle Gesetze der Republik gelten auch für die Ex-Kolonien, sofern nicht explizit Einschränkungen gemacht werden. Es gibt z. B. Sonderregelungen beim Mindestlohn, bei der Familienbeihilfe sowie beim Arbeitslosengeld, die verminderte Sätze vorsehen. Die Beschlüsse darüber fallen in der Pariser Nationalversammlung, in der Guadeloupe und Martinique mit jeweils vier Abgeordneten vertreten sind.

Ein aus Paris entsandter Staatskommissar *(Préfet Commissaire de la République)* überwacht die Durchführung der Gesetze vor Ort und ist auf den Inseln für Recht und Ordnung zuständig. Ihm stehen zwei gewählte Lokalversammlungen *(Conseil Général, Conseil Régional)* zur Seite, die im Zuge der Regionalisierung erheblich aufgewertet wurden. Der Vertreter der Zentralgewalt hat zwar nach wie vor entscheidende Befugnisse in der Sozialverwaltung und bei den Investitionen zur Infrastruktur. Doch die dezentralen Kammern entscheiden eigenverantwortlich über die Verwendung ihrer Budgets, die teils aus Staatszuschüssen, teils aus eigenen Steuern finanziert werden. Den Präsidenten der beiden Regionalräte kommt damit Exekutivgewalt zu.

Die Konstruktion verlangt ein kooperatives Zusammenwirken, das der Bevölkerung bei Gelegenheit eindrucksvoll demonstriert wird. Auf Dorffesten zeigen sich die Lokalpolitiker mit blau-weiß-roten Schärpen in einer Reihe mit dem Staatskommissar, der in seiner weißen Uniform immer noch an einen Gouverneur erinnert. Man legt einen Kranz am Kriegerdenkmal nieder, zieht hinter Majoretten in die Kirche und weiht nach der Messe einen kommunalen Neubau ein. Der Bürgermeister dankt dann als ›Sohn des Volkes‹ dem Staat für die Subventionen, an deren Verteilung er meist als Ratsmitglied *(conseiller)* selbst beteiligt war. Der Präfekt wiederum lobt die Tüchtigkeit des Bürgermeisters und stellt dabei klar, daß es »für den Staat keine linken oder rechten, sondern nur gut- oder schlechtverwaltete Gemeinden« gibt.

Die Zugehörigkeit zu Frankreich wird von der großen Mehrheit der Bevölkerung als Chance begriffen. Schließlich zeigt der Vergleich mit den Nachbarstaaten, daß man mit dem DOM-Status nicht schlecht fährt. Der Schock der US-Invasion auf Grenada (1984) hat zusätzlich dazu beigetragen, daß die politische Unabhängigkeit als illusionäre, wenig wünschenswerte Perspektive erscheint. Die Bombenanschläge, die Mitte der 80er Jahre Guadeloupe erschütterten, waren Verzweiflungsaktionen einer alleingelassenen Volksbewegung, die sich nach der Verhaftung ihres Führers (Luc Reinette) nur noch in Graffitis (»Français dehors!« = »Franzosen raus!«) zu Wort meldet. Sympathie findet die UPLG (Union Populaire pour la Libération de la

Der Dichter und Politiker Aimé Césaire (* 1913)

Ein Negerjunge aus Basse-Pointe tut sich am Lycée Schœlcher als ausgezeichneter Schüler hervor. Mit 18 Jahren verläßt er Fort-de-France, um in Paris an der Ecole Normale Supérieur Literatur zu studieren. Er begeistert sich für den Surrealismus, liest Hegel und Marx, lernt einen senegalesischen Kommilitonen namens Senghor kennen. Mit ihm gründet er 1934 eine Zeitschrift (›Etudiant noir‹), die der kulturellen Entfremdung des schwarzen Studenten entgegenwirken soll. Rückbesinnung auf afrikanische Werte, *Négritude* ist ihr Programm. In einer Art Aufbruchsstimmung schreibt Césaire sein ›Cahier d'un retour au pays natal‹, die berühmte Hymne ans neue ›Negertum‹.

Am Vorabend des Krieges kehrt Césaire nach Martinique zurück. Der Nazismus erscheint ihm als Inbegriff der europäischen Barbarei, das Vichy-Regime als letztes Stadium des Kolonialismus. Er unterrichtet als Französischprofessor am Lycée Schœlcher und veröffentlicht surrealistische Gedichte in einer neuen Zeitschrift (›Tropiques‹). Nach der Befreiung Frankreichs geht er in die Politik, wird Bürgermeister von Fort-de-France und zieht als kommunistischer Abgeordneter in die Nationalversammlung ein. Auf seinen maßgeblichen Einfluß ist es zurückzuführen, daß die alten Kolonien (Guadeloupe, Französisch Guyana, Martinique, Réunion) 1946 als Überseedepartements in die Französische Republik eingegliedert werden. Kaum hatte er die *Assimilation* erstritten, zeigt sich aber sogleich, daß Césaire mehr anstrebte als die rechtliche Gleichstellung der Antillaner mit den Festlandsfranzosen. 1956 tritt er aus der KPF aus, um die martiniquanische Fortschrittspartei (PPM) zu gründen nach dem Motto: »der Sozialismus muß in den Dienst der Schwarzen gestellt werden, nicht umgekehrt«. Fortan betont er das Recht auf Differenz, die antillanische Identität, die Besonderheit des »martiniquanischen Volks«.

Während Senghor Staatspräsident des Senegal wird, schreibt Césaire politische Dramen über die Tragik der »schwarzen Macht« (›La Tragédie du roi Christophe‹, ›Une saison au Congo‹). Er fürchtet ein Haiti und sieht in Frankreich den Garanten des sozialen Fortschritts – deshalb ist er gegen die politische Unabhängigkeit. Doch er erschrickt auch über die Zerstörung der traditionellen Lebensformen, die Verwandlung seiner Heimat in ein Ferien- und Warenlager – und möchte daher das Selbstbewußtsein der Schwarzen gestärkt sehen. Letztlich bleibt die *Antillanité* ein Ideal, das Césaire beständig einfordern muß – als Bürgermeister, Deputierter der Nationalversammlung oder als Präsident des Regionalparlaments. Sämtliche Präsidenten der Zentralmacht (De Gaulle, Pompidou, Giscard, Mitterrand) konfrontiert er mit dem Wunsch nach mehr Autonomie. Zugleich mahnt er sein entwurzeltes Volk unablässig zum Aufbruch aus der nicht nur fremdverschuldeten Unmündigkeit. Seine Stimme wird nicht zuletzt deshalb gehört, weil aus dem Politiker immer noch der Dichter spricht:

»Denn da sind jene, die durchaus nicht zufrieden sind, daß sie nicht nach dem Ebenbild Gottes, sondern nach dem des Teufels gemacht sind
jene die glauben als Neger sei man so etwas wie ein unterer Angestellter der nur warten können muß um höher emporzusteigen
jene die vor sich selber kapitulieren
jene die sich ins tiefste Kellerloch ihrer selbst verkriechen
jene die sich mit stolzer Pseudomorphose brüsten
jene die zu Europa sagen: ›Seht, ich kann wie ihr Bücklinge machen, wie ihr meine Ehrfurcht bezeigen, seht, ich bin nicht verschieden von euch, kümmert euch nicht um meine schwarze Haut: die Sonne hat mich verbrannt.‹
Und es gibt den Kuppler-Neger, den Askari-Neger, und all diese Zebras wälzen sich wie sie nur können um ihre Streifen loszuwerden im Tau weißer Milch.
Und inmitten von alledem ruf ich hurra! mein Großvater stirbt, ich rufe hurra! das alte Negertum wird nach und nach zur Leiche.«

(aus: ›Zurück ins Land der Geburt‹)

Guadeloupe), die bei Wahlen zur Stimmenthaltung aufruft, unabhängige Landgewerkschaften *(syndicats marrons)* unterstützt und in ihren Medien (Wochenzeitschrift ›Lendépandans‹, Radio Tanbou) das Kreolische pflegt. Auf Martinique freilich gibt es nichts Vergleichbares, denn dort hat Aimé Césaires Partei den *indépendantistes* den Wind aus den Segeln genommen. Sie heißt PPM (Parti Progressiste Martiniquais), betont bei aller Treue zu Frankreich die Eigenständigkeit der Insel und gewinnt mit ihrem ›Regionalismus‹ regelmäßig die meisten Stimmen. Es tut der Originalität dieser Linkspartei keinen Abbruch, daß die kommunistischen Gruppierungen (PCG, PCM) wiederum ihrerseits die *antillanité* herausstreichen und mit der nationalen PCF wenig zu tun haben wollen. Von den traditionellen französischen Parteien sind in den DOM die sozialistische PS, die liberalkonservative UDR und die gaullistische RPR vertreten.

So spiegelt die politische Landschaft die departementtypische Mischung von Zentralismus und Regionalismus. Steht die rechte Hälfte des Parteienspektrums für die unmißverständliche Bindung ans Mutterland ein, so bleibt links Spielraum für Autonomiebestrebungen.

Geldabfluß und Warenschwemme

Im französischen Staatshaushalt sind jährlich Hunderte von Millionen Francs ausgewiesen, die den Überseedepartements zugutekommen, ihre Entwicklung fördern, den Lebensstandard europäischem Niveau annähern. Das Budget des zuständigen Ministeriums liefert dabei nur einen Bruchteil der Gelder. Viel bedeutender ist die Summe, die sich aus Sonderposten anderer Ministerien (Erziehung, Gesundheit, Justiz, Verkehr, Post und Fernmeldewesen, Städte- und Wohnungsbau, Landwirtschaft) ergibt. Ein Investitionsfonds verwaltet die vom Parlament bewilligten Kredite, über deren Verwendung dann die politischen Instanzen der Departements entscheiden. Die ›nationale Solidarität‹ des Mutterlandes wird im übrigen durch die Strukturförderung der EG ergänzt.

Aus den beständig fließenden öffentlichen Geldern ist eine Infrastruktur entstanden, die bilderbuchartig demonstriert, was die DOMs von den Nachbarinseln unterscheidet. Hier finden sich nicht nur Rathäuser und Gendarmerien, sondern auch sozialstaatliche Einrichtungen, die man in der Dritten Welt häufig vergeblich sucht. Krankenhäuser, Entbindungsheime, psychiatrische Kliniken stehen in ausreichender Zahl zur Verfügung, und an allen Ecken schießen Bildungsstätten aus dem Boden: Kindergärten und Grundschulen, Gymnasien und Berufsbildungszentren, Universitätsinstitute sogar. Zur Vorbeugung von Infektionskrankheiten hat man Kanalisationssysteme eingeführt, Kläranlagen installiert und Wohnungsbauprogramme initiiert. In der Peripherie der Hauptstädte sind die Blechhüttenslums *(bidonvilles)* weitgehend abgerissen, ihre Bewohner in Übergangs- und Sozialwohnungen umquartiert und die sanierten Viertel mit Sport- und Freizeitanlagen ausgestattet worden. Noch die entlegenste Hütte hat Stromanschluß und empfängt via Satellit RFO, und ein dichtes Netz asphaltierter Straßen erschließt die Inseln bis in die Bergwälder hinein. Nicht zu vergessen: die Einrichtung hochmoderner Container-Hafen (Pointe-à-Pitre/Jarry, Fort-de-France) und der Ausbau der beiden internationalen Flughäfen (Le Raizet, Lamentin).

Die staatliche Generosität ist nicht uneigennützig, denn die Grande Nation legt Wert auf ihre außereuropäische Präsenz. Außerdem kommen die Aufträge der Wirtschaft zugute: Baufirmen, Stromversorgungsunternehmen oder Flug- und Schifffahrtsgesellschaften, die übrigens teilweise in staatlicher Hand sind (Eléctricité de France, Air France, Compagnie Générale Maritime). Neben der Nachfrage des Staats schlägt auch noch die Kaufkraft seines gutbezahlten Personals zu Buche. Denn jeder Lehrer, Polizist und Forstbeamte erhält für seinen Dienst in Übersee ein Gehalt mit

40 % Teuerungszuschlag, Entfernungsprämie, Urlaubsgratifikation. Allein die Beamtenbezüge, 55 % der gesamten Lohnmasse, schwemmen einen satten Strom von Konsumgütern auf die Antillen. So präsentieren sich Guadeloupe und Martinique als ›Schaufenster Frankreichs‹ in der Karibik, bieten – vom normannischen Rohmilchkäse bis zum Peugeot 305 – die ganze Palette des savoir vivre, zu EG-Preisen und teurer, denn die Transportkosten und eine Importsteuer *(octroi de mer)* kommen hinzu.

Das Herz der Antillenwirtschaft schlägt in den Häfen, wo sich die CGM-Container zu langen Gassen stapeln, bevor sie von Lkws zu den Lagerhallen (Jarry/Abymes, Lamentin) und Supermärkten (K-Dis, Mammouth, Monoprix) befördert werden. Wenn sie wieder zur Schiffsverladung zurückkehren, sind sie mit Bananen und anderen Agrarprodukten gefüllt, teilweise auch leer. Der Export ist bescheiden, schwankt um die 20 % der Einfuhren, die sich in etwa mit den öffentlichen Ausgaben decken. Das Geld fließt also zurück nach Europa, und die DOMs vermitteln eigentlich nur ein staatlich finanziertes Zusatzgeschäft für französische Unternehmen, die nicht daran denken, mit hohen Kosten in winzige Märkte zu investieren. Die paar Ausnahmen (Konserven- und Mineralwasserfabriken, Bierbrauereien) bestätigen die Regel. Die kleinen antillanischen Betriebe können nämlich schwerlich mit den europäischen Multis konkurrieren, haben sogar Schwierigkeiten, ins heimische Verteilernetz einzudringen, da die Händler bei entsprechend hoher Abnahme von den Importfirmen Rabatte erhalten. Nur im Energie- und Baustoffbereich sind unter staatlicher Regie Versorgungsmonopole (EDF-Kraftwerke, SARA-Erdölraffinerie, SCA-Zementfabriken) entstanden, ansonsten gilt das ökonomische Gesetz, daß der Import die

Das Plakat fordert auf, einheimische Produkte zu kaufen

lokale Produktion verhindert. Nicht umsonst gehört der Handel zu den lukrativsten Geschäften auf der Insel.

Der französische Staat sieht dem beständigen Geldabfluß nicht tatenlos zu. Er bietet Investoren steuerliche Vorteile (bis zu völligem Verzicht auf Gewinnbesteuerung), Prämien (bis zu 30% der Investitionssumme) und gewährt billige Kredite. Doch das einfließende Kapital geht fast ausschließlich in Baugrund, Immobilien, touristische Projekte. Die Anleger haben es ja auf die staatlichen Vergünstigungen abgesehen und wollen sich dafür nicht die Konkurrenz der lokalen Produktion einhandeln. Sie spekulieren lieber auf den internationalen Kurswert der Karibik und kalkulieren dabei Unwägbarkeiten (Dollarkurs, Flugtarife, Trends auf dem Reisemarkt) mit ein. In den letzten Jahren hat sich der Tourismus zur Hauptdevisenquelle Guadeloupes und Martiniques entwickelt, einige Besitzer großer Hotelketten (Hilton, Sheraton, Club Méditerrané) sind eingestiegen, Fluggesellschaften und Reisebüros beteiligen sich am Unternehmen. Da das lokale Preisniveau hoch ist, zielt die Branche auf zahlungskräftige Klientel aus Nordamerika (27% US-Amerikaner, 9% Kanadier) und Europa (40% Franzosen, 6% andere Nationalitäten). So ballen sich an einigen besonders schönen Strandabschnitten die Luxushotels zu touristischen Enklaven (Gosier, Saint-François; Trois-Ilets, Pointe du Bout), die im Extremfall (Saint-Barthélemy) eine ganze Insel umfassen. Für die einheimischen Wirtsleute und Ladenbesitzer fällt bei diesem Boom nicht allzuviel ab, und die kleinen Hotels und Privatquartiere *(gîtes ruraux)* bleiben auf findige Individualtouristen angewiesen.

Es ist absehbar, daß der europäische Binnenmarkt das Dilemma der antillanischen Wirtschaft nicht löst, sondern verschärft, bis auf den Inseln nichts mehr produziert, nur noch gehandelt und verschoben wird. Die Broschüren der Industrie- und Handelskammern bereiten die Insulaner psychologisch auf ihr Schicksal vor. Guadeloupe und Martinique – heißt es dort mit stolzem Unterton – hätten eine Zukunft als Handelsdrehscheiben und sollten sich darauf spezialisieren, europäische Waren im amerikanischen Mittelmeer zu verteilen.

Antillanische Misere

Landwirtschaft in der Dauerkrise

Der kaum ins Gewicht fallende Export (20 % des Imports) entstammt fast ausschließlich dem Agrarsektor (Banane, Ananas, Avocado, Limette, Flamingo-Blume), der in seiner monokulturellen Ausrichtung noch immer an Kolonialverhältnisse erinnert. Der großflächige Anbau von Ausfuhrprodukten schließt freilich ein, daß der lokale Bedarf selbst im Bereich der Landwirtschaft keineswegs gedeckt wird und der *pacte colonial* sich als Einfuhrzwang perpetuiert: Getreide, Fleisch und Milcherzeugnisse müssen importiert werden, auch Gemüse, Früchte und Fische. Man versucht den Circulus vitiosus durch ein erweitertes Angebot zu durchbrechen, das die Selbstversorgung erhöhen und neue Exportmöglichkeiten im Feinkostbereich eröffnen soll. Doch die Folgen der europäischen Tomaten- und Hühnerberge sind auch hier zu spüren, außerdem stoßen die tropischen Produkte in Europa auf die billigere Konkurrenz der AKP-Staaten, die im Lomé-Abkommen Zollfreiheit zugesichert bekamen. Auf den französischen Protektionismus kann man künftig wohl auch nicht mehr hoffen, seit die Kontingente für Ananas aufgehoben und 90 % des Marktes von der Elfenbeinküste besetzt sind.

Banane

Sie rangiert als Exportprodukt Nummer eins, weit vor den anderen Agrarprodukten. In den feuchten Hanglagen der beiden Hauptinseln (Capesterre, Basse-Terre, Nordosten Martiniques) bedecken die Plantagen Anbauflächen von jeweils 7000 ha, die zu 95 % mit der Exportsorte *(banane-plantin)* bestanden sind. Die einheimischen Gemüse- *(banane-poteau)* und Dessertsorten *(banane-pomme* oder *figue)* werden in den kreolischen Gärten angepflanzt und auf den lokalen Märkten angeboten.

Die schnellwachsende Staude nimmt täglich 50 l Wasser auf und bildet in neun Monaten (bei entsprechender Flüssigkeitszufuhr noch schneller) einen Fruchtstand von 80–200 Bananen aus. Mit künstlicher Bewässerung lassen sich regenarme Perioden überbrücken und trockenere Gebiete für den Anbau gewinnen. Plastiksäcke schützen die heranreifenden Früchte vor Temperaturschwankungen und Ungeziefer, gegen das auch massiv Chemikalien gesprüht werden (Cercospora-Parasit). Die Ernte fällt in keine bestimmte Periode und findet gestaffelt das ganze Jahr über statt. Mit dem bis zu 20 kg schweren Fruchtstand *(régime)* wird auch die Staude abgeschlagen, aus deren Strunk bereits neue Schößlinge sprießen. Man verpackt die noch grünen ›Hände‹ und stapelt die Kartons in Containern, die in Kühlschiffen (12 °C) nach Le Havre und Bordeaux gelangen, wo sie in Wärmekammern (23–25 °C) nachreifen.

Da der europäische Markt für Bananen prinzipiell offen ist, hat die kostengünstigere Ware aus Afrika (v. a. Elfenbeinküste) einen enormen Konkurrenzvorteil. Frankreich hat jedoch ein Präferenzsystem erlassen, das zwei Drittel des nationalen

Markts für das Angebot aus den Überseedepartements (31,51 % für Guadeloupe, 35,15 % für Martinique) reserviert. Die Importeure sind mit den Pflanzern in Berufsgenossenschaften (SICAs) zusammengeschlossen, die mit der CGM Frachtverträge aushandeln und gegenüber den Behörden die Interessen der Bananenzunft vertreten. Allerdings liegt im Zweifelsfalle das Risiko immer bei den Produzenten, die bei Zyklonschäden, Hafenstreiks und Preisstürzen das Nachsehen haben. Die Importeure stellen sich allemal auf die Marktlage ein, nehmen bei geringer Nachfrage und fallendem Preis weniger ab und überschreiten im umgekehrten Fall sogar die Kontingente.

Zucker und Rum

Manches Zuckerrohrfeld ist seit Kriegsende Bananenplantagen gewichen, und vor den Blechruinen stillgelegter Zuckerfabriken grasen heute oft Rinder. Trotzdem ist das Landschaftsbild noch weitgehend von der kolonialzeitlichen Monokultur bestimmt, die in Guadeloupe sogar ganze Inselteile (Grande-Terre, Norden Basse-Terres, Marie-Galante) beherrscht. Die Ernte gelangt auf Lkws und Lieferwagen (selten noch auf Ochsenkarren oder Bahnwaggons) in die verbliebenen Zentralen *(usines centrales)*, in denen täglich etwa 2000 t Zuckerrohr zu Rohzucker und Nebenprodukten (Melasse, reiner Alkohol, Rum) verarbeitet werden. Von diesen Großbetrieben – sie beschäftigen jeweils 100–200 Industriearbeiter – gibt es noch vier auf Guadeloupe (Beauport, Gardel, Grosse Montagne, Grande Anse/Marie-Galante), eine einzige auf Martinique (Le Galion). Es sind Aktiengesellschaften, die sich im Zuge der Stillegungen und durch staatliche wie kommunale Beteiligungen ständig vergrößerten und alle Welt von sich abhängig wissen: die Landarbeiter, die zum größten Teil ausschließlich zur Erntezeit (Februar bis Juni) beschäftigt werden; die Pächter, die einen Teil der fabrikeigenen Plantagen in eigener Regie bewirtschaften; und schließlich die selbständigen Pflanzer, die den Ertrag ihrer 1–3 ha großen Parzellen in der Fabrik abliefern müssen. Auf allen Pflanzungen bietet sich noch dasselbe vorindustrielle Bild: der Zuckerrohrschneider *(coupeur de canne)*, die oft weibliche Hilfskraft *(amarreuse)*, das Transportmittel – schneiden, bündeln, Fahrt zur Fabrik. Selbst auf den großen Ländereien gibt es nur wenige Schneidemaschinen, neben denen nach wie vor ein Heer von Saisonarbeitern die Macheten schwingt.

So kann man weder mit der vollmechanisierten Landwirtschaft der USA noch mit den Billiglohnländern der Region (Cuba, Brasilien) konkurrieren. Ist auch nicht nötig, denn die EG-Quotenregelung garantiert die Abnahme des Zuckers weit über dem Weltmarktpreis. Allerdings haben die Subventionen bisher nichts an den chronischen Defiziten der Zuckerzentralen geändert. Die zugebilligten Quoten wurden nie erreicht, die Anbauflächen gingen stetig zurück, die Ernteerträge sind seit 1970 fast um die Hälfte gesunken. Nach bewährter EG-Logik hat man für die Zuckerrohrverarbeitung eine Schwelle der Rentabilität errechnet (Guadeloupe 900000 t, Martinique 350000 t) und zur Steigerung der Ernteerträge eine Reihe von Maßnahmen ergriffen: Subventionierung des Zuckerrohrankaufpreises, Zuschüsse für die ärmsten Pflanzer,

Förderung der Neuanpflanzung, Entwicklung produktiverer Sorten, Bewässerungsprojekte. Da die Fabriken trotz verbesserter Ergebnisse in den roten Zahlen blieben, haben die kommunalen Behörden ihre Ansprüche zurückgeschraubt: die Zuckerproduktion soll wenigstens den lokalen Bedarf decken, und die Ernte muß auch noch für die Versorgung der Rumdestillerien reichen. Doch auch dieses Ziel ist gefährdet, seit die EG-Behörden mit dem Abbau der Agrarsubventionen Ernst machen.

		1970	1985
ZR-Anbaufläche	Guadeloupe	über 26300 ha	15300 ha
	Martinique	über 7000 ha	4100 ha
ZR-Ernteertrag	Guadeloupe	1000000 t	590000 t
	Martinique	450000 t	226000 t
Zuckerfabriken	Guadeloupe	9	4
	Martinique	4	1
Zuckerproduktion	Guadeloupe	150000 t	60000 t
	Martinique	27000 t	8600 t

Die Rumbrennereien *(distilleries)* sind kleine oder mittlere Betriebe, die über eigene Zuckerrohrplantagen (20–200 ha) verfügen und ihren zusätzlichen Bedarf selbständigen Pflanzern abkaufen. Sie sind meist im Besitz kreolischer Familien, die sich während der Zuckerkrise auf die Rumherstellung verlegt haben, um nicht zu Rohstofflieferanten der *usines centrales* abzusinken. So konnten sie ihre Pflanzungen für eine beinahe kunsthandwerkliche Produktion nutzen und als altehrwürdige Habitationen (vgl. S. 37) überleben. Schließlich hat der aus reinem Zuckersaft gebrannte *rhum agricole* nichts mit dem *rhum industriel* der Zuckerfabriken zu tun, der aus der Melasse gewonnen ist. Auf den Pflanzungen namhafter Destillerien wird schon aus Qualitätsbewußtsein ausschließlich mit der Machete geschnitten: die Halme sollen, von Blättern und Enden befreit, möglichst rückstandsfrei in die Presse gelangen. Auf Martinique haben die Rumdestillerien nicht nur mehr Prestige, sondern eine größere wirtschaftliche Bedeutung als der relativ schwache Zuckersektor. Den Erfolg sieht man daran, daß sich ausländische Gruppen (Bacardi, Cointreau, Martini Rossi) eingekauft haben.

Der Rum wird zu einem Drittel für die einheimischen Konsumenten produziert und wandert sonst als zweiter Exportartikel ins Mutterland. Die französische Regierung hat eine Regelung vereinbart, nach der die Gärung und Destillation von Rum an das Anbaugebiet des Zuckerrohrs gebunden ist. So werden die steuerbegünstigten Importkontingente ausschließlich unter den Zuckerfabriken und unabhängigen

◁ Zuckerrohrschneider bei Rivière-Salée

Destillerien der Überseedepartements verteilt. Trotzdem sorgt sich die Innung der großen Marken um die Zukunft des traditionsreichen französischen Rums. Denn der weite amerikanische Markt ist von Bacardi beherrscht, der zweitgrößte deutsche gehört dem Verschnittrum und der offene französische leidet unter der Konkurrenz des Whisky. Und das Schlimmste ist, daß die französische Rumdefinition eine EG-widrige Importrestriktion darstellt, die ebenso fallen wird wie das Reinheitsgebot des deutschen Bieres.

Rhum agricole

»Die Göttin hat mir Tee gekocht
und Rum hineingegossen
sie selber aber hat den Rum
ganz ohne Tee genossen.«
(Heinrich Heine)

Wer seinen Löffel Verschnittrum in den Tee träufelt, hält Rumtrinker in der Regel für Piraten oder arme Schlucker. Die Geschichte gibt ihm recht, denn der ›Teufelstöter‹ war der Leib- und Magensaft der Flibustiere und ein trostreiches Getränk für die Sklaven. Und noch eines hat die schlechte Meinung für sich: der Zuckerrohrschnaps war von Anfang an ein Abfallprodukt der Zuckerproduktion. Ob *guildive, taffia* oder *rum,* man brannte und brennt ihn noch heute weltweit aus den Rückständen des Siedeprozesses, dem gekochten und nicht mehr kristallisierbaren Zucker. Doch es gibt eine Ausnahme: die Französischen Antillen. Dort ist man Ende des 19. Jahrhunderts dazu übergegangen, den reinen Zuckerrohrsaft zu destillieren. Der traditionelle, stark nach Karamel schmeckende Melasse-Rum wird zwar noch produziert, um als Konditoreiwürze in den Export zu gehen. Getrunken wird jedoch nicht dieser *rhum industriel,* sondern der sehr viel aromareichere *rhum agricole.* Und so wird er hergestellt:

Das frisch geschlagene Zuckerrohr durchläuft eine Häckselmaschine *(coupe-canne)* und 4–6 Quetschwalzen *(moulins).* Man besprengt die zermalmte *bagasse* mit Wasser, um danach den verbleibenden Zucker aus den Fasern zu pressen. Der aufgefangene Saft *(vesou)* enthält dann 4–18 % Saccharose. Er wird geseiht, gefiltert und schließlich in Gärungsbottiche gepumpt. Bei tropischen Temperaturen (23–40 °C) und guter Luftventilation beginnt das bräunliche Gebräu automatisch zu kochen, da wilde Hefe den Zucker spaltet. Die meisten Destillerien leiten die Gärung nach alten Fermentierungsrezepten (Hefe, Bakterien, Säure) ein und setzen die Maische mit vergorenen Resten *(pied de cuve)* an. 15–48 Stunden brodelt es in den Bottichen. Wenn keine Kohlendioxydblasen mehr aufsteigen, hat sich der Zuckergehalt in Alkohol umgewandelt: ein 5–6 %iger Zuckerrohrwein *(grappe)* ist entstanden, der freilich noch ungenießbar ist.

Die anschließende Destillation erhöht den Alkoholgehalt und trennt die unerwünschten Aromastoffe von den erwünschten. Man destilliert nicht mehr wie zu Labats Zeiten in zwei Durchgängen, sondern kontinuierlich im Kolonnensystem. Der Zuckerrohrwein wird in einem Vorwärmer auf 65–75 °C erhitzt und gelangt über einen

Turm *(analyseur/condenseur)* in die mehrbödige Destillierkolonne *(colonne à plateaux)*. Dort fließt er über die stufenweise temperierten Böden dem aufsteigenden Wasserdampf entgegen, der ihn von Alkohol und flüchtigen Stoffen befreit. Während sich die Schlempe *(vinasse)* mit Fuselölen und anderen schweren Bestandteilen unten absetzt, nehmen die alkoholischen Dämpfe die leichten Bukettbestandteile in den Kondensator hinüber. In Kühlschlangen durchqueren sie den Wein-Vorwärmer, um sich am Ende des Kondensationsweges als 65–75 %iges Destillat in einem Auffangbottich niederzuschlagen.

Dieser farblose Rum ist brennendes Wasser, solange sein Alkoholgehalt nicht auf Trinkstärke reduziert ist. Wenn man ihn mit destilliertem Wasser, besser noch mit Quellwasser auf 59° (Marie-Galante), 55° (Guadeloupe), 50° (Martinique) verdünnt, kann er als *Rhum blanc* konsumiert werden. Er schmeckt dann fruchtig nach Zuckerrohr. Wenn man ihn in Eichenfässern lagert, verliert er durch Verdunstung jährlich 8–10 % Alkohol und kann nach drei Jahren als *Rhum vieux* degustiert werden. Jeder Europäer ist überrascht über den Geschmacksreichtum dieses Antillen-Cognacs, der auch als Fünf-, Sechs-, Zwölfjähriger verkauft wird oder mit Jahrgangsbezeichnungen auf den Markt kommt. Da die Faßreifung unter tropischen Klimaverhältnissen beschleunigt abläuft, verwendet man übrigens Once-Used-Fässer aus den USA, da diese nicht mehr so viel Gerbsäure abgeben.

Fischerei

In Guadeloupe sind 1250, in Martinique 1150 Männer als marins-pêcheurs eingeschrieben und betreiben die von der EG so bezeichnete handwerkliche Küstenfischerei. 95 % von ihnen besitzen lediglich ein 5–8 m langes Boot, ein *saintois* (Guadeloupe), *gommier* oder *yole* (Martinique, s. S. 200), das von einem Außenbordmotor angetrieben wird. Zu zweit oder zu dritt fahren sie außer Landsichtweite bis Miquelon hinaus, wo sie mit etwas Glück die Hochseewanderer (Hai, Thunfisch, Dorade, Tazard) aufstöbern. Die frühmorgens aufbrechenden Fischer orientieren sich am Flug der Fregattvögel und halten auf Treibhölzer zu, an denen sich das Plankton sammelt, um mit Angeln und Netzen in die vermuteten Fischbänke zu gehen. Nachmittags sind sie wieder im Hafen, wo der Fang sogleich verkauft wird. Nur die Fischereischule (La Trinité) und einige Kooperativen bleiben vier bis acht Tage draußen, mit 12 m langen Kuttern und einer vielseitigen Ausrüstung.

Ein Großteil des Fischereihandwerks findet in Küstennähe statt. Auf der karibischen Seite sieht man häufig einen Fischer unterstützt von einer Gruppe von bis zu 18 Personen *à la senne* fischen (s. Farbabb. 18): Das Netz des anlandenden Bootes ist in großem Bogen ans Ufer gespannt, wo es zwei Zugmannschaften in gemeinsamer Anstrengung einholen, um anschließend die meist klägliche Ausbeute mit dem Bootsbesitzer aufzuteilen. In Riffnähe gehen schon mehr Plateaubewohner (Sardine, Balaou, Bonite, Orphie), auch Langusten und Lambimuscheln ins Netz oder in die Reuse *(casier, nasse)*. Jeder Fischer hat 50–80 von diesen Drahtkäfigen (die Bambus- und Patate-Holzvarianten sterben aus), die er sorgfältig in den Rinnen versteckt und alle acht Tage der Reihe nach einholt. Die Fahrt in die Korallenbänke geschieht übrigens manchmal (Marie-Galante, Südosten Martiniques) noch mit Flößen (sog. *pri-pri*), die sich zur Seeigelernte gut eignen. Während der Steuermann mit dem Staken in die *Prärien* manövriert, schiebt der Taucher die weißen Kugeltiere mit einer Holzgabel *(croc à chadron)* in den Sammelkorb *(panier chadron)*.

Die Techniken sind einfach, aber keineswegs harmlos. Die 20–40 m hohe, bis zu 700 m lange *senne* riegelt einen Uferbezirk ab und kämmt die lichten Fischgründe

Fischer an der Grande Rivière

noch auf fingergroße Exemplare durch. Von den Reusen gehen 15–20 % verloren, die dann ohne Nutzen als ewige Fischgräber weiterarbeiten. Die Wilderei in den amphibischen Reservaten (Mangroven, Riffinselchen) hat beinahe zur Ausrottung der Schildkröten und zur Dezimierung der Muscheln (Lambi, Triton) geführt. So bringt sich die küstennahe Fischerei langsam selbst um ihren Verdienst: Die Bestände gehen zurück, die Fangquoten sinken, die Fischer werden weniger und sind im Durchschnitt älter. Nur noch gut die Hälfte des verzehrten Fischs (Guadeloupe 65 %, Martinique 51 %) kommt aus den eigenen Gewässern. Der Rest wird (eisgekühlt) aus Venezuela, (tiefgefroren) aus Europa, (luftgetrocknet) aus Saint-Pierre-et-Miquelon (frz. Territorium vor Kanada) eingeführt. Um die Importe zu reduzieren, setzt man nun auf Aquakulturen, die mit staatlichen Fördermitteln Süßwasserkrebse und Weißfische züchten.

Arbeitslosigkeit und Emigration

Die andauernde Krise der Landwirtschaft hat die Antillaner sukzessive ihrer traditionellen Existenzgrundlage beraubt. Die nur rudimentär vorhandene Industrie konnte den Verlust nicht kompensieren. Auch die Expansion des tertiären Sektors hat nicht verhindert, daß über 35 % der Insulaner heute arbeitslos sind. Die Fortschritte im Gesundheitswesen und das langjährige Fehlen jeder Familienplanung haben nach dem Krieg zu einer Bevölkerungsexplosion geführt; mittlerweile hat sich das Wachstum auf 6 % pro Jahr eingependelt. Gezielte Aufklärung über Schwangerschaftsverhütung und Aids (im karibischen Raum besonders verbreitet!) haben zur Reduzierung der Geburtenrate beigetragen. Doch die Alterspyramide (40 % unter 20 Jahre) läßt erwarten, daß das Dauerproblem der Arbeitslosigkeit sich noch zuspitzen wird. Nach Durchlaufen des Schulsystems drängen nun alljährlich geburtenstarke Jahrgänge auf den begrenzten Arbeitsmarkt. Schon heute liegt die Jugendarbeitslosigkeit bei über 50 %.

Dabei sind die offiziellen Zahlen noch schmeichelhaft, da sie nur die Bezieher des Arbeitslosengeldes erfassen. Viele der Beschäftigungssuchenden sind aber gar nicht erwerbslos gemeldet. Sie schlagen sich mit Gelegenheitsarbeiten durch und haben als Absicherung ein kreolisches Gärtchen, das während der einkommenslosen Zeit eine bescheidene Selbstversorgung erlaubt. Das gilt v. a. für die Landbevölkerung, die meist nur zur Erntezeit eine Anstellung findet. Solange auf den Plantagen keine Tagelöhner gebraucht werden, springen die Landarbeiter bei den Fischern als Matrosen ein oder suchen sich andere Aushilfstätigkeiten, die freilich selten einen ausreichenden Verdienst abwerfen. Sie sind letztlich auf die Unterstützung der Hausgemeinschaft *(maisonnée)* angewiesen, die den Sohn, Bruder, Lebensgefährten oder – seltener – den Familienvater mitversorgt.

In Guadeloupe und Marie-Galante werden seit Jahren die Ländereien stillgelegter Zuckerfabriken an junge Leute verteilt, die neben der nötigen Fachausbildung (Landwirtschaftsschule) den Willen zur Gründung eines bäuerlichen Familienbetriebes

Geschlechterrollen antillanisch

Sie erscheint sexy, selbstbewußt, emanzipiert. Er gilt als potenzfixiert, kindlich, verantwortungslos. Die Antillanerin dominiert die Märkte, regiert die Familie, steht ›ihren Mann‹. Der Antillaner protzt mit Sex und Pferdestärken, muß unablässig seine Männlichkeit beweisen und bleibt zeitlebens ein Muttersöhnchen. Das sind Klischees. Daß sie sich so hartnäckig halten, hat aber seine Gründe.

In den ärmeren Schichten, auf dem Land zumal, ist die antillanische Familie noch von polygamen Strukturen geprägt. Die Frau steht im Zentrum der Familie und versorgt nicht selten zwei bis acht Kinder, die von verschiedenen Vätern stammen. Diese leben weiterhin bei ihrer Mutter und kümmern sich nicht um ihre Sprößlinge. Die Kinder wachsen also häufig ohne Väter auf, werden von ihren Müttern ernährt, von ihren Großmüttern erzogen. ›Vater Staat‹ zahlt noch eine Familienbeihilfe, ein ›Hosenschlitzgeld‹ *(argent braguette)*, wie böse Zungen sagen. Doch das Budget der Familie ist meist so knapp bemessen, daß die Kinder selbst mitverdienen müssen, indem sie an den Straßenrändern Bündel von Krabben oder Lambi-Muscheln verkaufen.

Man hat sich die Verantwortungslosigkeit des Mannes historisch mit der Übermacht des weißen Herrn zu erklären versucht, der den Sklaven nicht nur die weiße Frau verboten, sondern ihm auch noch die schwarze als Mätresse weggenommen hat. Doch wenn es stimmt, daß der Antillaner sich nach der Sklavenbefreiung nach dem Muster seines Herrn schadlos hielt, so bleibt sein unverbesserliches Macho-Verhalten auf Dauer doch ein Rätsel. Plausibler klingt daher die psychologische Theorie, daß die ledige Mutter – in Ermangelung eines ständigen Lebensgefährten – ihren Jungen zum verwöhnten Tyrannen erzieht. Demnach erzeugt die Macht der Mutter die Einsamkeit der Frauen und umgekehrt: ein unbefriedigender Zirkel. Bleibt die ökonomische Tatsache, daß die auffällige Ehescheu und der hohe Prozentsatz unehelicher Kinder (rund 50 %) mit der ungeregelten Beschäftigung des Mannes zu tun hat, der in den ärmeren Schichten als zuverlässiger Ernährer ausfällt.

mitbringen. Die Landreform soll den Exodus in die Städte stoppen. Doch was nützt dem kleinen Pflanzer das eigene Zuckerrohrfeld (1 ha), wenn er die Zinslasten damit kaum erwirtschaften kann, nebenher auf den Plantagen arbeiten muß und letztlich immer noch auf eine kümmerliche Selbstversorgung angewiesen ist? Diese Alternative zum ungeregelten Leben des Saisonarbeiters kann nur wenige verlocken. Die meisten wenden der Landwirtschaft endgültig den Rücken und suchen in den Geschäftszentren bessere Einkommensmöglichkeiten. Die interessanten Bürojobs sind allerdings immer schon vergeben. So drängen sich auf den städtischen Märkten neben den traditionellen *petits boulots* (›Kokosnußschlächter‹, Süßwarenverkäuferin, Getränkeverkäufer, Sorbetière, Blumenfrau) die modernen Straßenhändler, die vom Radio-Recorder bis zum Afro-Kitsch vielfältigen Ramsch ›günstig‹ an den Mann zu bringen versuchen. Auf den Annonceseiten von ›France Antilles‹ bieten täglich Kindermädchen, Küchenhilfen, Putzfrauen oder Laufburschen ihre Dienste an. Und alle setzen sie auf Verwandte und Freunde, die in einem Supermarkt oder Hotel untergekommen sind und noch eher eine freie Stelle vermitteln als die staatliche ›Beschäftigungsagentur‹, deren Tätigkeit im wesentlichen darin besteht, bei den Arbeitsuchenden die Hoffnung aufrechtzuerhalten.

Die Stadt ist nicht nur Geschäftszentrum und Jobbörse, sie ist auch das Eldorado des Konsums. Nirgends wird den Antillanern ihre *Malaise*, die Kluft zwischen den vorgespiegelten und den wirklichen Chancen, schmerzlicher bewußt. Sie orientieren sich am westlichen Lebensstil, kleiden sich chic und teuer in der Boutique ein und lesen gierig die Erfolgsstories über ihre Idole, die schwarzen Musik- und Sportstars. Der Traum vom schnellen Geld nährt den Ärger über die eigene ›Rückständigkeit‹, die einen immer wieder auf die Hütte zurückwirft, die Familie, die karge Selbstversorgung. So reift der Entschluß zur Emigration. Tausende melden sich jährlich bei der Einwanderungsbehörde, wenn sie nicht gleich bei Familienangehörigen im Pariser Großraum auftauchen. Sie sind so oder so auf die Integrationshilfen der Métro-Antillaner angewiesen, die in einigen Arrondissements regelrechte Kolonien bilden. Wenn sie im öffentlichen Dienst (Post, Krankenhäuser, Museen) eine Anstellung gefunden haben, bleiben sie meist in Paris und fliegen nur noch im Urlaub mit Kind und Kegel zur Großmutter auf Besuch. Die Hälfte der Emigranten kehrt nach harter Arbeit mit dem Ersparten auf die Heimatinseln zurück, um sich ein Taxi oder einen Laden zu kaufen und weltmännisch auf die Trägheit der *bitacos* (›der in ihrem Loch Sitzengebliebenen‹) zu schimpfen.

Rassismus von oben und unten

Das republikanische Gesetz kennt keine Rassen, nur Franzosen. Trotzdem gibt es nach wie vor rassistische Ressentiments. Denn der Gleichheitsgrundsatz hat nichts an den sozialen Gegensätzen geändert, die immer noch etwas mit der Hautfarbe zu tun haben. Während der Großgrundbesitz in weißer Hand geblieben ist, müssen sich die Schwarzen mit Parzellen begnügen. Während die Festlandfranzosen die besten Verwaltungsposten besetzen, müssen die arbeitslosen Schwarzen nach Frankreich emigrieren. Das schafft böses Blut, erinnert an Kolonialzeiten und nährt den Verdacht auf »Völkermord durch Substitution«. Wenn dann noch ein weißer Lehrer einen schwarzen Schüler schlägt und die blutige Rache eines schwarzen Lehrerkollegen zu dessen Inhaftierung führt, kann es zu einem Aufruhr kommen, der erst mit der Freilassung des ›Volkshelden‹ wieder einem friedlichen Miteinander weicht. So geschehen 1985 in Guadeloupe *(Affaire Faisans)*.

Die Weißen

Die Macht der weißen Bevölkerung steht in umgekehrtem Verhältnis zu ihrer Zahl. Am deutlichsten wird dies bei den *grands blancs* oder *békés*. Die Nachfahren der ersten Siedler aus der Normandie, der Bretagne, dem Poitou bilden eine verschwindende Minorität von 1 %, die an den wirtschaftlichen Schalthebeln sitzt. Als Zuckerbarone reich geworden, spielen sie mittlerweile im Bank- und Versicherungswesen, im Import-Export und Autovertrieb die wichtigste Rolle. Auf Martinique kontrollieren zehn Béké Familien fast 80 % der landwirtschaftlichen Nutzfläche. Nicht zuletzt deshalb bilden sie eine auf Rassentrennung bedachte Kaste, die dem Sohn oder der Tochter die existenzsichernde Protektion verweigert, wenn er oder sie die Schranke überspringt: uneheliche Mischlingskinder möglich – Mischehen mit Farbigen verboten! Im Normalfall versammelt sich die Kaste zu Mammuthochzeiten, bei denen unter 400 weißen Gästen zwei Schwarze aufzufallen pflegen, die engsten Mitarbeiter des Paten.

Nichts zu tun haben wollen sie mit den *petits blancs* oder *békés-goyave,* jenen verarmten Siedlern, die es nie zu einer Plantagenwirtschaft gebracht haben und sich als Kleinbauern oder Fischer über Wasser halten. Sie vermischten sich trotz ihrer Armut und mit einer Ausnahme (La Désirade!) nicht mit der schwarzen Mehrheit, sondern bewahrten in selbstgewählten ›Reservaten‹ ihre legendäre Identität. So zählt man in einigen Ortschaften der Grands-Fonds (Guadeloupe) etwa 300 Blancs-Matignons. Man vermutet in ihnen Erben des Fürsten Matignon (Prinz von Monaco), die vor dem revolutionären Terror Victor Hugues in die Hügel geflohen sind und noch als ruinierte Existenzen ihr Blut ›reinhielten‹. Sommersprossige, nicht selten rothaarige Weiße haben sich v. a. auf jenen Inseln erhalten, auf denen keine Sklaven angesiedelt wurden. Die *Saintois* und *Saint-Barths,* Nachfahren bretonischer und normannischer Seeleute oder von Piraten, versuchten sich nie im Zuckerrohranbau, sondern lebten ausschließlich vom Fischfang.

Zu den Nachfahren der ersten Siedler kommen die Enkel späterer Einwanderer. Die Syrer und Libanesen bilden hier eine besondere Gruppe. Man sieht sie oft als erfolgreiche Juweliere und Boutiquenbesitzer in den Geschäftsstraßen der beiden Hauptstädte.

Die meisten Weißen (ca. 30000 pro Insel, also 10% der Bevölkerung) sind gar nicht auf den Inseln geboren, sondern als Beamte oder Firmenbeauftragte vorübergehend in die DOMs entsandt. Sie heißen *métros* (Abkürzung von *métropolitain*) und kehren nach zwei bis drei Jahren mit neuen Aufstiegschancen in die Metropole zurück. Ihre Dienstzeit in Übersee genießen sie als gutbezahlte Abwechslung: das Gehalt liegt bis zu 40% höher als im Mutterland, eine hübsche Villa dient als Wohnung, die kleine Jacht ankert in der Marina. Kein Wunder, daß sie mit den Pensionären und Touristen mehr verbindet als mit der einheimischen Bevölkerung. Von den Békés bekommen sie häufig den Vorwurf zu hören, sie würden liberale Ideen einschleppen. Es kann schon vorkommen, daß ein Pflanzer seine schwarzen Feldarbeiter vor den Augen seiner weißen Besucher zurechtweist, um den Festlandfranzosen anschließend zu erklären, daß man die ›großen Kinder‹ erziehen müsse und nicht mit Reformgerede aufmüpfig machen dürfe.

Die Farbigen

Über 80% der Bevölkerung sind Farbige. Zum größten Teil handelt es sich um Nachkommen der aus Schwarzafrika verschleppten Sklaven. Die indianische Urbevölkerung ist längst ausgestorben. Nur die Gesichtszüge einiger Bewohner aus Anse Bertrand (ehemaliges Indianerreservat in Guadeloupe) verraten noch die entfernte Verwandtschaft mit den letzten Kariben. Eine eigene ethnische Gruppe bilden die Inder. Sie stammen von den Lohnsklaven ab, die nach der Sklavenbefreiung (1848) aus Südindien importiert worden sind. Diese recht starke Minorität (23000 auf Guadeloupe, 28000 auf Martinique) konzentriert sich in bestimmten Gemeinden (Matouba, Moule, Port-Louis; Basse-Pointe, Macouba) und hat nicht nur ihre hinduistische Religion bewahrt, sondern auch die kreolische Küche bereichert (Gewürze). Die Inder, hauptsächlich Tamilen, haben sich nur teilweise mit den Schwarzen vermischt und werden von diesen oft noch abschätzig als *coolies* bezeichnet.

Interessant wird die Rassenmischung dann, wenn sie die ›Apartheid‹ brechen soll, wenn Farbige die Schranke zu überspringen hoffen, die von den Weißen errichtet worden ist. Der Mulatte mag an die Demütigungen der Sklavinnen erinnern, die von den Schiffsmannschaften vergewaltigt, von den Pflanzern regelmäßig verführt worden sind. Er ist trotzdem Inbegriff des Aufsteigers geblieben und spiegelt die Empfindungen des Neids und der Selbstverachtung wider, die den Farbigen immer noch zu schaffen machen. Es bleibt auch heute noch der Traum vieler schwarzer Frauen, ein uneheliches Kind mit einem Weißen zu haben. Farbige Eltern sind glücklich, wenn die ›Zufälle‹ der Mendelschen Gesetze dem schwarzen Victor ein hellhäutigeres Brüderchen bescheren. Denn die Einheimischen sind Meister im Vergleichen und unterscheiden vom ›Tintentropfen in der Milch bis zum Milchtropfen in der Tinte‹ sämtli-

Nachkommen indischer Einwanderer

che Pigmentierungsnuancen. Neurotisch wird der Wunsch, den Weißen zuzugehören, wenn die Farbigen mit ihren Chromosomen hadern, die Haut mit Salben traktieren und das Haar zu entkrausen beginnen. Es kursiert der peinliche Witz von dem Schwarzen, der sich selbst als braungebrannter Mulatte interpretiert, wenn er als ›sal'nèg‹ (›dreckiger Neger‹) beschimpft wird.

Mit Recht ist kritisiert worden, daß die Farbigen den weißen Rassismus übernehmen, wenn sie sich untereinander als nègre (Neger), métisse (Mestize), mulâtre (Mulatte), câpre (dunkelhäutiger Mischling) oder chabin (hellhäutiger Schwarzer) taxieren. ›Schwarze Haut, weiße Masken‹ heißt der vielsagende Titel des wichtigen Buches, in dem Frantz Fanon vor bald 40 Jahren mit dem Inferioritätskomplex seiner Landsleute abgerechnet hat. Mittlerweile demonstrieren v. a. junge Leute ein neu erwachtes Selbstbewußtsein. Die Philosophie der Négritude hat offensichtlich ihre Wirkung gezeigt, vornehmlich bei Gebildeten, die den sozialen Aufstieg am ehesten schaffen. Jenseits dieser Gruppe gilt jedoch immer noch der bittere Spruch: »Tout nèg'riche, c'est mulât', tout mulât' pauv', c'est nèg« (»Jeder reiche Neger ist ein Mulatte, jeder arme Mulatte ist ein Neger«). Derselben Logik gehorchen die Animositäten zwischen Guadeloupanern und Martiniquanern, die sich wechselseitig die Rankühe des Schwarzen und den Dünkel des Mulatten spüren lassen. Wahr ist dabei nur, daß die einen im Durchschnitt dunkel-, die anderen hellhäutiger sind und vielleicht vergleichsweise geschäftstüchtiger. Der Grund ist beidemal derselbe: die Kaste der weißen Békés hat in Guadeloupe unter der Guillotine geblutet, auf Martinique aber eine farbige Bourgeoisie hervorgebracht.

Frantz Fanon oder Schluß mit dem Kolonialsyndrom

Der Autor der ›Verdammten dieser Erde‹ (1961) gehört zu den Revolutionsidolen der Dritten Welt. Man verbindet seinen Namen mit den Befreiungskriegen in Afrika. Doch wer weiß schon, daß er aus Martinique kam? Fanon (1924–61) ging bei Césaire in die Schule, studierte Psychiatrie in Lyon und fand dann auf der Insel keine Stelle, nur Kranke. Ein krasser Fall:

»Mayotte liebt einen Weißen, von dem sie alles hinnimmt. Er ist der Herr. Sie verlangt nichts als ein bißchen Weiße in ihrem Leben. Und wenn die Verliebte sich fragt, ob er schön oder häßlich ist, sagt sie: ›Ich weiß nur, daß er blaue Augen hatte, blonde Haare und eine helle Haut, und daß ich ihn liebte‹; man sieht ohne weiteres, daß, wenn wir die Worte zurechtrücken, etwa folgendes herauskommt: ›Ich liebte ihn, weil er blaue Augen hatte, blonde Haare und eine helle Haut.‹ Und wir, die wir Antillaner sind, wissen es nur allzu gut: der Neger fürchtet sich vor den blauen Augen ...«

Und so liest sich das in Mayotte Capécias Selbstbekenntnissen ›Je suis une Martiniquaise‹ 1948:

»An manchen Abenden mußte er mich zu meinem Kummer verlassen, um seine gesellschaftlichen Pflichten zu erfüllen. Er ging dann nach Didier, dem vornehmen Viertel von Fort-de-France; dort lebten die Békés von Martinique, die vielleicht nicht immer von sehr reiner Rasse, aber oft sehr reich sind (von einer gewissen Zahl von Millionen an wird man als Weißer anerkannt), und die französischen Békés, in der Mehrzahl Beamte und Offiziere. Einige von Andrés Kameraden, die wie er durch den Krieg auf den Antillen festgehalten wurden, hatten es fertigbekommen, ihre Frauen nachzuholen. Ich verstand, daß André nicht immer abseits bleiben konnte. Ich nahm es auch hin, daß ich als Farbige in diesem Kreis nicht zugelassen wurde; ich konnte aber nicht umhin, eifersüchtig zu sein. Vergebens erklärte er mir, daß nur sein privates Leben ihm ganz allein gehöre, daß sein gesellschaftliches und militärisches Leben etwas anderes sei, und daß er nicht frei darüber verfügen könne; ich drängte so lange, bis er mich eines Tages nach Didier mitnahm. Wir verbrachten den Abend in einer der kleinen Villen, die ich seit meiner Kindheit bewunderte, mit zwei Offizieren und ihren Frauen. Diese behandelten mich mit einer Nachsicht, die mir unerträglich war. ich fühlte, daß ich zu stark geschminkt, daß ich nicht passend angezogen war, daß ich André keine Ehre machte, vielleicht nur wegen meiner Hautfarbe; jedenfalls verbrachte ich einen so unangenehmen Abend, daß ich beschloß, André niemals mehr zu bitten, ihn begleiten zu dürfen.«

Capécias Bestseller wurde für die Anhänger des Négritude-Gedankens eine Art Skandalbuch. »Mayotte strebt nach Laktifizierung«, schrieb Fanon empört und verriß die Autobiographie als »billigen Roman, der ein krankhaftes Verhalten preist«. Man findet die Polemik in der psychoanalytischen Studie ›Peau noire, masques blancs‹ (1952), mit der Fanon sich von seinen Landsleuten verabschiedete. Was nützt die formale Gleichstellung, fragte er sich, wenn das Kolonialverhältnis in der Seele der Schwarzen fortexistiert? So ging er nach Algerien, wo er für die Nationale Befreiungsfront gegen Frankreich kämpfte.

(Zitate aus: Frantz Fanon ›Schwarze Haut, weiße Masken‹)

Kreolische Identität

Kultur

Das Wort *créole* bezeichnete ursprünglich einen in der Kolonie Geborenen, egal welcher Hautfarbe. Napoleons Frau Joséphine war eine Kreolin; auf den Sklavenmärkten unterschied man zwischen dem *nègre créole* und der billigeren afrikanischen Menschenware; Weiße und Schwarze sprachen miteinander kreolisch. Als Attribut bedeutet *créole* heute einheimisch, der Inselkultur zugehörig.

Architektur

Zu den typischen Kolonialbauten zählen neben den Festungen, Kirchen und Fabriken vor allem die Wohnhäuser. Sie folgen zwar europäischen Mustern, tragen aber durch ihre luftige Bauweise dem tropischen Klima Rechnung. Charakteristisch sind die Veranden, Galerien und Balkone, die als offene Abdachungen vor Sonne und Regen schützen und zugleich ungehinderte Luftzufuhr gestatten. Diese Konstruktionen erinnern an die *carbets*, unter denen die Kariben ihre Hängematten aufspannten: Blätterdächer aus Cachibou-Zweigen oder Latanier-Wedeln, die auf behauenen Astgabeln ruhten und mit einer Schnur festgehalten waren. Nach ihrem Vorbild haben die Kreolen ihre Häuser dem Luftzug geöffnet. Türen und Fenster sind unverglast und liegen einander gegenüber. Sie sind mit Schlagläden versehen, die nur bei stürmischem Wetter verriegelt werden und verstellbare Holzlamellen aufweisen, mit denen sich die Sonneneinstrahlung und der Luftzug regulieren läßt.

Die Elementarform des kreolischen Baustils ist die *case*. Es handelt sich um einen Holzkubus (3 × 3 m) mit vier bis sechs Türen und einfacher Dachschräge, der nach und nach auf doppelte Größe (3 × 6 m) erweitert wird. In dieser Standardausführung dient die frühere Sklavenhütte der armen Landbevölkerung noch häufig als Behausung. Unter dem Satteldach ist eine Wand eingezogen, die den Schlafbereich vom ›Wohnzimmer‹ trennt. Da jedoch für gesellige Punschrunden nur draußen Platz ist, bauen sich die Antillaner eine Veranda vors Haus, die sie mit gedrechselten Balustraden und geschnitzten oder geschmiedeten Friesen *(dentelles)* verzieren. Zur Eindämmung von Geruchsbelästigung und Brandgefahr verlegt man – in einem Anbau versteckt – Latrine und Küche auf die rückwärtige Seite. So wird das Wellblechdach nach allen Seiten verlängert und stülpt sich in verschiedenen Winkeln über das ursprünglich noch leicht verpflanzbare Häuschen. Doch der frühere Holzkubus hat heute längst einen gemauerten Sockel, wenn er nicht schon vollständig dem Beton weichen mußte.

Das ursprünglich zweistöckige Herrenhaus *(grand' case)* wurde aus Holz oder Stein erbaut. Während der große Salon das gesamte Erdgeschoß beansprucht, verbergen sich die Schlafräume unter dem geräumigen, gut ventilierten Dach. Es ist mit

Tonziegeln bedeckt und manchmal von Gauben durchbrochen. Diesen rechteckigen Bau umschließt auf drei Seiten eine reichverzierte Galerie, von der eine Freitreppe in den Garten führt. Die französische Parkanlage mit dem Frischwasserbrunnen und der prächtigen Palmenallee bildet den repräsentativen Rahmen, vor dem die Habitation in ihrer schlichten Eleganz prunkt. Später ging man nicht ohne Manierismus dazu über, auch die obere Etage mit umlaufenden Galerien auszustatten.

Das städtische Kolonialhaus besteht aus einem steingemauerten Unterbau und einer mehrstöckigen Holzfassade, vor der sich Galerien übereinanderstaffeln. Im Erdgeschoß stapeln sich die Waren in den Kontoren und Läden. Oben, in den ehemaligen Wohnungen der Geschäftsleute, sind inzwischen Büros untergebracht. Die Galerien ruhen auf schmiedeeisernen Trägern und weisen die typischen kolonialzeitlichen Schmuckelemente auf, die oft als Fertigprodukte aus Europa eingeführt wurden: geschwungene Eisenkonsolen, verspielte Balkongitter, filigrane Zierleisten aus verzinktem Blech. Leider haben nur wenige Geschäftshäuser die Feuersbrünste des letzten Jahrhunderts überstanden: die verbliebenen Exemplare sind im Betonchaos der Hauptstädte (Pointe-à-Pitre, Basse-Terre, Fort-de-France) nur noch schwer auszumachen.

Der vermehrte Bau mit Beton unterbindet den Wärmeaustausch, der den traditionellen Materialien eigen war. Holzschindelfassaden *(bardeaux)* sind heute ebenso rar wie die porösen Wände aus Ti-baume-Geflecht *(gaulettes)*. Die klassische Holzhütte findet man fast nur noch auf den trockenen Dependancen (Saintes, Saint-Barthélemy), wo ihre farbigen Ausführungen die Fotografen entzücken. Sonst schießen überall die Flachbauten und HLM-Blöcke aus dem Boden, in deren Betonwaben sich die Hitze staut. In den Bürohäusern und Hotels kompensiert man den baulichen Fortschritt ohnehin schon mit ungesundem und umweltschädigendem Air-conditioning (FCKW!).

Küche

Die kreolische Küche lebt vom reichhaltigen Angebot der tropischen Gärten. Sie liefern die stärkehaltigen Grundnahrungsmittel (Ignamewurzel, Süßkartoffel, Brotfrucht, Gemüsebanane), aromatische Gemüsesorten (Giraumon-Kürbis, Zwerggurken, Christophinen) und tropische Früchte. Die fleischarme, aber schmackhafte Kost wird fleißig gewürzt. In erster Linie mit dem obligatorischen Piment, dessen höllische Schärfe in unterschiedlich zarten Dosen zugesetzt wird. Aber auch Basilikum, Bois d'Inde, Ciboule, Cumin, Estragon, Fenchel, Ingwer, Kerbel, Koriander, Kurkuma, Knoblauch, Lorbeer, Minze, Muskat, Petersilie, Rosmarin, Safran, Thymian, Vanille, Zimt oder ein *bouquet garni* aus Choux, Giraumon und Kräutern gehören zur vielseitigen Palette der kreolischen Gewürze. Die Beeinflussung der verschiedenen Völker untereinander spiegelt sich auch im kulinarischen Bereich: so können sich indische Parfüms in französische Saucen schmuggeln. Denn das Geheimnis der *cui-*

sine créole liegt in der gelungenen Synthese aus frischen Tropenfrüchten, exotischen Gewürzmischungen und raffinierter Zubereitung.

Der Vorspeisenteller, die *assiette créole,* besteht aus der traditionellen Kombination von *accras:* fritierten Fischbällchen, die in der Regel aus Stockfisch gemacht sind und ordentlich Piment abbekommen haben; *boudin créole:* einer fein gewürzten Blutwurst vom schwarzen Hausschwein, und *crabes farcis:* einer Farce aus Erdkrabbenhachee, Kokos, Brot und Gewürzen. Daneben gibt es die Hors d'œuvres à la française: mit Krabben gefüllte Avocados, Canapés von Seeigeln, Papayagratin ...

Die Antillaner verzehren in großen Mengen Krustentiere, Meeresfrüchte sowie Fische aller Art. Die Langusten und Süßwasserkrebse *(ouassous)* landen auf dem Grill oder werden *au rhum,* in Kokosnußsauce und auf andere Art serviert. Nicht mehr häufig steht die Lambimuschel auf der Speisekarte. Wenn, dann als *colombo* (s. u.), denn das feste Fleisch verträgt eine kräftige Currysauce. Die Palourdemuscheln werden hingegen wie die Mangrovenaustern *(huître des palétuviers)* nur mit Zitronensaft beträufelt und roh geschlürft. Die weißen Seeigel *(chadron)* wiederum gibt es gegrillt oder als *blaff.* Dieser Küchenterminus begegnet einem auch bei Fischen und bedeutet, daß in einem Sud gewürzt mit Limonen, Knoblauch, Piment, Zwiebeln und Bouquet garni gegart wurde. Man verwendet für dieses Alltagsgericht alle Fischsorten, seltener den *vivaneau,* der in den Feinschmeckerlokalen mit delikaten Saucen serviert wird.

Fleischgerichte sind eher Gemüseragouts, in die sich auch Schwarten- und Knochenstücke verirrt haben. Bestellt man ein *calalou,* so erlebt man seine Überraschungen, wenn man aus der spinatgrünen Tunke Krabben, Schweinsfüße und andere tierische Substanzen fischt. Die solideste Fleischspeise ist immer noch der *colombo,* jener pikant gewürzte Currytopf, den es mit Lambi-Geschnetzeltem, gewürfeltem Ziegenfleisch oder Huhn gibt. Er wurde von den indischen Einwanderern auf die Französischen Antillen gebracht, wo er heute fast als Nationalgericht gilt.

Trinkgelegenheiten

Als **Apéritif** oder **Digestif** kippt man Rum pur *(sec).* Vor dem Essen den fruchtigen weißen Rum, nach dem Essen den vollmundigen Rhum vieux.

Zum Essen trinkt man Wasser, Bier oder Wein. Ein Rosé de Provence paßt zu den Accras so gut wie das Lorraine-Bier zum Colombo. Oder umgekehrt.

Zu jeder Tageszeit bietet sich ein kleiner Punsch an. Er besteht aus drei Viertel weißem Rum, einen Viertel Zuckerrohrsirup und einem Limonenschnitz, wenn er ein wahrer *ti-punch* ist. Es gibt aber vom *punch au coco* bis zum *punch aux surelles* viele Sorten, die manchmal auch mit Rhum vieux gemixt sind. Wer das zu stark findet, ersetzt den Punsch durch einen *Planteur.* Er besteht aus zwei Drittel Fruchtsaft und einem Drittel weißem Rum und schmeckt in dieser Relation weniger alkoholisch.

In der Weihnachtszeit ist der Shrub beliebt, ein Likör aus weißem Rum und Orangenschalen der vor Ort angebauten Sorten.

Beim Fest der Köchinnen tragen die Madras-Frauen die traditionelle Kleidung

Als Dessert gibt es alles, was man aus den unvergleichlichen Früchten zaubern kann: Sorbets oder Flan, Soufflés oder Tartes, gefüllte Crêpes oder Obstsalat, nicht zu vergessen die mit Rum flambierten kleinen Bananen.

Kleidung und Schmuck

»Adieu madras, adieu foulard« heißt das Abschiedslied, das heute wörtlich zu nehmen ist. Denn die alten Trachten werden nur an Festtagen vorgezeigt und verschwinden dann wieder in den Schränken. *Madras,* der bunte Stoff mit den Quadratmustern, stammt aus der gleichnamigen Stadt in Nordwestindien. Das harte Tuch wird aus Baumwolle und Bananenfasern gewebt und ist nicht mit den Imitationen in den Boutiquen zu verwechseln. *Foulard,* der dazugehörige Seidenschal, darf nicht fehlen, wenn unter den wertvollen Rockschößen die gestärkten Spitzenunterröcke hervor-

quellen. Das Ganze erinnert an die Mode der französischen Provinz, wie sie vor mehreren hundert Jahren in die Kolonien kam (s. Farbabb. 24).

Zum festlichen Anlaß holen die Frauen auch ihren sorgsam gehüteten Goldschmuck aus der Schatulle. Solche Schätze lagern in den ärmsten Hütten. Denn Schmuck ist der Reichtum der Eigentumslosen, seit die Mätressen und Lieblingssklaven von ihren Herren Goldgeschenke erhielten und den Schwarzen zugleich jeder andere Besitz untersagt war. Die fein gearbeiteten Schmuckstücke zeichnen sich durch ihre kreolischen Motive aus. *Canne* (Zuckerrohr), *chenille* (Raupe) oder *tétés-négresse* (Negerinnentitten) heißen die verschiedenen Ohrringe und Broschen. Besonders prächtig wirken die oft mehrfach übereinander getragenen Halsketten, sei es nun das *collier-corde* (›Halsstrick‹), das *collier-grains-d'or* (›Goldkörner‹) oder die *chaîne-forçat* (›Sträflingskette‹).

Ältere Damen tragen noch das kunstvoll geknotete Kopftuch aus Madrasstoff. Es war früher die gängige Kopfbedeckung aller Frauen, die nicht zur seltenen Spezies der Hutfrauen *(femmes à chapeaux)* gehörten. Diese Madrasfrauen *(femmes à madras)* tummeln sich heute nur noch auf den Märkten, und ihre Zeichensprache verstehen sie wohl selber nicht mehr: ein Zipfel – ›Mein Herz ist noch frei!‹, zwei Zipfel – ›Schon vergeben!‹, drei Zipfel – ›Glücklich verheiratet!‹, vier Zipfel – ›Verheiratet, aber mein Herz ist groß!‹ (s. Umschlaginnenklappe).

Die Jungen lassen sich lieber afrikanische Zöpfchen flechten. Fünf Stunden dauert die Arbeit, die dann für Monate vom Frisieren befreit. Man wäscht sich die Haare, ohne den Kopfputz aufzulösen.

Musik

Nach Einbruch der Dunkelheit hört man an den Stränden nicht selten das Tam-Tam der afrikanischen Trommel. Aus Guadeloupe kommend, hat der dumpfere *gros-ka* (breite Trommel) in den letzten Jahren den helleren *bel-air* (schmale Trommel) auch in Martinique verdrängt. Man trommelt zu zweit, zu dritt, in verschiedenen Tonhöhen. Die *boula* schlagen den Grundrhythmus, begleiten die Soli des *marqueur.* Zusammen mit den *ti-bois* (hölzerne Trommelstäbe) und *cha-cha* (mit Körnern gefüllte Kalebassen) ergibt das ein komplettes Rhythmusorchester. Die Umstehenden klatschen, singen, antworten im Chor. Alle weitere Instrumentierung hängt vom Bedarf ab und ist Geschmackssache. So kommen auf den Dorffesten und in den städtischen Diskotheken noch die Blechbläser, die Baßgeige, das Klavier hinzu, und manche Gruppen greifen auf Banjo und Akkordeon, vielleicht sogar auf ganz einfache Instrumente (Lambimuschel, Bambusflöte) zurück.

Der Rhythmus ist nach wie vor die Basis der afroamerikanischen Musik, die das afrikanische Erbe der Antillenbevölkerung bis heute bewahren konnte. Der mit Ziegenfell bespannte Holzzylinder war ja das Instrument der Negersklaven. Sie verständigten sich mit der Trommel über die Hügel hinweg, kündigten ihre Flucht an, riefen zum Aufstand. Sie diente aber auch dem Taktschlagen beim Zuckerrohrschneiden, beim Einholen der Netze oder beim Schleppen von Holz und untermalte die verschie-

Gros-ka – Trommelgruppe

denen Arbeitslieder *(chants de coups de main)*. Doch ihre wichtigste Funktion hatte sie als Tanzbegleitung. Denn im ekstatischen Rhythmus der *calenda* (lasziver Begegnungstanz), der *laghia* (Kampfsport zwischen Männern) und anderer Tänze konnten die Sklaven kurzzeitig ihr Los vergessen.

Nach der Sklavenbefreiung entstand etwas Neues, die *biguine* (von engl. *to begin*). Sie war eine Art Polka mit beschleunigtem und synkopiertem Rhythmus, eine Mischung aus afrikanischen und europäischen Elementen. Melodien, Instrumente und Paartänze, die bisher der Oper von Saint-Pierre und den Soiréen der Békés vorbehalten waren, wurden jetzt mit der Trommel neu interpretiert und zu kreolischen *quadrilles* verarbeitet, die mal afrikanischer *(bel air)*, mal europäischer *(haute taille)* ausfielen. Gespielt wurde die neue, genuin antillanische Musik von Orchestern, die in ihrer Zusammensetzung (Klarinette, Posaune, Banjo, Schlagzeug) an die ersten Jazzbands von New Orleans erinnern. Das ist kein Zufall, denn die Verbindungen mit der französischen Kolonie von Louisiana waren rege. In den 30er Jahren unseres Jahrhunderts kam die *biguine* in die Pariser Nachtclubs, wo sie von Stellio und anderen variantenreich verfeinert wurde. Heute setzt die Gruppe Malavoi die Tradition fort, indem sie das nun schon klassische Repertoire (Biguine, Mazurkas, kreolische Walzer) weiter verjazzt und mit modernen Arrangements versieht.

Doch es ist längst zu neuen Verbindungen gekommen. Der Calypso (Trinidad), der Salsa (Südamerika), der Merengue (Dominikanische Republik), der Kadans (Haiti), der Reggae (Jamaica) sind übers Radio nach Guadeloupe und Martinique gelangt und haben die Imitationslust der dortigen Musiker beflügelt. Aber nicht nur die Rhythmen der karibischen Nachbarn, auch die amerikanischen und europäischen Strömungen der Rockmusik sind auf offene Ohren gestoßen. Aus allen Einflüssen speist sich der *zouk*, der heute aus den Hi-Fi-Geräten tönt und die Blechhütten wie Verstärker vibrieren läßt. Die Gruppe Kassav hat ihn Anfang der 80er Jahre kreiert, mit Synthesizern und kreolischen Texten in die französischen Hitlisten ›katapultiert‹. Während Jocelyne Beroard und Co heute internationale Triumphe feiern, sind ihnen zuhause – auf den Antillen und in Paris – längst gleichwertige Konkurrenten erwachsen. Doch trotz aller Kommerzialisierung stellt sich noch jedes Konzert als riesiges Tanzfest dar – und nichts anderes bedeutet *zouk* (abgeleitet von *mazouk = mazurka)* ursprünglich, nämlich Fest, Tanz, Ball.

Religion und Aberglaube

Die Insulaner sind größtenteils praktizierende Katholiken. Ihre aus Afrika eingeschifften Vorfahren mußten ja den Glauben der französischen Kolonialherren annehmen und wurden erst einmal getauft, bevor sie als Arbeitstiere in die Plantagen kamen. Die Ersatzarbeitskräfte aus Südindien waren hingegen freie Lohnsklaven und sind nur zum Teil zum Katholizismus übergetreten. Die meisten dieser Tamilen haben ihre hinduistische Religion bewahrt und halten vor unscheinbaren Tempeln regelmäßig Opferzeremonien ab, bei denen sie *Mariemin* (marienähnliche Gottheit) und *Maldevilin* (dämonenbannender Krieger) Reis und frisch geschlachtete Tiere darbringen. Aber auch aus Afrika sind Kulte in die Kolonien gelangt, die sich dort mit dem christlichen Glauben verbunden haben und neuerdings nordamerikanischen Sekten (Adventisten, Baptisten, Zeugen Jehovas usw.) großen Zulauf verschaffen. Zwar hat sich auf den Französischen Antillen keine synkretistische Religion von der Art des Voudou ausgebildet, aber an Dämonen und magischen Praktiken herrscht kein Mangel.

Die verstorbenen Seelen bleiben nicht fern in ihrer anderen Welt, sondern geistern durch ihre dorfnahen Wohnstätten, die sorgfältig gepflegten Friedhöfe. Nachts machen sie sich durch seltsame Geräusche bemerkbar, und in vielen Häusern spukt es, weil *Zombis* herumirren. Wenn Feuerkugeln durchs Dunkel fliegen, handelt es sich um *Soucougnans,* die blutsaugend über ihre schlafenden Feinde herfallen. Tagsüber gehen sie einer normalen menschlichen Beschäftigung nach wie auch alle vom Teufel Besessenen *(Engagés),* die meist nachts aus ihrer Haut schlüpfen und sich in Tiere verwandeln. Der Teufel selbst verbirgt sich im Fell des weißen Hasen *(Lapin blanc),* und hinter einer Sau steckt gern die kreischende Hexe *(La bête a man ibé)* mit der rasselnden Kette. Ganz schwer zu erkennen sind die *Diablesses* (oder *Guiablesses*), teuflisch schöne Sirenen mit einem Pferdefuß, die schon manchen einsamen Landarbeiter am hellichten Tag von der Plantage gelockt haben. Wenn allerdings Fischer auf Nimmerwiedersehn verschwinden, dann hat sie *Manman d'Leau,* die schöne Nixe, geholt.

Wenn so viele Geister unterwegs sind, lauert an jeder Ecke das (Miß-)Geschick und es kommt darauf an, gute und böse Omen lesen zu können. Glück verheißt z. B. die

Der Sturz von Man Justina

»Man Justina war keine echte Hexe, sondern eine *engagée* oder genauer gesagt eine *morphrasée;* eine von denen, die ihre menschliche Form leid sind und einen Vertrag mit einem Dämon abschließen und sich nachts je nach Herzenslaune in einen Esel, einen Krebs oder einen Vogel verwandeln. Eines schönen Morgens fand man sie am Dorfeingang in ihrem eigenen Blut ertrunken. Bei der Rückkehr von einem nächtlichen Flug war sie von den ersten Strahlen der Morgendämmerung überrascht worden und von der Helligkeit des Lichtes getroffen, zu Boden gestürzt. Sie lag mitten auf der Straße, und ihr Vogelkörper nahm langsam wieder menschliche Formen an. An den Flügelspitzen kamen Hände zum Vorschein, und lange Zöpfe von blendendem Weiß vermischten sich mit den verblichenen Federn eines Fledermausschädels. Die Leute standen in einiger Entfernung und registrierten alle nützlichen Einzelheiten Punkt für Punkt, weil ein solches Schauspiel, das man gewissenhaft den Abwesenden, den entfernten Verwandten, ja sogar Unbekannten mitteilen kann, die man später auf seinem Lebensweg kreuzen mag, äußerst selten ist. [...] Vom Sekretär des Bürgermeisteramts benachrichtigt, kamen die Gendarmen von La Ramée gegen Mittag an. Man Justina hatte mit der Vogelwelt Schluß gemacht, und die Gendarmen fanden nur eine alte Negerin mit gebrochenen Gliedern mitten auf der Straße. Trotz der vielen Augenzeugen wiesen sie einfach die Aussagen der Leute von Fond-Zombi zurück, weigerten sich beharrlich, etwas verstehen zu wollen, stießen die Leute herum und ereiferten sich, als ob ihnen etwas Unaussprechliches vorenthalten werde: ein Verbrechen womöglich, an dem die ganze Bevölkerung mitschuldig war.

(aus: Simone Schwarz-Bart: Ti Jean oder Die Heimkehr nach Afrika, Roman)

weiße Eidechse *mabouya,* aber die schwarze Katze, die überkreuzten Gabeln, der offene Schirm im Haus bedeuten nichts Gutes. Eine Menge Regeln sind zu beachten, soll Unglück vermieden werden: den Hausbau am Dienstag beginnen, bei der Hochzeit keinen weißen Schlüpfer tragen, den Friedhof nicht als erster oder letzter verlassen! Doch auch wer alles richtig macht, ist noch lange nicht vor der Mißgunst eines persönlichen Feindes sicher, der ihm tote Kröten in den Garten legt oder ein Werkzeug verhext zurückgibt. Er braucht den Rat und die Hilfe eines *quimboiseurs,* der in der schwarzen Magie bewandert ist und einen entsprechenden Gegenzauber arrangieren kann. Man schätzt, daß es auf Guadeloupe und Martinique einige Hundert solcher Hexer gibt, angesehene und gefürchtete Zeitgenossen, die mit den Ängsten und Aggressionen ihrer Landsleute gute Geschäfte machen.

Im Dunstkreis dieser ›Medizinmänner‹ blühen die Wahrsagerei, der Exorzismus, die Naturheilkunde. Spiritistische ›Professoren‹ inserieren täglich in ›France Antilles‹, auf den Märkten bieten die *pacotilleuses* (s. Farbabb. 23) ihre Glücksbäder und Aphrodisiaka (v. a. das Bois Bandé) an und dorfbekannte *guérisseurs* verschreiben Naturpräparate, die sogar in den Apotheken erhältlich sind. Erst wenn die nach Geheimrezepten angesetzten Kräuteressenzen nichts ausrichten, nehmen die Antillaner die Heilkunst der Ärzte in Anspruch – mit einem bezeichnenden Resultat: im Medikamentenkonsum liegen sie weltweit an der Spitze.

Feste

Der **Karneval** ist folkloristischer Höhepunkt des Jahres, ein ausgelassenes Feiern, das alten Mummenschanz mit modernem Unfug kombiniert, aber noch nicht auf Touristen zugeschnitten ist. Die ›Fastnacht‹ ist seinerzeit mit den christlichen Siedlern auf die Inseln gekommen und war für die Sklaven die einzige Gelegenheit, den Aufseher Aufseher sein zu lassen und unter der Maske tagelang zu tanzen und zu trinken. Nach der Abschaffung der Sklaverei nutzte das Volk die Narrenfreiheit zur politischen Satire und fuchtelte in höhnischen Gesten mit Zuckerrohrhalmen und Macheten. Die nur mit einem Lendenschurz bekleideten, melasseverschmierten Männer *(nègres gros sirop)* stammen aus dieser Zeit. Heute entdeckt man sie unter vielen anderen Masken bei den spontanen Umzügen *(vidés),* die – von Trommelgruppen und Musikkapellen angeführt – immer wieder durch die Ortschaften tanzen und deren Bewohner mit ihrem Übermut anstecken. Daneben gibt es die organisierten Lieder-, Tanz- und

Karneval wird ausgelassen gefeiert

Schönheitswettbewerbe, bei denen es nicht immer lustig zugeht. Denn nach wochenlangem Vorbereitungsstreß kommt es bei der Wahl zur Karnevalskönigin schon zu mittleren Tragödien, wenn die Tochter bei der voreingenommenen Jury knapp unterliegt und nicht zur Mißwahl nach Frankreich darf. Der fünfstündige Zirkus leitet das große Finale, die drei tollsten Tage ein. Am Rosenmontag gibt es die ›komischen Hochzeiten‹ *(mariages burlesques)*, bei denen vollbusige und hochschwangere Frauen (ausgestopfte Männer) möglichst dürre und schwächliche Männlein (verkleidete Frauen) an die Kandare nehmen. Am Faschingsdienstag sausen die roten Teufelchen (Kinder) hinter dem gehörnten Beelzebub her, einer riesigen Ziegenfellmaske mit langem Schwanz und Spiegelkostüm. Am Aschermittwoch schließlich muß der Karneval zu Ende gebracht und in Gestalt einer Puppe, die Seine Majestät Vaval darstellt, eingeäschert werden. Ein Trauerzug defiliert durch die Stadt, und unter dem Getöse der *diablesses* (s. S. 76f.) landet das Geschöpf auf dem Scheiterhaufen.

Das ganze Jahr über finden **Gemeindefeste** statt, in der Regel am Namenstag des Patrons der Dorfkirche. Diese *Fêtes patronales* (s. Farbabb. 26) folgen variantenreich demselben Schema: Kirchgang, Umzug, Festmahl, Wettkampf, Tanz. Verwandte Veranstaltungen sind die Fischerfeste *(Fêtes des Marins-Pêcheurs)*, die auf Désirade und Terre-de-Haut (Saintes) um Mariä Himmelfahrt (15./16. August) begangen werden. Ein besonderes Datum (10. August bzw. der darauffolgende Sonntag) ist in Pointe-à-Pitre das Fest der Köchinnen *(Fête des cuisinières)*, die makabrerweise zum heiligen Laurentius beten, der im Jahre 258 auf dem Rost endete. Wenn die Seniorinnen der Kochinnung in ihren bunten Trachten aus der Kirche Saint-Pierre-et-Saint-Paul treten, holen sie Blutwürste, Langustenstücke und allerlei Gebäck aus ihren geweihten Körben.

An **Allerheiligen** *(Toussaint)* werden Tausende von Kerzen auf die gekachelten Gräber gestellt. Die Angehörigen versammeln sich nach Einbruch der Dunkelheit in den erleuchteten Friedhöfen, die zu festlichen Empfangsstätten hergerichtet worden sind. Die stimmungsvolle Zeremonie erinnert an die langsam aussterbenden Totenwachen *(veillées mortuaires)*, die Verwandte, Freunde und Nachbarn zu einer ausgelassenen Feier zusammenführt (s. S. 86f.). Eine ähnliche Rolle spielen noch die Beerdigungen, die in den *avis d'obsèques* (der beliebtesten Radiosendung) allmorgendlich inselweit angesagt werden und immer stark besucht sind (s. Farbabb. 32). Laut Michel Leiris (›Das Auge des Ethnographen‹) ist »in der großen Bedeutung, welche die Antillaner Allerheiligen beimessen, ein Rest jener Totenkulte zu sehen, die im religiösen Leben der afrikanischen Neger einen so entscheidenden Platz einnehmen«.

Und **Weihnachten** war schon immer das Fest der Kinder:

»Weihnachten war kein Fest wie die andern. Es rannte nicht durch die Gassen, tanzte nicht auf den Plätzen, ritt nicht auf Holzpferdchen, nutzte nicht das Gewühl, um die Weiber zu zwicken, ließ kein Feuerwerk aufblitzen vor den Tamarindenbäumen. Weihnachten mochte den Markt nicht. Was es brauchte, war ein ganzer Tag voller Geschäftigkeit, Vorbereitungen, Küchengebrotzel, Stäubchenjagd und Aufregungen
aus-Angst-daß-das-nicht-ausreicht
aus-Angst-daß-noch-etwas-fehlt
aus-Angst-man-könnte-sich-anöden

und dann am Abend eine kleine Kirche, die niemanden einschüchtert, die wohlwollend sich mit Gelächter, Getuschel, Geläster, Vertraulichkeiten, Liebesgeflüster und dem kehligen Gegröl eines sangesfreudigen Kantors anfüllen läßt. Und frohe Kumpane und lockre Mamsellen und Hütten mit saftigen Eingeweiden, nicht kleinlich; und man pfercht sich hinein, an die zwanzig Personen, und die Gasse liegt leer, und der Marktflecken ist ein Strauß von Gesängen, und man fühlt sich wohl in den Räumen, und man ißt etwas Gutes, und man trinkt etwas Aufmunterndes, und es gibt Blutwurst, die eine, zwei Finger schmal, rollt sich schlängelnd zusammen, die andere dick und stämmig; die milde mit Quendelgeschmack, die scharfe glühend gepfeffert, und dazu heißen Kaffee und Zuckeranis und Milchpunsch und Rum, die flüssige Sonne, und allerlei Leckerbissen die herrisch dir die Schleimhäute reizen oder sie vor Entzücken tröpfeln lassen oder sie dir mit Wohlgerüchen durchwirken. Und man lacht und man singt, und die Kehrreime verschlingen sich unabsehbar wie Kokospalmen:
ALLELUJA
KYRIE ELEISON ... LEISON ... LEISON
CHRISTE ELEISON ... LEISON ... LEISON.«

(aus: Aimé Césaire: Zurück ins Land der Geburt)

Hahnenkampf

Den Sonntagnachmittag verbringen die Männer gerne im *pitt.* Das ist die Hahnenkampfarena, die sich – kombiniert mit einer *buvette* (Rumkneipe) – meist unter einem Wellblechverschlag verbirgt. Der Kampfsport war in Europa weitverbreitet, als die Spanier ihn in die Neue Welt brachten. Auf die Antillen kam er möglicherweise erst durch die Engländer. Jedenfalls galt der Hahnenkampf seit Ende des 17. Jahrhunderts als eine Leidenschaft der weißen Siedler, die sich über Verbote wie das *loi Gramont* (1850) eigenwillig hinwegsetzten. Die farbigen Landarbeiter kamen mit dem Tier nur als Pfleger und Trainingsgehilfen in Berührung, bis sie Geschmack daran fanden, selbst einen Hahn zu besitzen und ihr bißchen Geld zu verwetten. Noch heute werden im Pitt – jenseits aller Rassen- und Klassenschranken – ganze Monatslöhne verspielt und kleine Vermögen gemacht. Angehörige aller sozialen Schichten versammeln sich dort zum Ti-Punsch, zum Palaver und – im doppelten Sinne – zum Wettstreit.

Der antillanische Kampfhahn kommt in der Regel aus Spanien und ist das Resultat vielfältiger Kreuzungen. Die Züchter schwören auf das Erbgut des südostasiatischen Bankiva (roter Dschungelhahn), das noch in Minimalanteilen die gewünschte Aggressivität und Widerstandskraft verbürgen soll. Damit das Federvieh schwer zu packen ist, werden ihm Kamm und Kinnlappen abgeschnitten, Hals und Schenkel rasiert, Flügel und Schwanzfedern gestutzt. Mit Vitaminen, Proteinen und allerlei Geheimrezepten, nicht zuletzt durch monatelanges Training wird der Hahn für die

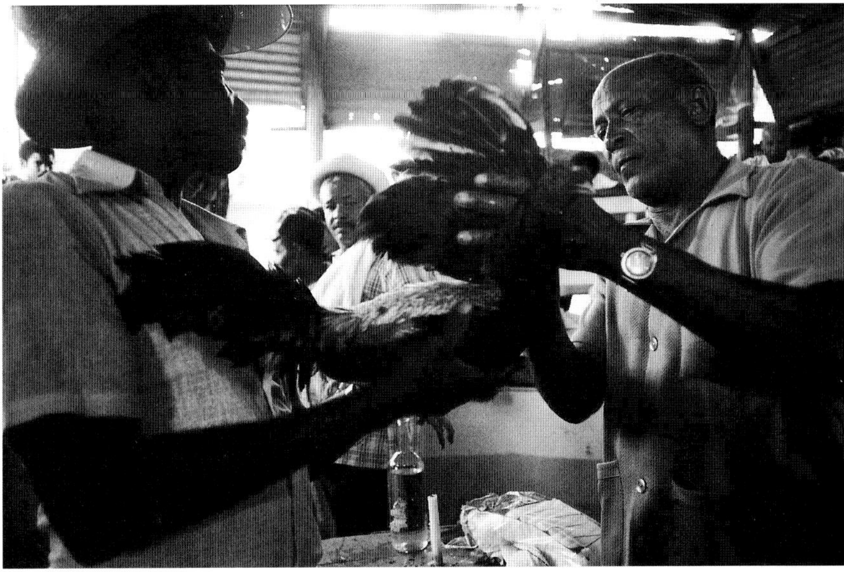

Vor dem Kampf werden die Hähne gewogen, gesäubert und für den Wettstreit gerüstet

Kampfsaison (November bis April) fitgemacht. Am Kampftag selbst kommt er dann in eine der zahlreichen Boxen *(caloj)*, die vor dem Pitt aufgestellt sind.

Das kleine Amphitheater faßt 70–200 Zuschauer, die auf stufenförmig angeordneten Holzbänken sitzen. Zunächst bekommen sie die Ritualhandlungen der Professionellen (Stallbesitzer, Züchter, Pfleger, Schiedsrichter, Pitt-Direktor) zu sehen, die sich in der Arena um sorgfältig vorbereitete Tische drängen. Die Hähne werden der Reihe nach hereingebracht, auf 30 g genau gewogen und in Gewichtsklassen eingeteilt. Auf einer großen Tafel kann man die Paarungen lesen. Dann erfolgt mit Hilfe eines in Äther getränkten Baumwollappens die Reinigung von Fett und möglichen Giftstoffen. Um jeden Manipulationsverdacht auszuschließen, sind die gegnerischen Züchter bei der Säuberung anwesend. Schließlich werden die bis zu 4,5 cm langen Kampfsporen *(ergots)* gewählt und mit Heftpflaster und Wachs auf dem angeschliffenen Hornfortsatz des Hahnenlaufs fixiert. In Guadeloupe verwendet man Stahlsporen, in Martinique vielfach behandelte Natursporen toter Hähne. Der Besitzer des Hahns läßt seinen nunmehr doppelt bewaffneten Kombattanten (Hauptwaffe bleibt der Schnabel!) einige Probehüpfer machen und prüft den Sitz der Sporen. Vielleicht pustet er ihm noch etwas Rum ins Gesicht oder reizt ihn mit Beschwörungsformeln.

Wenn die Wetten abgeschlossen sind und die Arena geräumt ist, kann der Kampf beginnen. Eine Glocke ertönt, die beiden Kontrahenten werden *bec à bec* (Schnabel zu Schnabel) gesetzt. Gebrüll und wilde Gestikulationen sorgen für die erforderliche Streitlust. Die Hähne hacken aufeinander ein, bilden ein flatterndes Knäuel, sind bald blutverschmiert. Höchstens 25 Minuten dauert der Kampf, der auch schon nach Sekunden zu Ende sein kann. Gewonnen hat ein Hahn, wenn der Gegner stirbt, die

Flucht ergreift oder am Boden bleibt. Oft bricht der Schiedsrichter das Gemetzel auch unentschieden ab, weil die beiden ermüdeten Hähne nicht mehr weiterkämpfen.

In Martinique kann man übrigens neben dem Pitt gelegentlich auch noch dem Kampf zwischen Mungo und Lanzenotter beiwohnen. Hier wettet niemand und Regeln sind unnötig, denn der tödliche Biß ereilt mit Sicherheit die Giftschlange: der wendigere Mungo gewinnt fast immer.

Die kreolische Sprache

Obwohl Französisch die offizielle Landessprache ist, hat sich das *Kréyol* als traditionelles Verständigungsmittel behauptet. Es verbindet die Bevölkerungsmehrheit von Guadeloupe und Martinique mit den Bewohnern einiger Nachbarinseln, die zumindest zeitweise in französischem Besitz waren. Während auf den südlichen Antillen (Dominica, Santa Lucia, Saint-Vincent, Grenada, Trinidad) nur Minoritäten kreolisch sprechen, sind es auf Haiti 90 % der Bevölkerung. Auch auf dem Kontinent gibt (Guyana) und gab (Louisiana) es kreolische Sprachinseln, deren Idiome sich mit portugiesischen und holländischen Elementen angereichert haben bzw. ins Englische eingeflossen sind. Selbst im Indischen Ozean (Réunion, Mauritius, Seychellen, Komoren) stößt man noch auf eine verwandte Sprache, die sich zwar vom karibischen Kréyol deutlich abhebt, von Antillanern aber verstanden wird. Denn trotz aller Differenzierungen haben die verschiedenen kreolischen Varianten das Französische als gemeinsame Grundlage und unterscheiden sich darin vom Papiamento, dem Negerhollands oder Pidgin-Englisch.

Das Kréyol entstand zu Beginn der Kolonialzeit als Notbehelf. Die aus unterschiedlichen Gegenden Frankreichs stammenden, also Dialekte sprechenden Siedler hatten Sklaven gekauft, die sich untereinander kaum verstehen konnten. Denn die Trennung der Stammesbrüder war eine Sicherheitsmaßnahme, die von den Plantagenbesitzern recht systematisch gehandhabt wurde. Die nötigen Befehle und Unterweisungen wurden in einem reduzierten Französisch gegeben, das die Schwarzen als Verständigungsmittel aufgriffen und mit afrikanischem Wortschatz anreicherten. Man machte auch lexikalische Anleihen bei den Karibenindianern, deren Sprache Begriffe für Flora und Fauna bereithielt. So setzt sich der Wortschatz der kreolischen Sprache aus französischen, afrikanischen und indianischen Elementen zusammen, enthält aber darüber hinaus auch spanische, portugiesische, holländische und englische Sprachspuren, die von den ständigen Seefahrerkontakten mit den anderen Kolonien herrühren.

Die Dominanz des Fischervokabulars und ans Französische angepaßte Ausdrücke aus dem Spanischen und Portugiesischen haben einige Sprachwissenschaftler zur Annahme einer vorkreolischen *Lingua Franca* verleitet. Europäische Seefahrer und Abenteurer hätten demnach schon im Mittelmeer eine labile Verkehrssprache entwickelt, die dann in den Kolonien kreolisiert, als Kulturgut weitergegeben wurde. Denn eines steht fest: erst die in der Kolonie Geborenen (= Kreolen), die zweiten und

Der Kampf der kreolischen und französischen Sprache (Illustration von Jacky Schérer)

dritten Siedler- und Sklavengenerationen, haben die ursprüngliche Kontaktsprache als Muttersprache vorgefunden.

Die kreolische Grammatik zeichnet sich durch das Prinzip der Vereinfachung aus. Sie unterscheidet nicht zwischen Maskulin/Feminin, kennt kein Passiv und kommt fast ohne Präpositionen und Konjunktionen aus. Der Vergleich mit der komplexeren Basissprache hat kolonialistische Gemüter in ihrem abschätzigen Urteil über die ›Negersprache‹ bestätigt, in der sie immer nur ein ›verdorbenes Französisch‹ sahen. Selbst Linguisten sprachen dem Kreolischen lange den Rang einer Sprache ab und qualifizierten es als Dialekt. Erst in den letzten Jahren entdecken unvoreingenommene Forscher, daß das Kréyol eigene Grammatikstrukturen aufweist und im Bereich der Wortbildung sehr bildhaft und kreativ verfährt: wenn *yen-yen* Moskitos sind, dann ist ein *touffé-yen-yen* eine Party, bei der solch ein Gedränge herrscht, daß die Plagegeister zwischen den Tänzern ersticken (kreol. touffé). Vor allem die lexikologischen Studien Jean Barnabés (Université des Antilles, Martinique) haben zu einer Neubewertung geführt, die von den Anhängern der Unabhängigkeitsidee noch forciert wird. Sie propagieren die *language populaire* als zukünftige Nationalsprache, die das Französische als dominierende *langue culture* ablösen soll.

Das bleibt ein Wunschtraum, solange die Kinder auf Französisch lesen und schreiben lernen und nur wenige Schulen kreolischen Ergänzungsunterricht anbieten. Die beachtlichen Initiativen im Bereich des Films, Theaters, Radios und Pressewesens ändern auch nichts daran, daß die Förderung des Kreolischen das Anliegen einer politischen Minderheit bleibt. Bei einer Umfrage ergab sich, daß 72,6 % der Befragten gar nicht wünschen, daß mehr Kréyol in der Schule gesprochen wird. Schließlich ist der berufliche Aufstieg unweigerlich an die Beherrschung der französischen Sprache gebunden, die die Sprache der Verwaltung, der Wissenschaft und fast aller Medien ist. Spricht ein Ausländer einen Antillaner mit ein paar Worten Kreolisch an, so wittert dieser darin eine Beleidigung, nämlich die Unterstellung, er könne nicht Französisch! Das Kreolische ist zu einer ›Intimsprache‹ geworden, die auf das Familienleben beschränkt ist und auf den Märkten, in den Rumkneipen oder sonst im halböffentlichen Bereich signalisiert, daß man unter sich ist. Und selbst unter den Einheimischen sprechen immer weniger das wahre Kréyol, weil sie in ihrer Zweisprachigkeit nach Bedarf zwischen den Idiomen hin- und herwechseln, französische Begriffe adaptieren und umgekehrt kreolischen Wortschatz der französischen Aussprache angleichen. So stirbt der alte Mesolekt (Mischsprache) und schon entsteht ein neuer: das karibische Französisch.

Literatur

Die Kinder Guadeloupes und Martiniques wachsen mit kreolischen Märchen *(contes créoles)* auf, die von Zombis und Prinzessinnen handeln und den einfältigen Elefanten in der Falle des Gevatter Hasen zeigen. Diese mündliche Volksdichtung, eine Kombination aus afrikanischem Geisterglauben und La Fontaine (frz. Fabeldichter des 17. Jahrhunderts) muß in Verbindung mit dem Brauch des *cric-crac* (s. S. 86f.) gesehen werden, der leider im Aussterben begriffen ist. Wir kennen den Dialog zwischen dem Vortragenden und seinem Publikum nur aus antillanischen Romanen, die gerne Legenden zitieren und sich auf die mündliche Erzähltradition berufen. Die uns zugängliche Literatur ist frankophon und hat mehr mit dem französischen Buchmarkt als mit kreolischer Geselligkeit zu tun. Die Autoren sind in der Regel Akademiker (Lehrer, Journalisten, Politiker), die in der Metropole studiert haben und für ein französisch gebildetes Publikum schreiben.

Die Geburtsstunde der jungen antillanischen Literatur fällt in die 30er Jahre. Sie entstand mit der Négritude-Bewegung und ist unmittelbarer Ausdruck des erwachenden Selbstbewußtseins der Schwarzen. Césaire (Martinique), Damas (Guyana) und Senghor (Senegal) waren ja keine politischen Rebellen, sondern junge Literaten, die mit der Entdeckung des afrikanischen Erbes die Vorherrschaft europäischer Kultur bestreiten wollten – nicht mehr und nicht weniger. Bisher gab es nur die ›Hängematten-Poesie‹ der Weißen, die den Duft des Zimtapfels und den Teint der Mulattin besangen, ohne ein Wort über die Sklaverei zu verlieren. Es paßt zum Exotismus dieser Béké-Literatur, daß ihr herausragender Vertreter, Saint-John Perse (1887–1975), Guadeloupe schon mit zwölf Jahren verließ, um es als Kindheitsparadies poetisch zu verewigen (›Eloges‹ 1910). Aimé Césaires programmatische ›Rückkehr ins Land der Geburt‹ (›Cahier d'un retour au pays natal‹, 1935/1947) dokumentiert den umgekehrten Weg. Vom dekadenten Europa aus erscheint ihm die Kolonie als trostloses Opfer, Afrika aber als verheißungsvolles Gegenbild westlicher Ratio:

Aya für jene die niemals etwas erfanden
für jene die niemals etwas erforschten
für jene die niemals etwas bezwangen
aber sich hingeben, ergriffen, dem Wesen der Dinge

Césaire (*1913) hat den Surrealismus für die Négritude entdeckt und seinen Landsleuten damit eine poetische Sprache bereitgestellt, in der sie sich zu Wort melden und ihren Antikolonialismus kühn zum Ausdruck bringen konnten. Paul Niger (1915–62), Guy Tirolien (*1917), Paul Desportes (*1921) bewahren noch das Aufbruchspathos der ersten Generation. Als die Dekolonisierung zum Regierungsstandpunkt wird, macht sich Unsicherheit breit. Wer nicht nach Afrika übersiedelt, um die Utopie zu inspizieren oder mit dem Befreiungskampf Ernst zu machen, befaßt sich selbstquälerisch mit der antillanischen Seele, die zwischen Unterwerfung *(esclavage)* und Flucht *(marronage)* zu schwanken scheint. Edouard Glissant (*1928) tut sich in diesem Sinne als Theoretiker der *antillanité* hervor und erhält 1958 den Prix Renoudot für den poetischen Roman ›La Lézarde‹. In dunkler Natursymbolik beschwört er darin das politische Erwachen der Jugend, ein Ideal, das auch der Vergangenheitsbewältigung der späteren Romane (›Le Quatrième Siècle‹ 1964, ›La Case du Commandeur‹ 1979, ›Mahagony‹ 1987) zugrundeliegt.

Die Werke der jungen Autoren erscheinen desillusionierter, aber nicht weniger engagiert. Sie orientieren sich an lateinamerikanischen Vorbildern (Alejo Carpentier, Gabriel García Márquez) und verstehen ihre Ausprägung des ›magischen Realismus‹ als Beitrag zu einer karibischen Kultur, die sich der Rationalität der westlichen Zivilisation und ihrer wirtschaftlichen Sachzwänge verweigert, ohne deshalb den Anspruch einer realistischen Darstellung aufzugeben. Daniel Maximin (*1947) zeigt

Nach der schweren Arbeit in der Plantage verbringt Man Tine den Abend mit ihrem Enkel (Szenenfoto aus dem Film: ›Die Straße der Negerhütten‹)

Cric-Crac

Der alte Médouze erzählt dem kleinen José von Guinea, dem Land seiner Väter, in das er nach seinem Tod zurückkehren wird. Jede seiner aufregenden Geschichten leitet er mit einer dialogischen Präambel ein, bei der José den Antwortpart übernimmt:

»– Eh cric!
– Eh crac!
– Dreifach schöne Geschichten!
– Alle Geschichten sind schön zum Erzählen.
– Was ist die Mutter vom Hund?
– Hündin.
– Der Vater vom Hund?
– Hund.
– Abudu!
– Bia!«

José besucht gerne den alten Médouze, der ihm Geschichten aus Afrika erzählt (Szenenfoto aus dem Film: ›Die Straße der Negerhütten‹)

Am Totenbett des alten Medouze hört José wieder dieselbe Präambel. Ein Erzählmeister *maître-conteur* leitet die Totenwache *(veillée),* eine feuchtfröhliche Veranstaltung, bei der sich die Trauernden mit Geschichten, Rätseln und Scherzreden wechselseitig überbieten.

»Medouze ist tot, sagte er in förmlichem Tonfall. Das ist die schmerzliche Nachricht, die ich Ihnen zu meinem Leidwesen mitteilen muß, meine Damen und Herren. Wie ich feststelle, bekümmert es uns am meisten, daß Médouze gestorben ist, ohne daß wir

seine letzten Stunden miterleben konnten. Aber beklagen Sie ihn nicht, meine Damen und Herren! Médouze hat sich zum Sterben versteckt, weil... Raten Sie mal, was er Schlechtes damit bezweckte! Weil Médouze nicht wollte, daß wir, seine Brüder im Suff und Unglück, sein Zuckerrohrfeld am Grand-Etang erben!
– Seinen alten zersprungenen Canari [Tontopf], ergänzte eine Stimme.
– Seine alte ausgebeulte Hose, eine andere Stimme.
– Seine alte Pfeife und seinen zerbrochenen Coui [Kalebassenschale].
– Sein mit den Knochen abgehobeltes Schlafbrett.
– Und das Gold und Silber, das ihm der Béké am Samstag abend gab...
Und alle wiederholen lachend:
– Und das ganze Gold und Silber, das ihm der Béké am Samstag abend gab!...
Und eine Frau, die das Spiel umgekehrt aufnahm, erhob sich und lobte die Großzügigkeit von Médouze und forderte alle auf, einer nach dem andern anzugeben, was Médouze ihm hinterlassen hatte. Diesem seinen Bakoua [Strohhut], jenem seinen löchrigen Lendenschurz und seine abgenutzte Hacke, und allen das ganze Gold und Silber, das ihm der Béké am Samstag abend gab...
– Hé cric!...
Und alle trinken still auf die Gesundheit von Médouze. Dann, wenn sie den Rum hinuntergestürzt haben, brechen sie im Chor in Lachen aus.
– Hé crac!...«

(aus: Joseph Zobel, La Rue Cases-Nègres, Übers. von N. Miller)

in seinen halbdokumentarischen Bildungsromanen (›L'Isolé soleil‹ 1982, ›Soufrières‹ 1987) eine Gruppe junger Guadeloupaner, die in ihren vielfältigen Aktivitäten (Unabhängigkeitskampf, Theaterarbeit, literarische Versuche) der eigenen Identität sehr zwiespältig begegnen. Patrick Chamoiseau (*1953) äußert sich noch pessimistischer, wenn er die untergehende Welt der *djobeurs* (Marktgehilfen), *quimboiseurs* (Quacksalber), *maître-conteurs* (Meistererzähler) aufleben läßt, um in einer Art literarischem Hexenzauber den Vormarsch der Supermärkte und Entwicklungsprojekte wenigstens ein Buch lang aufzuschieben (›Chronique des sept misères‹ 1986, ›Solibo Magnifique‹ 1988).

Rechnet man die fleißige Buchproduktion auf die Bevölkerung um, so kommt man auf eine erstaunlich hohe Rate von Dichtern und Schriftstellern, zu der die Frauen in erheblichem Maße beitragen. Die bedeutendste Autorin ist gegenwärtig Simone Schwarz-Bart (*1938). Ihre poetischen Romane verbinden die ungeschminkte Geschichtsdarstellung mit einer zauberhaften Atmosphäre und waren für den ›magischen Realismus‹ der frankophonen Antillenliteratur auch sprachlich stilbildend. ›Pluie et Vent sur Télumée Miracle‹ (1972) schildert über drei Generationen hinweg die Geschichte unbeugsamer schwarzer Frauen, die eine Kette von Schicksalsschlägen mit viel Courage und ein wenig Hexenkunst bewältigen. ›Ti-Jean L'horizon‹ (1979) ist ein Märchen in Romanform und erzählt die Abenteuer des kreolischen ›Hänschen klein‹, der im Bauch eines Fabeltiers nach Afrika reist, um die Sonne nach

Guadeloupe zurückzuholen. Auch Maryse Condé (*1937), Romanschriftstellerin und Literaturprofessorin, rekapituliert Mythen – in aufklärerischer Absicht. In ›Heremakhon‹ (1976) läßt sie ihre schwarze Ich-Erzählerin nach Afrika reisen, um die Illusion vom gelobten Land mit der sozialen Wirklichkeit zu konfrontieren, die sie dann in ›Ségou‹ (1988) zum dokumentarhistorischen Tableau ausgestaltet. In ihrem preisgekrönten (Grand Prix Littéraire de la Femme 1986) ›Frauenroman‹ über die schwarze Hexe Tituba (›Moi, Tituba sorcière noire de Salem‹) rechnet sie mit dem europäischen Messianismus ab und berichtet von der christlichen Verteufelung schwarzer Lebensart.

Die antillanische Literatur ist ambitioniert und angesehen – bei der gebildeten Elite. Populär wurde nur ein Buch, ›La Rue Cases-Nègres‹ (1950), von Joseph Zobel (*1915). Das liegt an der schlichten, humorvollen Sprache, am parteilichen Standpunkt, am Bildungsoptimismus dieses sozialen Romans. Er ist weitgehend autobiographisch und schildert die Ausbeutungsverhältnisse auf Martinique während der 30er Jahre. Der gerührte Leser folgt dem begabten José aus den Negerhütten ins Gymnasium und erlebt die Armut und den Tod von Man Tine, die sich für die Zukunft ihres Enkels im Zuckerrohr aufopfert. Zobels Buch popularisiert übrigens Grundgedanken der Négritude und lebt auch von der Originalität ihrer antillanischen Charaktere (Médouze, Jojo, Carmen). Dank der schönen Verfilmung durch Euzhan Placy wurde ›Die Straße der Negerhütten‹ auch dem deutschen Publikum bekannt. Der Film bekam 1983 in Venedig den Silbernen Löwen, Darling Légitimus (in der Rolle Man Tines) wurde als beste Darstellerin ausgezeichnet.

Guadeloupe
Insel der schönen Wasser

Orts- und Landschaftsbeschreibungen

Guadeloupe

Pointe-à-Pitre

Guadeloupe ist ein Archipel mit ca. 300000 Einwohnern. Die Hauptinsel hat die Form eines nicht ganz gleichmäßigen Schmetterlings. Genaugenommen handelt es sich um zwei Inseln (Grande-Terre, Basse-Terre), die an der Rivière Salée nahteng aufeinanderstoßen. Diese mangrovengesäumte Wasserstraße verbindet die nördliche Bucht (Grand Cul-de-Sac Marin) mit der kleineren südlichen (Petit Cul-de-Sac Marin), die sich hinter einer Kette von Inselchen (Ilet à Petrelluzzi, Ilet à Boissard, Ilet à Cochons) zu einem Naturhafen verengt. Hier liegt Pointe-à-Pitre, das wirtschaftliche Zentrum, das sich weit über die Stadtgrenzen hinaus bis nach Abymes und Baie-Mahault erstreckt. Da aus beiden Inselhälften Tausende zur Arbeit in die Stadt strömen, konzentriert sich hier untertags eine Menschenmenge, die die 30000 Pointois, ja die 110000 Einwohner der gesamten Agglomération (einschließlich der Innenstadt und Randgebiete) weit übertrifft.

Der Ortsname geht auf einen armen holländischen Juden namens Peter zurück. Aus Brasilien vertrieben, ließ er sich 1654 – mit Erlaubnis Houels, des damaligen Herrn von Guadeloupe – im Petit Cul-de-Sac auf einer winzigen Insel nieder. Seine Fische verkaufte er auf der gegenüberliegenden Landspitze, die bald Pointe-à-Peter hieß und sich zu einem kleinen Händlerdorf entwickelte. Houels Versuch, an dieser Stelle einen Hauptort zu errichten, scheiterte freilich am sumpfigen Gelände. Es dauerte fast 100 Jahre, bis von der Nachbarsiedlung Abymes aus eine befestigte Straße zum Meer gebaut wurde. Als Guadeloupe dann zweimal den Besitzer wechselte (englische Eroberung 1759, Pariser Rückgabevertrag 1763), ging es Schlag auf Schlag: die Engländer legten den Hafen an, und die Franzosen zogen Quais, legten Sümpfe trocken, bauten Befestigungen, um ihre 60 Häuser schließlich – in Anlehnung an die englische Aussprache – offiziell Pointe-à-Pitre zu taufen. Von nun an wuchs die Bevölkerung unablässig – trotz der zahlreichen Katastrophen (Erdbeben, Cholera, Brände, Zyklone), die die Stadt im 19. und 20. Jahrhundert heimsuchten.

Pointe-à-Pitre ist heute mit Le Raizet, Abymes und Gosier zusammengewachsen: die letzten freien Plätze fielen dem Flughafen, sowie Lagerhäusern und Supermärkten zum Opfer. Auf der anderen Seite der Rivière Salée sind die Industriezonen Jarry und La Gabarre entstanden, die den Inselbewohnern zahlreiche, aber lange nicht ausreichend Arbeitsplätze bieten. Aus Raumnot hat sich die Stadt in den letzten Jahren ungeachtet der Erdbebengefahr zielstrebig in die Höhe entwickelt. Die Elendsquartiere der meist arbeitslosen Tagelöhner wurden größtenteils niedergerissen und durch riesige Komplexe von Sozialwohnungen ersetzt. Ein System von Umgehungs- und Ausfallstraßen führt von den Industrieparks zum Container-Hafen, vom Aéroport zu den Hotels von Gosier, von Grande-Terre nach Basse-Terre – immer am Zentrum vorbei.

Der Boulevard Chanzy (in der Verlängerung Boulevard Hanne) trennt die weitgehend sanierten *bidonvilles* von der historischen Altstadt. Auf der nördlichen Seite der Achse stehen die modernen Repräsentativbauten: das CECID-Hochhaus, der BNP-Klotz, das Rathaus, das Centre des Arts et de la Culture (mit Bibliothek, Ludothek, Ateliers, Film- und Konferenzsälen). Auf der südlichen Seite weckt der beständige Menschenstrom die Neugier, das unübersichtliche Häusergewirr der Altstadt zu erkunden. Die Rue Frébault, jene alte Chaussée von Abymes, führt geradewegs in sie hinein, zum zentralen Markt und zu den Hafenquais. Zwischen den musikerfüllten Läden und dichtgeparkten Autoreihen haben Schuster ihre Holzkästen auf den engen

Pointe-à-Pitre
1 Post 2 Rathaus 3 Kulturhaus (Centre des Arts et de la Culture) 4 Basilika Saint-Pierre-et-Saint-Paul 5 Justizpalast an der Place Gourbeyre 6 Musée Schœlcher 7 Marché Saint-Antoine 8 Musée Saint-John Perse 9 Office du Tourisme 10 Hafenmarkt 11 Sous-Préfecture 12 Ehemalige Zuckerfabrik Darboussier 13 Kirche von Massabielle 14 Krankenhaus

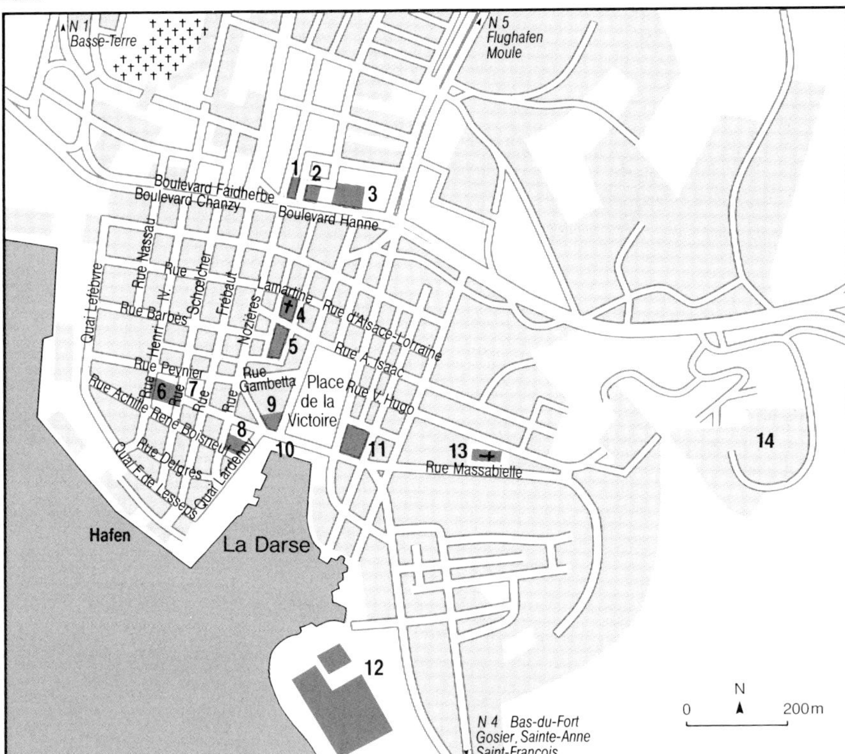

Markt in Pointe-à-Pitre

Gehsteig gestellt, auf dem Straßenhändler ihre glitzernden Uhren und Radios feilbieten. Wenn sich rechts und links die Querstraßen auftun, muß man innehalten: Achten Sie auf die tiefen Rinnsteine, in denen sich die Regenfluten sammeln. Es lohnt sich auch, einen Blick auf die Fassaden zu werfen, deren wildes Stilgemisch aus den zahlreichen Zerstörungen resultiert. Zwischen neuem Beton entdeckt man noch Holzhäuser aus der Jahrhundertwende, deren schmiedeeiserne Balkone den Händlern als Wetterdach dienen. Zum Shopping verläßt man kurzfristig die Rue Frébault, um im Viereck durch die umliegenden Geschäftsstraßen Lamartine, Nozières, Sadi-Carnot, Schœlcher zu streifen. Um 18.30 Uhr werden die Läden geschlossen, dann (abends, sonntags) ist von dem pulsierenden Leben nichts mehr zu spüren.

Das Herz Pointe-à-Pitres schlägt am **Marché Saint-Antoine.** Unter einer großen Eisenkonstruktion und rund um einen kleinen Brunnen breiten die schwarzen Madras-Frauen ihre tropischen Köstlichkeiten aus. Wer dort auftaucht, wird sogleich am Ärmel gezupft, heftig zum Kauf animiert und böse zur Rede gestellt, wenn er ungeniert zu fotografieren wagt. An einem der zahlreichen Gewürzstände sollte man sich auf jeden Fall überreden lassen: ein paar Säckchen Zimt, Curry, Kümmel, Nelken oder einige Muskatnüsse, Vanille- und Kakaostangen passen leicht ins Fluggepäck und sind feine Mitbringsel. Der würzige Duft mischt sich mit dem der süßen Früchte (Mangos, Papayas, Corossols, Malaka-Äpfel, diverse Bananensorten und und und), die neben den Gemüsen und Wurzeln zu kleinen Häufchen aufgeschichtet und meist nach Augenmaß verkauft werden. Dazwischen lebendige Ware (Geflügel, Erdkrabben) und wundersame Sprays, Salben, Heiligenbildchen, deren Wirkung die heilkundigen *pacotilleuses* mit demselben Ernst beschwören wie die der potenzsteigernden Mittelchen. Am Rande des Marktes werden mit der Machete Kokosnüsse aufgeschlagen: eine köstliche Erfrischung!

Zwei Straßenzüge weiter, am Hafenbecken **La Darse,** stößt man auf einen kleineren, ärmlicheren Markt. Die vom Land angereisten Frauen haben ihre spärliche Ernte am Boden ausgelegt und preisen den Ankommenden und Abfahrenden lautstark ihre Waren an. Die Schiffe zu den Dependancen legen hier ab, und frühmorgens wird Fisch direkt vom Boot aus verkauft. Die Fischer kommen nämlich von auswärts und dürfen ihren Fang nicht wie die guadeloupanische Konkurrenz an Land anbieten.

Im Rücken der Darse erstreckt sich der große **Place de la Victoire** in die Stadt hinein und bietet abseits vom Trubel Erholung unter Flamboyants und Königspalmen. Der friedliche Ort erinnert mit seinem martialischen Namen an den Sieg Victor Hugues über die Engländer und war während der Französischen Revolution der Standplatz der Guillotine (s. S. 41)! In der Mitte des Parks steht heute eine Büste von Felix Eboué, dem ersten schwarzen, äußerst populären Gouverneur Guadeloupes. Rund um den Platz befinden sich einige alte Handelshäuser (Flügeltüren im Parterre, von eisernen Konsolen getragene Galerien auf den Stockwerken), ein Kino und die protzigen Kolonialgebäude der Sous-Préfecture und des Office du Tourisme (davor ein Kriegerdenkmal mit Kanonen).

Wirkliche Schmuckstücke kolonialzeitlicher Architektur gibt es nur wenige. Sie stammen alle aus der zweiten Hälfte des 19. Jahrhunderts: das Haus der Maison d'Agriculture (Rue Sadi-Carnot), das Musée Schœlcher (Rue Peynier) und das Musée Saint-John-Perse (Rues A. R. Boisneuf/Nozières). Ersteres beherbergte vor Jahren noch ein weiteres Museum und verbirgt in dunklen Winkeln einige Funde aus der Arawak-Epoche. Das **Musée Schœlcher** ist im früheren Wohnhaus des Sklavenbefreiers untergebracht. Im Vorgarten steht seine Büste und innen sind antiquarische Raritäten ausgestellt, die Schœlcher auf seinen Geschäftsreisen sammelte (tägl. 9–12.30/14–17 Uhr; Do, Fr bis 18 Uhr, Mi geschlossen). Das **Musée Saint-John-Perse** wurde zum 100. Geburtstag des Dichters im Maison Soucques-Pagès eröffnet. Das dem Zévalos-Haus (Moule) ähnliche Gebäude war für eine reiche Familie in Louisiana bestimmt, blieb aber in Guadeloupe, weil der Schiffskommandant nach einem Zyklon um die teure Fracht bangte. Im Erdgeschoß ist die aristokratisch-großbürgerliche Wohnatmosphäre des von der Familie Soucques erworbenen Kreolenhauses authentisch erhalten. Der erste und zweite Stock wurden zu einer Gedenkstätte (Ausstellung, Bibliothek, Video) jenes Alexis Saint-Léger umgestaltet, der als Saint-John Perse (1887–1975) in die französische Literaturgeschichte eingegangen ist: der Béké-Sohn verließ 12jährig nach einem Erdbeben die heimatlichen Pflanzungen, siedelte sich mit seinen Eltern in Pau (Südfrankreich) an, reüssierte als Diplomat (Kabinettsdirektor von Aristide Briand) sowie als Lyriker (Nobelpreis 1960) und kehrte nie wieder nach Guadeloupe zurück, obwohl (oder weil) er seine Kindheit in poetischen Traumbildern besang (tägl. 8.30–12.30, 14.30–17.30 Uhr, Sa nur vormittags, Do geschlossen).

Am verschlafenen **Place Gourbeyre** erinnert die Gouverneursbüste an das Erdbeben 1843. Morgens wird ein Blumenmarkt vor der lateinamerikanisch anmutenden Basilika (Saint-Pierre-et-Saint-Paul) abgehalten. Der eisenverstärkte, mit Glasfenstern geschmückte Bau wurde 1847 über dem Palais Royal errichtet, einer Vorgängerkirche, die den Korsaren als Treffpunkt diente und von Victor Hugues 1784 niedergerissen wurde. Am Fest der Köchinnen (in der Regel am zweiten Sonntag im August) ziehen die farbenprächtig herausgeputzten *cuisinières* aus dem Gotteshaus, die geweihten Körbe voller Blutwürste, gefüllter Krabben und anderer Proben ihrer Kochkunst.

Wenn man auf dem Weg nach Gosier die Stadt in östlicher Richtung verläßt, kommt man durch den Faubourg de Massiabelle, das charmante alte Viertel mit dem Kanal und der kleinen Kirche auf dem Morne Cail. Am südlichen Stadtausgang steht noch die stillgelegte Usine Darboussier, aus der einst der unverwechselbare Karamelgeruch strömte. Hier soll demnächst ein neues Touristenzentrum entstehen.

Grande-Terre

Die Riviera

Die touristischen Zentren Guadeloupes befinden sich unweit der Hauptstadt an der Südküste Grand-Terres, die man in Anlehnung an europäische Vorbilder ›Riviera‹ nennt. Unterhalb der Karsthügel der Grands-Fonds (s. S. 127) führt die Route d'Argent (N 4) von einem Sandstrand zum andern, um nach 52 km an den Klippen der Pointe des Châteaux zu enden. Wenn man auf der anfangs vierspurig ausgebauten Schnellstraße das stickig-schwüle Pointe-à-Pitre verläßt, hat man bereits in wenigen Minuten den Jachthafen (Marina) von **Bas-du-Fort** erreicht. Er wurde 1978 anläßlich der großen Rumstraßenregatta *(Route du Rhum)* eröffnet und gilt als ein beliebter Seglertreffpunkt zwischen den Virgin Islands und den Grenadinen. Am Rande der gut ausgestatteten Bassins (650 Plätze, Zapfsäulen, Schwimmdock) ist ein schickes Touristendorf entstanden, mit Ladenketten, Restaurants und dem sehenswerten **Aquarium de la Guadeloupe** (tägl. 9–19 Uhr). Daran schließen sich vornehme Villen und die ersten Luxushotels an. Man sieht hier vornehmlich Métros (Festlandsfranzosen).

Über dem Ort erhebt sich das **Fort Fleur d'Epée.** Die kanonenbestückte Festung war im 18. Jahrhundert errichtet worden, um den Cul-de-Sac Marin zu überwachen und feindliche Landungen zu vereiteln. Ungünstigerweise war sie niederer gelegen als die umliegenden Hügel. Die Engländer nahmen sie von der Landseite her ein (10. April 1794), und Victor Hugues jagte sie ihnen auf die gleiche Weise wieder ab (6. Juni 1794). Heute spaziert man unter Flamboyantbäumen umher, inspiziert die Gräben und Kasematten und genießt den Blick auf die Grande Baie, in der die Surfer auf- und abgleiten.

Die Insel Gosier mit Leuchtturm

Legenden zum Farbteil

1 Ankerbucht bei Trois-Ilets (Martinique)
2 Blick vom Vulkan Soufrière auf das Karibische Meer (Guadeloupe)
3 Der Saintes-Archipel im Süden Guadeloupes
4 Blick auf den Rocher du Diamant (Martinique)
5 Riff an der Pointe des Châteaux (Guadeloupe)
6 Fischerboote in Grand-Rivière (Martinique)
7 Leguan
8 Anolis-Eidechse
9 Unterwasserpark vor den Ilets de Pigeon (Guadeloupe)
10 Korallenbank
11 Baum des Reisenden *(arbre de voyageur)*
12 Gelbe Heliconie *(balisier jaune)*
13 Fackelingwer *(rose porcelaine)*
14 Auf dem Damenweg zum Soufrière-Gipfel (Guadeloupe)
15 Moreau-Fluß im Regenwald Basse-Terres (Guadeloupe)
16 Fischer in Bellefontaine (Martinique)
17 Korbträgerin
18 Pêche à la senne an der Anse Turin (Martinique)
19 Seeigelernte am Cap Chevalier (Martinique)
20 Grande-Anse (Désirade)
21 Plage de Clugny mit Ilet à Kahouanne (Guadeloupe)
22 Straßenmarkt in Fort-de-France (Martinique)
23 Marktfrau *(pacotilleuse)* in Basse-Terre (Guadeloupe)
24 Fête patronale in Petit-Bourg (Guadeloupe)
25 Fischverkäuferin in Fort-de-France (Martinique)
26 Tropische Früchte
27 Zuckerrohrernte vor den Bergen Basse-Terres (Guadeloupe)
28 Mühlenruine des Château Dubuc (Martinique)
29 Ochsengespann *(cabrouet)* auf Grande-Terre (Guadeloupe)
30 Porte d'Enfer an der Atlantikküste Grande-Terres (Guadeloupe)
31 Blick von der Pointe des Colibris (Guadeloupe)
32 Trauerzug in Anse Bertrand (Guadeloupe)
33 Verwitterte Häuserfassade in Le Carbet (Martinique)

2

FDEF N697125
DIEU

F.DE.F.N. 454597.

7

8

9

10

11

14 ▷

12

13

16

17

18

◁ 15

19

20

21 ▷

22

23

24 ▷

25 26 ▷

27

28

29

30

31▷

32

33

Hinter der Bucht liegt **Gosier** (kreol. Pelikan). Die Pelikankolonie, an die der Ortsname erinnert, ist ebenso verschwunden wie der Kaffee und die Baumwolle, die im Hinterland angebaut wurden. In blühenden Grünanlagen stehen Guadeloupes Devisenbringer, die Viersterne-Hotels mit ihren hauseigenen Palmenstränden und dem breitgefächerten Sport- und Unterhaltungsangebot. Wer abends noch etwas erleben will und das nötige ›Kleingeld‹ hat, fährt nach Gosier: es bietet die besten Restaurants, flotte Diskotheken und internationales Publikum. Draußen im Meer sieht man die Ilet du Gosier liegen, das weißgesäumte grüne Inselchen mit dem roten Leuchtturm. Schnorchelfreunde und FKK-Liebhaber lassen sich (möglichst nicht an Wochenenden) auf Fischerbooten hinüberbringen.

Die N 4 verläuft abseits der Küste durch landwirtschaftlich genutztes Gebiet (Rinder- und Ziegenweide, Zuckerrohr). Die Hütten der Kleinbauern stehen vereinzelt am Straßenrand und verdichten sich an den Abzweigungen zu Streusiedlungen. Links führt ein Gewirr von Straßen in die Grands-Fonds hinein, rechts schlängeln sich holprige Wege zu kleinen Buchten hinunter. Am idyllischen Petit Havre/Anse à Jacques (Abzweigung kurz nach Mare Gaillard) stößt man auf einen Picknickplatz, an dem bunte Fischerboote und Langustenkäfige aus Maschendraht zum Trocknen ausgelegt sind. Der schönste Blick auf das Meer bietet sich von den Terrassen der Restaurants und Hotels, die sich vor Sainte-Anne häufen. Als touristisches Glanzstück gilt das Caravelle-Hotel mit seinem Bilderbuchstrand: hier hat sich der Club Méditerrané niedergelassen.

Sainte-Anne trägt seinen Namen zu Ehren Annas von Österreich, der Mutter Louis XIV. Die Ende des 17. Jahrhunderts gegründete Siedlung war Hauptort der Kolonie, als Pointe-à-Pitre noch ein unzugängliches Sumpfgebiet war. 1759 legten die Engländer den Ort in Schutt und Asche, 1928 machte ihn ein Zyklon erneut dem Erdboden gleich und erst jüngst (1989) hat der letzte verheerende Wirbelsturm große Verwüstungen angerichtet. Sainte-Anne ist kein Kaffee-, auch kein Zuckerzentrum mehr, vielmehr eine Mischung aus Fischerdorf und Ferienzentrum. Der kleine Dorfstrand liegt an einer riffgeschützten Lagune: ein türkisfarbenes Naturbecken für jung und alt!

Hinter Sainte-Anne zweigt eine Straße rechts ab zum Bois Jolan. Man muß das Auto nach 2 km stehen lassen und zu Fuß den Weg durch schlammiges Gelände und an Tümpeln vorbei zum Meer einschlagen. Nach wenigen Minuten erreicht man das Kokoswäldchen, hinter dem der Brandungsstreifen des Riffs erkennbar wird. Der Zyklon ›Hugo‹ hat auch hier arg gewütet und die auf Wurzelpolstern im Wasser stehenden Palmen gerupft und geknickt. Im flacher werdenden Hinterland (Plaine de la Simonière) wechseln Zuckerrohrfelder mit Viehweiden ab. Als charakteristisches Bild der Umgebung erscheinen verfallende Mühlen, mit mageren Buckelrindern davor, die oft in Begleitung der zierlichen Kuhreiher zu sehen sind.

Das jüngste touristische Zentrum der Riviera, **Saint-François**, ist im Kern ein charmantes Fischerdorf geblieben. Rund um den Marktplatz und die alte Kirche (18. Jahrhundert) fühlen sich die Einheimischen noch unter sich. Fast alle von ihnen standen am 17. September 1989 vor Trümmern. Der Hafen, an dem die Fischer heute wieder ihren nächtlichen Fang anlanden, war damals vom Sturm völlig zerstört. Saint-François hat einen langgestreckten Sandstrand, der am westlichen Ortsrand beginnt und nach den Trauben der Raisinier-Bäume benannt ist, die gelbgereift in den Punsch wandern *(Plage des Raisins Clairs).* In Meeresnähe befinden sich ein kleiner Hindu-Friedhof (ein hoher Prozentsatz der Einwohner sind Nachfahren der Coolies!), ein Feriendorf (VVF) und kommunale Sportanlagen. Die großen Hotelkomplexe wurden auf der anderen Seite des Ortes errichtet. Dort bildet die **Marina** das anmutige Zentrum eines architektonisch reizvollen Ensembles von Bungalows und Gärten. Ein palmenbestandener 18-Loch-Golfplatz begrenzt die großzügige Feriensiedlung mit der eigenständigen Infrastruktur (Einkaufszentrum, Restaurants, Bootfahrten nach Désirade und Marie-Galante).

Hinter dem Aérodrome verläuft die Straße (D 118) durch karges Gebiet an der Küste entlang. Rechts gelangt man durch Raisinier-Dickicht zu einsamen Strandabschnitten (Badeschuhe schützen vor scharfkantigen Korallen!). Links führen Pisten auf die nördliche Seite der immer spitzer zulaufenden Landzunge: zur Anse de la Gourde (schöner Strand, Restaurant) und zu den Nacktbadestränden links und rechts der Pointe Tarare (großartiger Blick). Auf der Hauptstraße, Lieblingsstrecke der Fahrradamateure, fährt man geradewegs auf die **Pointe des Châteaux** zu: Endstation! Die Brandung tost um die Felstürme und rollt mächtig in die schöne Sandbucht (Baden verboten). Man folgt hier einem Pfad hinauf zur Pointe des Colibris (43 m, Kreuz), dem östlichsten Punkt Guadeloupes. Von hier bietet sich eine überwältigende Sicht auf die Buchten und Salinen der auslaufenden Insel (s. Farbabb. 31); auf der gegenüberliegenden Seite erkennt man die Kalktafel Désirades; weiter südlich die Inselchen von Petite Terre mit ihrem Leuchtturm und in der Ferne den ›Sombrero‹ Marie-Galantes.

Die Atlantikküste

Von Saint-François führt die N 5 14 km durch eine Küstenebene, die sich 40–60 m über dem Meer aus Kalken aufgebaut hat. Einige, nur selten problemlos befahrbare Straßen zweigen rechts zum Atlantik ab. Gleich nach der Kreuzung von Saint-François (1 km) geht es (hinter der stillgelegten Zuckerfabrik Sainte-Marthe) zur Anse de la Baie, wo am 26. Juli Wallfahrer zur Kapelle pilgern. Diese Stelle ist auch ein beliebter Ausgangspunkt für Taucher, die auf Unterwasserjagd gehen. Beim Zévalos-Haus (nach 7,5 km) biegt man zur ersten, kleinen Porte d'Enfer ab (Steilküste, geschützter Strand). Kurz vor Moule verläuft die Nationalstraße dicht am Meer (Abfahrt zum Strand des Alizés). Während im Hotelbereich gute Bademöglichkeiten bestehen, liegen weiter östlich Korallenbänke vor dem beinahe menschenleeren Ufer. Beeindruckender Blick nach Nordosten, wo das Plateau Grande-Terres sich weit in den Atlantik hinausschiebt.

Das Landesinnere ist seit Jahrhunderten fast ausschließlich mit Zuckerrohr bepflanzt. Kein Wunder, daß man auf dem Weg nach Moule auf entsprechende Industriedenkmäler stößt. Rechts und links der Straße sieht man die Kegelstümpfe der alten Windmühlen *(tours du Père Labat).* Auf halber Strecke erhebt sich der Backsteinschlot von **Zévalos**, eine der ersten dampfbetriebenen Zuckerzentralen *(usine centrale)* der Insel (1845 erbaut). Neben der Fabrikruine steht das Herrenhaus,

Das Zévalos-Haus

ein guterhaltenes Juwel kolonialzeitlicher Architektur, dessen verspielte Eisenkonstruktionen (Galerien, Vordach, Träger, Zierleisten) Eleganz und Leichtigkeit in sich vereinen. 2 km weiter geht es links über die Ravine Gardel zur gleichnamigen Fabrik, einer der vier Zentralen, die den mörderischen ›Sanierungsprozeß‹ der letzten Jahre überstanden haben. Es lohnt sich, von hier noch ein Stück landeinwärts um die Teiche *(étangs, mares)* herumzufahren, um auf diesem Wege zur D 101 zu gelangen. Man stößt dort auf die Destillerie Bellevue (Damoiseau), kein Museum, sondern knatternde, dampfende Maschinerie der Jahrhundertwende.

Moule, die einzige Stadt am Atlantik, war einst ein bedeutender Zuckerexporthafen. Riesige Segelschiffe wurden aus dem alten Kanal *(chenal)* der Ravine Gardel in die heftige See getreidelt und schwer beladen nach Europa geschickt. Über dem Hafen liegt das ehemalige Fort, dessen Kanonen die Insulaner geschickt bedienten, wodurch die Engländer wiederholt (1794, 1809) an der Landung gehindert wurden. Die größten Verheerungen richteten allerdings die Zyklone an, die Moule in diesem Jahrhundert zweimal (1928, 1989) fast völlig zerstörten. Die alten kreolischen Holzhäuser sucht man daher hier vergebens. Das Zentrum bildet ein von Raisinier-Bäumen gesäumter (Basketball-) Platz, hinter dem die Kirche mit ihrer klassizistischen Fassade (1850) aufragt.

Nach den letzten Häusern und Tankstellen erreicht man die Baie du Nord-Ouest mit ihrem schattigen Strand. Wer nicht auf schnellstem Weg (über Morne-à-l'Eau) nach Pointe-à-Pitre zurück will, fährt an der nächsten Straßengabelung (N 5/N 7) rechts den Berg hoch. In einer Parkanlage über dem Meer liegt dort das neue **Departement-Museum Edgar Clerc** (martiniquanischer Archäologe). Es dokumentiert die vorkolumbische Zeit und beeindruckt durch die übersichtliche Präsentation der Objekte. Ein Fundschichtenmodell erläutert die Datierungsmethodik der Archäologie. In verschiedenen Vitrinen sind Stein-, Muschel- und Tonwerkzeuge, die berühmten Keramiken und *adornos* (Henkelköpfe mit Ornamenten) ausgestellt; eine maßstabsgetreue Hütte führt schließlich in die häusliche Arbeitswelt der Indianer ein, die durch zahlreiche Gebrauchsgegenstände vergegenwärtigt wird. Das zum Drogenkonsum bestimmte *tabacco*-Röhrchen, die dreieckigen Ritualsteine und die symbolischen Figuren (z. B. die früchtefressenden Fledermäuse) deuten auf Totenkult und Fruchtbarkeitsmythen. Im letzten Raum hängt das Foto (1960) einer Guadeloupanerin mit indianischen Gesichtszügen, und Besucherkommentare im ausgelegten Buch belegen das Bedürfnis mancher Einheimischer, sich als Nachfahren der Kariben zu begreifen (Do, Fr 9–12.30, 14–18.30, Mo, Di 9–12.30, 14–17.30 Uhr, Mi geschlossen).

Bei der nächsten Gabelung (Palais) hält man sich wiederum rechts (D 120) und fährt durch abwechslungsreiches Hügelland (Zuckerrohr, Kokos, Mango, Brotfrucht) nach Norden. Wer baden oder picknicken möchte, biegt an der Kreuzung von Gros Cap nach rechts zur Anse Maurice und nach weiteren 1,5 km wiederum rechts ab. Linker Hand kann man zur Chapelle Sainte-Anne (Wallfahrt ebenfalls am 26. Juli) hinaufwandern und am Ende des Fußwegs auf die wilde Steilküste blicken. Nach dem Abstecher geht es erneut auf der Hauptstraße weiter bis zur Usine de la Mahaudière, der malerisch überwachsenen Fabrikruine, hinter der man den Weg zur Anse de la Barque (Restaurant) einschlagen kann. In nordwestlicher Richtung (geradeaus oder links nach Campêche, dann wieder rechts) überquert man das Kalkplateau der Portlands mit seinen Dolinen-Teichen. Unterhalb einer Bruchstufe führt die Straße (D 122) dann stracks hoch zur zweiten, wirklich spektakulären **Porte d'Enfer** (s. Farbabb. 30).

Das Meer brandet gegen enorme Felswände, die einen türkis leuchtenden Kanal umschließen. Vor dem Erdbeben 1843 war er von einer Felsbrücke überspannt, an deren Trümmer sich nun die Wellen brechen. Der fjordartige Einschnitt ist so tief, daß die Brandung vor dem ›Tor‹ bleibt und das ruhige Wasser der geschützten Bucht zum Baden einlädt. Vom hübschen Strand und Picknickplatz gibt es einen Pfad zur Pointe du Lagon, wo man in das Trou de la Madame Coco schauen kann. In dieser vom Wasser ausgehöhlten Grotte soll eine Dame verschwunden sein, die mit dem Sonnenschirm auf dem Meer spazierenging... Der beste Blick auf die Porte d'Enfer bietet sich übrigens von der gegenüberliegenden Pointe du Piton, zu der die nun steil ansteigende Straße führt.

Sie verläuft entlang einer Reihe gefährlicher Felsabbrüche, die man besser nicht aus nächster Nähe inspiziert. Nach 5 km geht es rechts ab zur **Pointe de la Grande Vigie**, der grandiosen, in 84 m Höhe gelegenen Nordspitze Guadeloupes (Naturschutzgebiet). Man stellt das Auto am Ende der Sackstraße auf dem Parkplatz ab, zieht gutbesohlte Schuhe an (spitze Felsen!) und studiert die Informationstafel des ONF. Auf den gut beschilderten Weg gelangt man durch xerophile Vegetation (Kakteen, tibaume, mapou, gommier rouge) zu den äußersten Felsen (15 Min.). Links erscheint die Pointe de la Petite Tortue, deren Gestalt eine frappierende Ähnlichkeit mit einer Schildkröte aufweist, der sie ihren Namen verdankt (tortue = Schildkröte). Rechts bilden die ausgestanzten Spitzen (*pointes*) des gleichförmig hohen Kalkplateaus einen langen Felsstreifen, in dessen Winkeln kleine Sandstrände (besonders hübsch die Anse Pistolet) zu erkennen sind. Weit draußen im Nordwesten entdeckt man Désirade (50 km), Antigua (70 km) und Montserrat (80 km).

Von der Pointe de la Grande Vigie in die Grands Fonds

Von der Nordspitze kommend fährt man auf dem Weg nach Anse Bertrand durch trockene Buschlandschaft. Nach den ersten Ausrottungsfeldzügen war den Kariben hier 1660 ein Reservat von 2000 ha vertraglich zugestanden worden. Die auf dem Papier stehenden Rechte der ›Wilden‹ hielten die weißen Siedler jedoch nicht davon ab, ihre Kulturen weit nach Norden auszudehnen, wo ihnen allenfalls die Unwirtlichkeit der Böden zu schaffen machte. Als 1882 einer der letzten Häuptlinge eine verzweifelte Bittschrift an die französische Regierung sandte, war der Untergang seines Volkes längst besiegelt.

Vor der Ortseinfahrt kommt man an eine Kreuzung. Links geht es an Mühlenruinen vorbei zum Hippodrome von Saint-Jacques (Pferderennen inklusive Wetten jeden zweiten Sonntag), rechts lockt der farbenprächtige Strand von **Anse Laborde**. Unzählige Korallen- und Muschelsplitter tönen den feinen Sand in zartem Rosa, von dem das knallige Blau des Meeres absticht. Das zurückströmende Wasser entwickelt einen mächtigen Sog, den man in Sitzbadewannen ohne Gefahr auskosten kann. An der von Felsen eingeschlossenen Ostseite herrscht Badeverbot, am anderen Strandende befindet sich ein Restaurant mit schöner Terrasse. Zurück an der besagten Kreuzung, erreicht man geradeaus das verschlafen wirkende **Anse Bertrand**: eine für Filme geeignete Kulisse, die auf Drehbücher wartet (s. Farbabb. 32).

8 km weiter bietet **Port-Louis** (7000 Einwohner) eine ähnliche Kombination aus ärmlicher Architektur und Bilderbuchstrand. Man fährt die mit Kandelabern und Croton-Büschen geschmückte Hauptstraße entlang, an billigen Betonbauten und sonnengebleichten Holzfassaden vorbei. Die Straße verläuft parallel zum Ufer und öffnet sich vor der mit Königspalmen flankierten Kolonialkirche zu einem freien Platz mit Aussicht auf die Silhouette Basse-Terres. Am nördlichen Ortsende beginnt die Anse Souffleur, einer der schönsten Strände Guadeloupes, besonders zur Zeit der Flamboyant-Blüte. Ein Sträßchen führt hinter dem Friedhof (Muschelgräber) weiter bis zur Pointe d'Antigue (Blick auf den Grand Cul-de-Sac Marin). Auf dem Weg dorthin passiert man ufernah und von keiner Brandung beschädigte, phantastische Korallenbänke sowie auf der rechten Seite gut einsehbare Mangroven.

Im Rücken Port-Louis' liegt die Zuckerzentrale von **Beauport**. Sie ist die letzte verarbeitende Industrieanlage des riesigen Plantagengebiets zwischen Anse-Bertrand und Morne-à-l'Eau. Mehrmals überquert man auf der N 6 die weitgehend stillgelegte Eisenbahnlinie, auf der die Zuckerrohrbündel von den entferntesten Feldern in die Usine Centrale gelangten. Heute wird die vergleichsweise bescheidene Ernte (vgl. S. 58) größtenteils auf Traktoren und Lastwagen nach Beauport befördert, wo neben dem Zucker unter anderem auch die wohlschmeckenden Früchtejoghurts hergestellt werden.

Anse Souffleur bei Port-Louis

Ab Port-Louis verläuft die N 6 in 1 bis 3 km Abstand zur Küste. Immer breiter wächst der nur von Kanälen durchzogene Mangrovenstreifen ins ruhige Wasser der großen Bucht hinein. Auf landeinwärts weisenden Schildern liest man den Ortsnamen Les Mangles. Die schlickfangenden Stelzwurzeln der Mangrove (*Rizophora* oder *mangle rouge*) haben dort längst Land gebildet. Bei **Petit-Canal** kommt man in Küstennähe. Die Kirchtreppe des 1989 von ›Hugo‹ stark beschädigten Fischerdorfes geleitet zur Hafenmole hinunter. Oben führt die Hauptstraße in großem Bogen an den Sümpfen vorbei, überquert eine Hügelkette und erreicht **Morne-à-l'Eau**. Das lebhafte Landstädtchen (15000 Einwohner) wurde relativ spät (Anfang des 19. Jahrhunderts) in einer Senke gegründet, die erst durch den kilometerlangen Canal des Rotour entwässert werden konnte. Sehenswert ist der wie ein Amphitheater angeordnete Friedhof mit seinen schwarz-weiß gekachelten Grabmälern.

Über die N 5 und D 107 bietet sich ein Abstecher nach **Vieux-Bourg** an. Ehemals Zentrum der Gemeinde Morne-à-l'Eau, ist es heute ein abgelegenes, ruhiges Fischernest. Vor der Landspitze liegt die Ilet Macou, ein beliebtes, von Mangrovenpflanzen umsäumtes Ausflugsziel mit einer Kapelle (20 Min. mit dem Boot). Wenn die Fischer Zeit und Lust haben, nehmen sie auf Anfrage Besucher zu den großartigen Korallenbänken mit (Rastplatz auf dem Trauminselchen Caret).

Auf einem Sträßchen geht es bei der Kirche noch 2 km weiter, bis man unterhalb der Pointe Macou ans Ufer gelangt (Plage Babin, schöner Blick auf die große Bucht). Wer das Labyrinth der Mangroven erkunden will, fährt auf der D 106 (Richtung Abymes) noch ein Stück nach Süden: im Canal Perrin warten Boote, und nördlich des

Flughafens fängt der Mangroven-Lehrpfad an (Insektenschutzmittel nicht vergessen!).

Hinter der sumpfigen Küstenebene beginnt das Karstgebiet der **Grands Fonds.** Man erreicht es über Morne-à-l'Eau, Abymes oder Sainte-Anne. Die Straßen winden sich in ständigem Auf und Ab und sehen aus der Vogelperspektive wie eine Eierschachtel aus. Aggressives Regenwasser hat den Kalk zersetzt und ein kurioses Relief von dichtgescharten Trichtern und Kegeln ausgeformt. Während die Kuppen über 100 m hoch stehen (Aussichtspunkt Deshauteurs 136 m), liegen die tiefsten Mulden (*grands fonds*) unter dem Meeresspiegel. In diesen frisch-feuchten Cockpits gedeihen alle tropischen Obst- und Gemüsesorten; Brotfrucht- und Mango-Bäume spenden Schatten. An den ungeschützten Hanglagen dominieren Bananen- und Zuckerrohrpflanzungen. Denn die Besiedlungsdichte ist enorm (300 Einwohner pro qkm): überall haben sich Kleinbauern niedergelassen, die sich im wesentlichen selbst versorgen und das bißchen Überschuß auf dem Markt von Pointe-à-Pitre feilbieten. In einigen Dörfern (Jabrun-du-Sund, Levallois) leben übrigens noch verarmte Nachfahren aristokratischer Familien, die während der Revolutionszeit in die Hügel flüchteten (s. 64f.). Dank ihres strengen Inzuchtgebots (keine Vermischung mit den ehemaligen Sklaven!) haben sich diese Blancs Matignons als reinrassige Minderheit erhalten.

Stufenförmig angeordneter Friedhof bei Morne-à-l'Eau

Basse-Terre

Durch das Capesterre zur Südspitze

Vor 1906 konnte man die Rivière Salée nur mit einer Fähre (La Gabarre) überqueren. Die nach ihr benannte Brücke vermittelt nicht mehr den Eindruck, daß man von einer Insel (Grande-Terre) auf die andere (Basse-Terre) fährt. Auf dem Sumpfgebiet reihen sich die Lagerhallen von Jarry aneinander. Nach 4 km geht die Ausfallstraße am Destrelaner-Kreuz in die N 1 über, die in großem Bogen nach Süden führt. Die gut ausgebaute und vielbefahrene Strecke verbindet das Wirtschaftszentrum (Pointe-à-Pitre) mit der Verwaltungsmetropole (Basse-Terre), die Hotelburgen (Gosier) mit den attraktivsten Ausflugszielen (Soufrière, Chutes du Carbet, Saintes). So rasen Einheimische, Métros und Touristen durch das Capesterre, die dem Passatwind zugewandte Inselseite, die Kolumbus auf seiner Ost-West-Route notwendigerweise ansteuern mußte. Man weiß nicht, ob der Name Capesterre an die Lage der Küste (*Caput terrae*) oder an den Landungsbefehl (*Cap à terre*) des Konquistadors erinnert. Der Blick schweift über die ersten Hügel hinweg auf die Gebirgskette, das Charakteristikum des keineswegs ›niederen Landes‹ (= Basse-Terre). Der Kamm steigt in Nord-Süd-Richtung von 700 m auf über 1400 m und bildet eine Passatbarriere, die den oberen Waldregionen 9000–10000 mm und dem Küstenstreifen noch 2000 mm Regen im Jahr beschert. Unzählige Bäche (*ravines*) und Flüsse (*rivières*) kommen die Berge herunter, strömen durch die Plantagen (Zuckerrohr, Banane, Gemüse) und enden in ihren Mündungsgebieten im Dickicht der Mangroven. Es lohnt sich, die Rennstrecke gelegentlich zu verlassen und auf den rechts abzweigenden Straßen durch die Anbaugebiete hinauf an den Rand des Regenwalds zu fahren.

An Zuckerrohrplantagen vorbei erreicht man die Abzweigung zur Traversée (D 23). Man kann zu den in 195 m Höhe gelegenen Villen und Gärten von Vernou fahren, am Saut de la Lézarde (schwer zugänglich, Trace Merwart s. S. 139f.) eine Schleife drehen und auf dem dichtbesiedelten Höhenrücken (Hauteur Lézarde, D 1) parallel zur N 1 zurückkehren. Über die Brücke gelangt man nach **Petit-Bourg**, einem landwirtschaftlichen und kleinindustriellen Zentrum mit über 10000 Einwohnern. Im südlichen Ortsteil sollte man sich die hübsche Aussicht auf die Bucht (Korallenriffe, Inselchen), Pointe-à-Pitre und Grande-Terre nicht entgehen lassen. Hinter der Ortschaft führen erneut Sträßchen in die Höhe. Nach Überquerung des Moustique-Flusses bietet sich ein reizvoller Abstecher an: »Montebello zeigt das Gesicht einer einstmals blühenden Insel, die nichts mehr produziert und in Armut dahinstirbt. Einst war dies ein Ort mit prächtigen Sommerfrischen bis in die Bergkuppen hinauf, die das Meer überragen. Nichts bleibt als ein paar schöne Mangobäume, Fächerpalmen und ylangs-ylangs, die Steinreste und leere Bassins bewachen« (Maryse Condé). Im unteren Bereich befinden sich die Traditionsbrennerei Montebello und die Hütten der meist arbeitslosen Kleinbauern. Oben führt eine Forststraße durch Bananenplantagen in den Regenwald: hier endet die 24 km lange Trace Victor Hugues, die von Matouba aus, in nordöstlicher Richtung den Hauptkamm überquert

Auf der Trace Victor Hugues im Regenwald

(s. S. 140). Von Carrère aus erreicht man erneut die Küste, deren verschmutzter Strand (bei Viard) kaum zum Baden einlädt.

Man kommt ins Gemeindegebiet von **Goyave** (2600 Einwohner). Vor dem verheerenden Zyklon von 1928 gab es hier zahlreiche Kakaopflanzungen. Heute dringen die Bananenplantagen bis in die Mündungsgebiete der Flüsse vor. Nach der Rivière Rose führen zwei Straßen von der Ortsumgehung ab: links die alte Straße nach Goyave, rechts das kleine Sträßchen nach Douville. Man kann dort den 8,4 km langen Forstweg hochfahren, dann beim Holzschild Chutes de Moreau seine Stiefel schnüren und auf glitschigem Pfad der Rivière Moreau (acht Überquerungen, bei Regen unpassierbar; s. Farbabb. 15) in Richtung Matéliane (1298 m) folgen. In gut 1,5 Std. gelangt man zu phantastischen Wasserfällen. Es sind drei, der höchste – über 100 m – stürzt in ein Naturbecken mit grün schimmerndem Wasser, ein seltenes Badevergnügen!

Nach der Brücke über den Rivière Goyave stößt man erneut auf zwei Abzweigungen: rechts geht es hangaufwärts durch die Bananenplantagen (Schleife und auf der

Höhe von Saint-Christophe zurück auf die N 1), links hinunter zur Plage de Sainte-Claire. Weitere Badeplätze folgen bei **Sainte-Marie:** Pointe du Carénage (Schnorcheln) und Plage de Roseau. Zwischen beiden Stränden liegt die Landungsstelle, an der Kolumbus am 4. November 1493 die Insel betrat. Damals ging er schnurstracks in die verlassenen Hütten der Eingeborenen und nahm neben allerlei Gegenständen auch zwei prächtige Papageien mit. Heute ziert seine weiße Büste – umzäunt und festgemauert – eine Gedenksäule. Landeinwärts steigen die Bananenfelder weit die Hänge hinauf (bis 400 m) und grenzen an ein ausgedehntes Agrargebiet, in dessen Mitte sich ein Forschungsinstitut befindet (Neuf-Château, unregelmäßige Öffnungszeiten), das für die tropische Landwirtschaft widerstandsfähige Sorten züchtet und neue Anbaumethoden entwickelt. 3 km nach Sainte-Marie sollten Sie auf der rechten Seite dem **Hindu-Tempel von Changy** einen Besuch abstatten. Die weiße Fassade des indischen Baus ist mit bunt bemalten Figuren geschmückt, welche *Mariamman* (die in der Mitte thronende Göttin), *Vinayagar* (den Gott mit Elefantenkopf), *Sarasvati* (die Beschützerin der Künste) und an den Seiten des Gebäudes *Madourai Viran* (die Tempelhüter) darstellen. Mit etwas Glück und bei gebotener Zurückhaltung können Sie eine Opferzeremonie erleben, bei der Lämmer, Ziegen und Hühner geschlachtet werden (nicht fotografieren!).

Der Hauptort des Capesterre hat den Namen der Region übernommen. Die Kleinstadt mit ca. 18 000 Einwohnern ist landwirtschaftliches Zentrum und Sitz zahlreicher Ausbildungseinrichtungen. Eine Allee von Flamboyant-Bäumen führt in die nicht weiter sehenswerte Stadt. Man verläßt sie durch die **Allée Dumanoir**, die ein ansonsten vergessener Dichter (Pinel Dumanoir) vor mehr als 100 Jahren hat pflanzen lassen. Auf beiden Seiten säumen Doppelreihen von hohen Königspalmen die Straße.

Am südlichen Ende (vor der Rivière du Grand Carbet) kann man – bei klarem Wetter – das Soufrière-Massiv und die Carbet-Fälle erblicken. Gleich nach der Allee liegt rechts die Habitation Bois Debout, auf der ein anderer Dichter, Saint-John Perse, einen Teil seiner Kindheit verbrachte. Verbotsschilder verwehren den Zutritt.

Die touristischen Höhepunkte Basse-Terres rücken jetzt näher. An der nächsten Flußmündung (Rivière Saint-Sauveur, kleines Fischerdorf) zweigt rechts die 8 km lange Bergstraße zu den Chutes du Carbet ab (s. S. 133f.). Die N 1 verläßt hier die Küstenebene und führt an der Südflanke des Vulkanmassivs (traumhaft schöner Ausblick auf die Saintes, s. Farbabb. 3) in großem Bogen hinüber zur Verwaltungshauptstadt. Bevor man sich jedoch auf der Schnellstraße von der Atlantikseite entfernt, geht es nach links abzweigend in zahlreichen Kurven hinunter nach **Trois-Rivières** (9000 Einwohner), dessen bedeutendste Sehenswürdigkeit der **Parc Archéologique des Roches Gravées** darstellt (oberhalb der Bootsanlegestelle, tägl. 8.30–17 Uhr). Man hat hier die ältesten Kulturdenkmäler der Insel gefunden, Petroglyphen (Felszeichnungen), die vermutlich von den Arawak-Indianern stammen (3./4. Jahrhundert, vgl. S. 34). In dem felsigen Gelände wurde ein botanischer Garten angelegt, der einen Überblick der wichtigsten tropischen Nutzpflanzen vermittelt. Der Besucher erhält am Eingang ein Faltblatt mit Wegeskizze und Erklärungen. Man betrachtet die eindrucksvollen Gravuren im unteren Bereich (*La tortue* und *Les capitaines* hinter dem Steg), folgt dann der im Park entspringenden Quelle nach oben (Blick auf die Saintes) und kehrt durch ein von Würgerfeigen umschlungenes Felsenchaos (›Arawak-Kopf‹

Königspalmen an der Allée Dumanoir

am Grotteneingang) zum Ausgangspunkt zurück. (Besichtigungsdauer: 45–60 Min., um die Mittagszeit bestehen die besten Lichtverhältnisse.)

Die alte Nationalstraße schlängelt sich an üppigen Gärten und schönen Kolonialhäusern vorbei hinauf zur Schnellstraße. Nach Basse-Terre führt aber auch die kleine Küstenstraße (D 6), die sich unterhalb der Monts Caraïbes um die Südspitze windet. Verteidigungsanlagen zeugen von der einstigen strategischen Bedeutung des Canal des Saintes (s. S. 40). Wenn man am westlichen Ortsende von Trois-Rivières zum schwarzen Sandstrand der Grande Anse abbiegt, kann man auf der Landzunge davor eine alte Geschützstellung (*batterie*) entdecken: wie ihr Pendant auf der Grande Pointe diente sie dazu, die von den Saintes-Inseln kommenden feindlichen Schiffe unter Beschuß zu nehmen. An der äußersten Südspitze sind Befestigungsanlagen des **Vieux Fort** zu erkennen, die noch vor dem Bau des Fort Saint-Charles (Basse-Terre) die Insel gegen die Engländer sichern sollten. Während die Männer zu Kriegs- und Fischzügen in See stachen, vertrieben sich die Frauen hier die Zeit mit Sticken. Das ortstypische Kunsthandwerk wird heute noch gepflegt: im Centre de Broderie et Arts Textiles (einige Schritte vor dem Leuchtturm) kann man Taschentücher, Deckchen und Blusen erstehen.

Im Rücken des Fischerdorfes steigen die Basaltberge bis zu einer Höhe von 687 m empor. Sie sind wesentlich älter als die Vulkane des Soufrière-Massivs. Auf dem Weg nach Basse-Terre, vor Erreichen des Jachthafens, entstand ein hochinteressanter geologischer Aufschluß: zwischen den Stationen eines Trimm-Dich-Parcours erkennt man die übereinanderliegenden Basalt- und Aschenschichten. Die an der Steilwand

Der geologische Aufschluß läßt die Basalt- und Ascheschichten erkennen

klebenden Säulenkakteen deuten auf das trockene Klima. Wenn die Soufrière hinter dicken Wolken verschwindet, bleiben die Berge der Südspitze meistens frei. Der regenscheue Wanderer findet hier reizvolle Ausweichtouren.

Wanderungen: **Durch die Monts Caraïbes**

Anfahrt von Norden über die Schnellstraße nach Champfleury (Gemeinde Gourbeyre). Auto beim Behindertenzentrum abstellen, Wasser mitnehmen und an Ziegenpferchen vorbei zum Paß des Gros Acajou hochsteigen. Dort gabelt sich der Weg.
Die südliche Route (3 Std.) zweigt links ab, erreicht bald einen Aussichtspunkt (Mornes rundum, Saintes in der Ferne), senkt sich dann steil zur Ravine Déjeuner hinunter. Vom nächsten Bergbach an (Ravine Grand Fond mit den Königspalmen) bei Abzweigungen immer rechts halten, bis der Pfad oberhalb von Vieux Fort endet (rote Markierung).
Die westliche Route (4 Std.) folgt rechts dem Gebirgsgrat durch mesophilen Wald. Kurz nach der Abzweigung zum Morne Cadet (681 m, zehnminütiger Abstecher) gelangt man auf die höchste Erhebung, den Morne Vent Soufflé (687 m, Blick zur Soufrière, nach Trois-Rivières, auf die südlichen Inseln). Abstieg über mehrere Gipfel in südlicher, dann westlicher, dann nördlicher Richtung, teilweise steil und rutschig. Unten kommt man beim Steinbruch heraus, vor der Marina de Rivière Sens (Jachthafen von Basse-Terre).

Rund um die Soufrière

Der langgestreckte Gebirgskamm von Basse-Terre kulminiert im Süden in der Soufrière (1467 m), der ›alten Dame‹, wie sie respektvoll von den Einheimischen genannt wird. Seit 1000 Jahren ist sie der einzige aktive Vulkan der Insel. Im Jahr 1976 mußten 73 000 Menschen nach Grande-Terre evakuiert werden, bis sich der feuerspeiende Berg nach fünf Monaten wieder beruhigt hatte (vgl. S. 14f.). Er bildet den Mittelpunkt eines ganz aus vulkanischen Gesteinen aufgebauten Massivs mit dem schmalen Rücken des Carmichael (1414 m) auf der Nordseite und den eindrucksvollen Kegeln der Echelle (1397 m) sowie der Citerne (1155 m) in Richtung Süden. Die Landschaft rundum ist ein Relief von Lavaströmen, die mit Plantagen, Regenwald (ab 600 m) und Buschvegetation (ab 1000 m) bedeckt sind, bis in Gipfelnähe das Reich der Moose und Flechten beginnt. Dort oben hängen meist die Wolken, Nebelschwaden trüben die Sicht. Man sollte nur bei klarem Himmel, möglichst frühmorgens starten. Von zwei Seiten führen Bergstraßen nahe an das Massiv heran (D 4: Saint-Sauveur – Chutes du Carbet, D 11: Saint-Claude – Savane à Mulets), dann geht es zu Fuß weiter. Ein Netz von Wanderwegen erschließt das Zentrum des Naturparks.

Die 8 km lange Straße zu den **Chutes du Carbet** (Carbet-Fälle) überwindet eine Höhendifferenz von 600 m. Die Auffahrt ist ein Erlebnis: man durchquert weitläufige Bananenfelder, passiert den farbenfrohen Weiler L'Habituée (Cases,

Jardins créoles, prächtige Fächerpalmen), gelangt in das Anbaugebiet der Habitation Grande-Chasse, taucht in der Nähe des verborgenen Grand Etang in den Urwald und schraubt sich noch 200 m höher durch einen mehr oder weniger dichten Tunnel aus Bambus und Farnen. Am Aire de pique-nique (Parkplatz, Verkaufsstände, Accras-Bude) herrscht oft Touristenrummel und oben am Beginn des Fußwegs drängen sich die Fotografen um die Sichtlücke, durch die man – bei schönem Wetter – die zwei ersten und schönsten Wasserfälle übereinanderstehen sieht. Der Carbet stürzt in drei Stufen (125 m – 110 m – 20 m) die harten Andesitwände hinunter, die er trotz unermüdlicher Arbeit nicht ›abwetzen‹ kann. Man erkennt oben links die Echelle an den Haarnadelkurven (ein glücklicherweise aufgegebenes Straßenprojekt), daneben halbverdeckt die Soufrière: an den Flanken beider Berge entspringen die kochenden Quellen (95°C) des Flusses.

Wanderung: **Zu den Carbet-Fällen**

Oberhalb des Aire de pique-nique beginnt ein Spazierweg, der – nach der Abzweigung der Trace Karukéra – ins Carbet-Tal hinunterweist. Treppen, Geländer und Brücken bringen auch ungeübte und schlecht beschuhte Touristen sicher zum Fluß hinunter. Nach Überquerung der Holzbrücke stößt man auf eine markierte Kreuzung. Während der Hauptweg geradeaus zum vielbesuchten zweiten Wasserfall führt, zweigt rechts ein steil ansteigender Pfad ab, der sich bald erneut gabelt. Rechts geht es zum dritten Wasserfall hinunter, links zweigt der Weg zum ersten Wasserfall ab und führt weiter bis zur Soufrière. Diese Wanderungen verlangen Ausdauer und angemessene Ausrüstung: festes Schuhwerk mit gutem Profil, ein Handtuch zum Abtrocknen, Wasser und Insektenschutzmittel. Hier die Routen nach Dauer und Schwierigkeitsgrad:

Zum zweiten Wasserfall (25 Min., bequem und vielbegangen): Der Hauptweg endet an einer Hängebrücke, auf der man die Gischtwolke erreicht. Links von der großen Kaskade entdeckt man eine kleine *chute* mit heißen unterirdischen Quellen!

Zum dritten Wasserfall (2 Std., problemlos): Nach der zweiten Gabelung steiler Abstieg und den Carbet entlang zur kleinen, aber wuchtigen Kaskade. Auf demselben Weg zurück oder durch Mahagoni- und Bananenpflanzungen hinunter nach Routhier (Straße nach Capesterre).

Zum ersten Wasserfall (2 Std., rutschig und anstrengend): Nach der zweiten Gabelung stetiger Aufstieg auf weitgehend befestigtem Pfad. Überquerung der Ravine Longueteau (Naturbecken), dann links halten bis zur beschilderten Abzweigung zwischen den beiden Tälern, dort geradeaus ein Stück bergab: der Wasserfall besteht aus zwei Kaskaden (115 m, 10 m).

Zur Soufrière (4 Std., schwierig). Kurz vor dem ersten Wasserfall geht es bei der beschilderten Abzweigung auf glitschigem Terrain steil hoch zum Col de l'Echelle. Rundtour über die Trace Karukéra möglich: auch hier drohen (v. a. beim Abstieg) Rutschpartien.

Am Grand Etang

3 km unterhalb des Carbet-Parkplatzes zweigt von der D 4 ein Sträßchen ab, das nach 300 m am **Grand Etang** endet (Auto oben abstellen). Er ist der größte der geheimnisvollen Urwaldteiche, die sich hier am Fuß der Vulkane häufen. Lavaströme haben Senken verriegelt, in denen sich das reichlich vom Bergmassiv abfließende Wasser sammelt. Der Rundweg (1 Std.) um den Grand Etang ist von großem Reiz: ein Gewirr von Brett- und Stelzwurzeln, Lianen und Bambusbüscheln versperrt die freie Sicht auf den dunkel schimmernden See. Auf keinen Fall baden: Bilharziosegefahr! Nach 10 Min. führt ein Pfad (*Trace des Etangs*) rechts nach oben, der sich nach weiteren 10 Min. erneut gabelt. Auf der südlichen Route gelangt man zu den verlandenden Etangs Roche und Madèrc (1,15 Std.), während man in westlicher Richtung den meist nebelverhangenen Etang de l'As de Pique (1,15 Std.) erreicht. Von diesem obersten Teich kann man über die Bananenfelder von Moscou zum Plateau du Palmiste absteigen. Der Weg führt zwischen den Vulkankegeln der Citerne und des Gros Fougas hindurch und mündet in die Straße nach Gourbeyre (insgesamt gute 2 Std.).

Kurz nach Gourbeyre zweigt die Route de Choisy (D 9) von der nach Basse-Terre verlaufenden Schnellstraße ab. Vorbei an Bananenpflanzungen und Aquakulturen gelangt man nach **Saint-Claude** (10000 Einwohner). Der alte Kurort liegt unterhalb der Soufrière, 569 m über dem Meer. Die in Basse-Terre beschäftigten Beamten wohnen hier in klimatisch angenehmer Höhenlage. Ihre Residenzen, schmucke Kolonialvillen, ragen aus abschüssigen, üppig blühenden Gärten heraus. Saint-Claude ist außerdem Sitz einer Hotelfachschule und bekannt für seine Kliniken. In einer Seitenabzweigung der Soufrière-Auffahrt (Höhe Gendarmerie) führt ein Fußweg zur **Cascade Vauchelet**. Der reizvolle Spaziergang bachaufwärts endet an einem Bassin, in dem man ein erfrischendes Bad nehmen kann.

Es ist möglich von Saint-Claude aus sehr nahe an die Soufrière heranzufahren. Zunächst geht es durch den schönen Urwald der Bains Jaunes hinauf. Schon am Picknickplatz von Beausoleil wachsen neben den hübsch überdachten Bänken (*ajoupas*) hohe Acomat-Bäume mit ausladenden Brettwurzeln. Am Parkplatz der **Bains Jaunes** (960 m) steht das **Maison du Volcan**. Auf Schaubildern und Karten werden die tektonischen Verhältnisse, die Methoden der ständigen Überwachung und verschiedene Formen des Vulkanismus erklärt (tägl. 8–16 Uhr). Neben dem Museum befinden sich ein Gedenkstein und ein altes Schwimmbecken: hier erholten sich früher die Bergsteiger, wenn sie auf dem gepflasterten Vorläufer der heutigen Teerstraße (dem *Pas du Roy*) vom Vulkan herunterstiegen. Ein z. T. rutschiger Urwaldpfad führt (nach 300 m rechts) ins Bachbett des Galion hinunter (40 m hoher Wasserfall, hin und zurück 90 Min.). Die D 11 windet sich indessen durch zunehmend karge Vegetation höher und höher. Man muß Schwung holen, um die extreme Steigung vor der Savane à Mulet (1142 m) zu schaffen. Dieser zweite Parkplatz ist Ausgangspunkt für kleinere und größere Bergtouren.

Wanderung: **Im Soufrière-Massiv**

Schon am Parkplatz verbreitet sich der typische Schwefelgeruch, den man fortan nicht mehr los wird. Keine Angst: eine seismographische Station registriert sorgsam das kleinste Vorbeben und warnt rechtzeitig vor jeder vulkanischen Tätigkeit. Sie können unbesorgt aufbrechen, wenn Sie gutes Schuhwerk, Pullover und Windjacke dabeihaben.

Auf dem Damenweg (*Chemin des Dames*) geht es in einfachen Kehren über die getrockneten Schlammschichten der letzten Eruption, welche die ursprüngliche Vegetation (Flechten, Bergananas) in diesem Bereich zerstört hat. Man kann sie jedoch in voller Pracht bewundern, sobald man an der Nordseite nacheinander zu zwei Spalten (Eboulement Faujas, s. Farbabb. 14, Grande Faille) gelangt. An der zweiten und eigentlichen Nordspalte führt ein steiler Pfad in 10 Min. zum ›Gipfel‹.

Er ist eine einzige Mondlandschaft, ein ausgedehntes Hügelgelände aus Kratern und bizarren Felsnadeln. Die Lavaströme sind mit Moosen, Farnen und interessanten Bergspezies bewachsen: Pflanzen, die es unten im Wald zu erstaunlicher Größe bringen, können hier en miniature vorkommen (z. B. Bergbambus). Bei klarem Wetter eröffnet sich von der Découverte aus ein sagenhafter Blick über die Saintes und Dominica bis nach Martinique! Aber auch wenn Nebelfetzen aufsteigen, bietet sich ein großartiges Schauspiel, zumal der Vorhang schlagartig wieder aufreißen kann (s. Farbabb. 2).

Man folgt den grün-weißen Markierungspfählen. Keinesfalls die Wege verlassen, auf Kinder streng achtgeben! Der Pfad zwischen dem Gouffre Dupuy und dem Gouffre Tarissan ist nicht ungefährlich, besonders bei Nebel. Schließlich erinnern die beiden Abgründe an (beinahe) Verunglückte aus früheren Jahrhunderten. Während Dupuy, ein kühner Bergsteiger, gerade noch abgefangen werden konnte, ist der Tierarzt Tarissan tatsächlich in das Loch gefallen: man er-

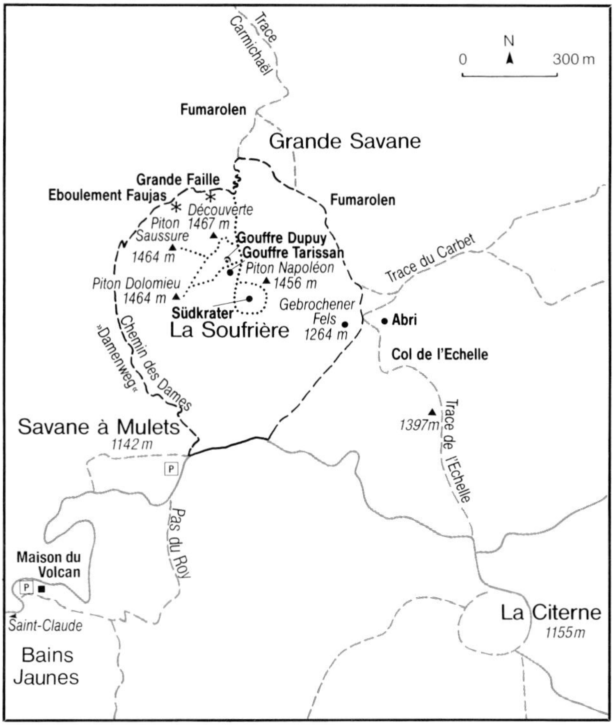

Wanderungen im Gebiet der Soufrière

zählt, letzterer habe sich auf der Naturbrücke zwischen den beiden *gouffres* duelliert; in Wirklichkeit wagte er sich zu weit nach vorne, als er – wie jeder Tourist heute – Steine in die Tiefe warf. Ein paar Schritte weiter und man steht am dampfenden Südkrater!

Der Abstieg erfolgt wieder über den steilen Pfad, auf dem man zum Gipfel gelangt. Wer zur Nordspalte zurückgekehrt ist, setzt die Umrundung am besten rechter Hand fort (Wegweiser). Nach etwa 100 m mündet der Weg in ein sumpfiges Plateau, die Grande Savane. Geradeaus gelangt man auf den Grat des Carmichael. Rechts jedoch geht die Rundtour weiter in Richtung Col de l'Echelle. Sie führt durch das Quellgebiet des Carbet-Flusses, passiert die Abzweigung zu den Chutes du Carbet und stößt auf dem Paß auf einen eindrucksvollen Felsbrocken: er ist in zwei Teile zerborsten, deren Abbruchkanten noch exakt zusammenpassen. Hier, auf der großen Schutthalde, fand der letzte Ausbruch statt.

Wer zu müde ist weiter zu wandern, kann nun zum Parkplatz absteigen und dabei den ständigen Blick auf die Saintes genießen. Die zäheren Naturen wählen eine der Anschlußtouren, die sich bei der Umrundung immer wieder anbieten. Bei der Grande Savane beginnt der Gratweg, der über den Gipfel des Carmichael zum Morne du Col hinüberführt und sich dann in den sumpfigen, bald dicht bewaldeten Talkessel der Rivière Rouge absenkt (Ziel: Maison Forestière de Matouba, s. S. 139). Kurz vor dem Col de l'Echelle zweigt der steile Verbindungsweg zu den Chutes du Carbet ab (Ziel: Aire de pique-nique, s. S. 134). Und gleich beim zwiegespaltenen Felsen wandert man (vorbei am Abri géographique und in Richtung Strommast) über den Gipfel der Echelle auf den kreisrunden Citerne-Krater zu (Rückweg über die Betonpiste zur Savane à Mulet).

Natürlich kann man die Wanderung auch umgekehrt planen und mit einer Anschlußtour beginnen. Wer die eine oder andere Trace zu einem verlängerten Soufrière-Aufstieg nutzt, muß ca. 1 Std. zu den angegeben Zeiten hinzurechnen (s. Karte S. 137).

Soufrière-Umrundung	1,5 Std. inklusive Besteigung 2,5 Std.
Anschlußtouren:	
Trace Carmichael	3,5 Std.
Trace des Chutes du Carbet	2,5 Std.
Trace de l'Echelle	1,5 Std.

Ab Saint-Claude führt eine zweite Bergstraße (N 3) in nördlicher Richtung hinauf nach Matouba. Sie überquert die Rivière Noire, dann die Ravine aux Ecrevisses. An der Point des Ecrevisses fallen gewaltige Naturplastiken ins Auge, Blätterkaskaden wuchernder Schlingpflanzen; bergwärts zurückversetzt steht noch die malerische alte Brücke. An der nächsten Kurve erinnert das **Delgrès-Monument** an einen heroischen Moment der guadeloupanischen Geschichte (28. Mai 1802): mit 300 Getreuen sprengte sich damals der Freiheitskämpfer in die Luft, nachdem er das Fort Saint-Charles (Basse-Terre) hatte aufgeben müssen und bei Matouba in eine aussichtslose Lage geraten war (s. S. 43). Direkt am Denkmal biegt links eine Straße ab, die sich nach 250 m nach rechts wendet und parallel zur Hauptstraße durch besiedeltes Gebiet führt; nimmt man hier die zweite Abzweigung links, so gelangt man – auf schmieriger Fahrbahn – in die lauschige Bananenplantage der Habitation Josephine. Die Gebäude sind verfallen, und hinter den Ruinen stößt man auf einen kleinen Familienfriedhof, der rundum von üppig sprießender Vegetation umgeben ist. Man wandert von hier (Schotterweg rechts nach dem Bananenschuppen) in 20 Min. zum **Saut d'Eau du Matouba**: kleiner Wasserfall, tiefe Gumpe (nicht sauber!).

Matouba ist die höchstgelegene Ortschaft Guadeloupes (665 m). Das für seine heißen Schwefelquellen bekannte Dorf liegt unterhalb des Nez Cassé (1287 m), einer hochgeschobenen ›Ausgeburt‹ des Carmichael-Vulkans. An der Nordseite des Lavaberges tritt das Heilwasser mit annähernd 60°C aus der Erde. Man nutzt es – oben in der Clinique des Eaux-Vives – zur Behandlung von Rheuma-Patienten. Die andere Spezialität des Ortes steht auf den Speisekarten der Restaurants. Die köstlichen *ouassous* (Süßwasserkrebse) werden heute in Aquakulturen gezüchtet, nachdem viele der Tierchen beim letzten Vulkanausbruch im aufgeheizten Wasser umgekommen und

Grabplatten auf dem Familienfriedhof der Habitation Josephine

die Bergbäche weitgehend leergefischt sind. Die Bewohner Matoubas, größtenteils Inder, leben v. a. vom Gemüseanbau. Auf den fruchtbaren Vulkanböden des **Plateau de Papaye** gedeihen Kohl, Salat und Christophinen besser als anderswo und – dank der häufigen Regenfälle – ohne künstliche Bewässerung.

Im Ort biegt eine steile Piste ab, hinauf nach Papaye (850 m). Man kann das Auto am häßlichen Betonklotz der Klinik abstellen und über Almwiesen hochsteigen, bis einen nach etwa 15 Min. das Dickicht von Lianen und Urwaldriesen empfängt. Der Weg führt zu den Bains Chauds, immer die Wasserleitung entlang (1,5 Std. hin und zurück). Wer nach einer guten halben Stunde die Abzweigung rechts hinauf zu den Quellen versäumt, landet nach einstündigem Abstieg beim Maison Forestière. Hier ist der Ausgangspunkt der großen Urwalddurchquerung. Mit dem Auto erreicht man ihn auf der Straße von Matouba, vorbei an der Mineralwasserfabrik, gleich nach dem Restaurant, zwei Kurven oberhalb der Rivière Rouge.

Wanderung: **Auf dem Hauptkamm nach Norden**

Wer den Urwald richtig erleben will, muß zur großen Durchquerung aufbrechen. Sie ist eine Herausforderung für jeden begeisterten Guadeloupe-Besucher, der jedoch die damit verbundenen Strapazen nicht unterschätzen sollte. Die gut markierten, stellenweise morastigen *traces* überwinden 600 bis 800 Höhenmeter und Entfernungen von 23 km und mehr. Es empfiehlt sich, die Tour nicht allein und nur mit der entsprechenden Ausrüstung (wasserdichte Stiefel, Regenschutz, Kleidung zum Wechseln, Proviant, mindestens 1,5 l Wasser) in Angriff zu nehmen.

Es geht vom Maison Forestière aus über breite Treppen nach oben, erst durch koniferenähnlichen Sekundärwald (*laurier montagne*), dann hinein in den mehrgeschossigen Dschungel. Nach einer halben Stunde zweigt rechts der Wanderweg zu den *Bains Chauds* von Matouba ab (1,5 Std., s. S. 139). Nach einer weiteren halben Stunde kommt man wieder zu einer beschilderten Gabelung. Geradeaus führt die *Trace Carmichael* durch das Quellgebiet der Rivière Rouge hinauf auf den Grat des Morne du Col und über den Carmichael hinüber zur Soufrière (4,5 Std., s. S. 136). Links beginnt die *Trace Victor Hugues*, die klassische Wanderung über den Hauptkamm von Basse-Terre.

Bis zum Réfuge de la Matéliane (5 Std.) marschiert man nun im Höhenbereich von 1000 bis 1200 m, zunächst bergauf und bergab mit schönem Ausblick aufs Meer um die Grande Découverte (1263 m) herum (nicht rechts hinauf auf dem mit rotem Pfeil und Punkten markierten Weg!). Nach einer Stunde geht es steil hinunter zur Savane aux Ananas, teils über glatten Vulkanfelsen, teils durch sumpfiges Buschwerk (Ananas, Orchideen). Der Weg biegt nach 1,5 km in nordwestlicher Richtung ab (rechts unten rauscht die Rivière Class) und führt bald in einer scharfen Rechtsschleife zum höchsten Punkt der Wanderung, aufs Joch am Morne Bontemps (1183 m, Meeresblick nach beiden Seiten). Auf sehr schmalem Pfad geht man die Südostseite der beiden Sans Toucher (1354 m, 1318 m) entlang über den freien Bergrücken zum Morne à Mitre (1139 m), dann nordwärts in die steile Westflanke des Matéliane (1298 m) hinein: Links bietet sich eine gute Aussicht ins Tal der Rivière de Vieux-Habitants, bevor man über eine seilversichterte Passage in ein steiles Bachbett absteigt. Nach insgesamt 4–5 Std. erreicht man die Schutzhütte (vom letzten Zyklon zerstört), nach weiteren 30 m eine beschilderte Weggabelung.

Rechts beginnt der dreistündige Abstieg nach Montebello (s. S. 128). Links folgt die *Trace Merwart* dem Kamm noch ein Stück weiter über die Mornes Incapable (1086 m) und Moustique (1119 m, hervorragender Fernblick), um unterhalb des Morne Merwart (1155 m) in den Forst von Bordenave (*laurier rose, marbri*) und nach Vernou abzufallen (s. S. 128). Wer für mehrere Tage unterwegs ist und die Bergkette immer noch nicht verlassen will, kann über den Morne Merwart zur Kreuzung der Trois Crêtes hinüberwandern und beim Piton de Bouillante (1088 m) auf die *Trace des Crêtes* stoßen. Man geht abwärts auf die Mamelles zu und erreicht zwischen den beiden Hügeln die Traversée (s. S. 148).

Dauer:

Trace Victor Hugues	8–9 Std.
Trace Merwart	9–10 Std.
Soufrière – Traversée	3 Tage

Fischverkäufer bei Basse-Terre ▯

1449 BT

Von Basse-Terre zu den Ilets de Pigeon

Basse-Terre (14000 Einwohner) ist nach wie vor Guadeloupes Verwaltungsmetropole: Sitz der Präfektur, des Conseil Général, der Forstbehörde (ONF) und des Bischofs. Doch die alte Inselhauptstadt hat den Wettstreit mit Pointe-à-Pitre längst verloren. Die periphere Lage war immer schon ein Handikap. Endgültig ins Abseits geriet die Stadt durch den letzten Vulkanausbruch (1976): fünf Monate stand sie leer, viele der Evakuierten kehrten nicht mehr zurück. Inzwischen hat Basse-Terre seinen letzten Trumpf verloren: der traditionelle Bananenhafen ist für die moderne Container-Verladung nicht eingerichtet, der Export wird heute über Jarry abgewickelt.

Am Südeingang der Stadt erhebt sich das **Fort Saint-Charles**, ein massiger Festungsbau auf 5 ha Grund. 1643 ließ Charles Houel hier einen Bergfried errichten. Der Felsvorsprung über der Mündung des Galion schien ihm geeignet, den Canal des Saintes zu überwachen; die Nähe des Vulkans störte ihn weniger als die Gefahr durch die Engländer. Später wurde die Anlage mit Gräben, Brustwehren und vorspringenden Basteien versehen und zu einer sternförmigen Festung à la Vauban ausgebaut. Sie war von Anfang an schlecht plaziert, zu schmal an der Meeresfront, nach vorne geneigt, eine Zielscheibe für die Schiffsartillerie. Die Geschichte des Forts, eine blutige Ereigniskette gescheiterter Verschanzungen, spiegelt das Hin und Her zwischen Franzosen und Engländern, aber auch den Krieg der Weißen gegen die Schwarzen wider. Die Verteidigungsanlagen sind noch gut zu erkennen, die Kasernen weitgehend verschwunden. Auf der höchstgelegenen Bastion befindet sich u. a. das Grab des bonapartistischen Generals Richepance, der Delgrès aus der Festung vertrieb und den Aufstand gegen die Wiedereinführung der Sklaverei erfolgreich niederschlug (1802). In einer ehemaligen Kaserne ist ein historisches Museum untergebracht.

Unterhalb des Forts erstreckt sich die Stadt nach Norden zu, steigt seitlich die Hänge hinauf: die Uferstraße (Boulevard du Général de Gaulle) dient als Ortsumgehung, alle stadteinwärts führenden Straßen haben Gefälle. Mit Ausnahme der Kathedrale, des Präfekturpalasts und einiger Kolonialhäuser an der Place d'Arbaud gibt es kaum sehenswürdige Bauten. Der botanische Garten ist einen Besuch wert: da bereits 1881 errichtet, haben die Bäume stattliche Höhen erreicht (z. B. Riesen-Talipot). Der Markt, beim Parkplatz unten am Meer, wirkt trotz des häßlichen (aber typischen) Betonstils noch origineller als der von Pointe-à-Pitre. Durchquert man die Halle, so gelangt man ins quirlige Einkaufsviertel: in der Verlängerung der Rue de la République grenzen interessante Stoffgeschäfte an kuriose Krämerläden jenseits der Rivière aux Herbes.

Der Flughafen von Basse-Terre gehört bereits zu **Baillif**, eine der ältesten Siedlungen, die mehrmals niedergebrannt wurde und immer wieder Schauplatz englisch-französischer Scharmützel war. Auch Pater Labat hatte sich hier an einigen Gefechten beteiligt: »Am Sonntag« – so berichtet er fröhlich – »schossen unsere bewaffneten Neger, die sich unterhalb der Plantage der Barmherzigen Brüder in einen Hinterhalt gelegt hatten, einige Engländer tot...«. Man hat eine alte Mühle am Meer unten ›Labat-Turm‹ getauft, dem frischfrommen Kriegshelden zu Ehren. Von den damaligen Befestigungsanlagen sind nur noch Reste vorhanden. Nach der Besichtigung kann man entweder die zunehmend kurvige Nationalstraße weiter am Meer entlang-

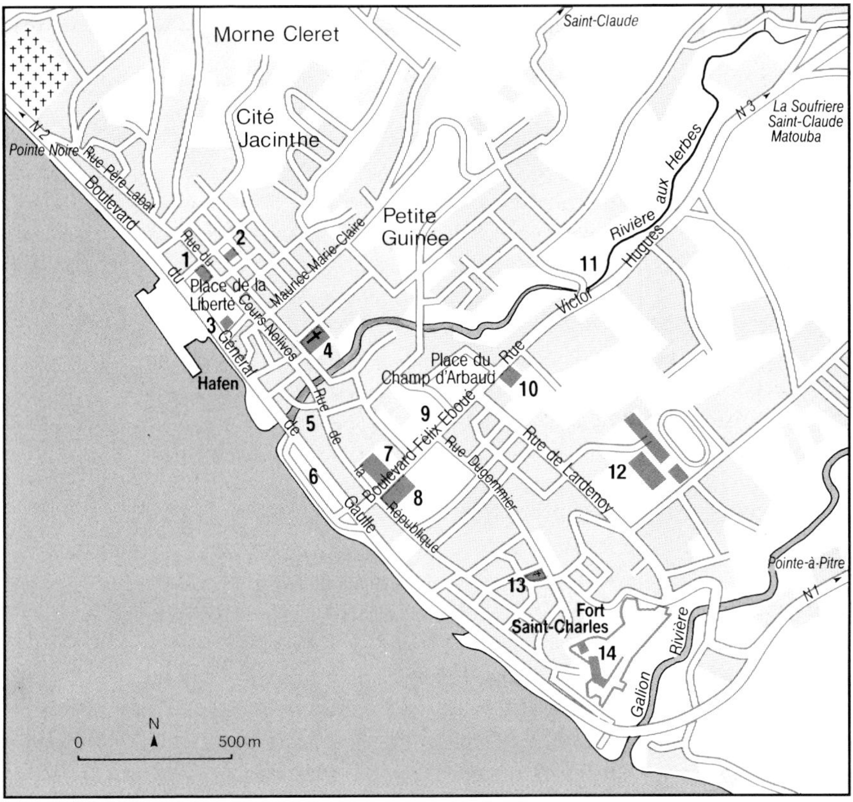

Basse-Terre
1 Rathaus 2 Post 3 Office du Tourisme 4 Kathedrale 5 Markt 6 Busparkplatz 7 Conseil Général 8 Justizpalast 9 Freilichtbühne 10 Conseil Régional 11 Botanischer Garten 12 Präfektur 13 Notre-Dame von Mont Carmel 14 Historisches Museum

fahren (Bademöglichkeiten am schwarzen Sandstrand von Rocroy) oder aber – besonders empfehlenswert – einen Abstecher in die fruchtbaren Höhen von Cousinière machen. Im ersten Weiler (Madeleine) führt ein Fußpfad zu einem **Roche Gravée** (Fels mit Arawak-Zeichnung). Man fährt durch dichtbesiedeltes Gebiet, an den Anwesen der Kleinbauern vorbei, die ihre Bananen-, Auberginen- und Salatkulturen bis auf 600 m Höhe ausgedehnt haben. Dazwischen liegen tropische Haine, in deren Schatten angepflockte Rinder grasen. Vor der Abfahrt nach Vieux-Habitants zweigt in der Kurve (Vanibel) eine steile Piste nach Mon Repos ab: auf dem Bergrükken lädt eine hübsche Picknickstelle mit phantastischer Aussicht auf das Karibische Meer, die Monts Caraïbes und die Soufrière zur Rast ein. Man gelangt so oder so (N 2, D 13) nach **Vieux-Habitants**, 1636 von den ersten Siedlern gegründet, jenen *engagés*, die mit einem Dreijahresvertrag der Compagnie des Iles d'Amérique auf die

Insel kamen. Die Hauptfassade der Kirche steht unter Denkmalschutz, sehenswert ist der kleine Friedhof des Dorfes.

Von Vieux-Habitants führt ein beschildertes Sträßchen durch das Tal der Grande Rivière hinauf zur letzten Kaffeeplantage Guadeloupes. Mahagoni- und Aprikosenbäume säumen den Weg, auf den sich manche Landkrabbe verirrt. Nach 6 km sieht man die schindelgedeckten Holzbauten der Domaine de la Grivelière. Ein beeindrukkendes Relikt aus der Blütezeit des Kaffeeanbaus: ab 1720 tauchte die Aromapflanze auf den französischen Antillen auf, 1780 gab es auf Guadeloupe bereits 18 Millionen Stauden, im 19. Jahrhundert ging die Produktion rapide zurück (Schädlinge, Bodenerschöpfung, Konkurrenz des Zuckerrohrs). Die Domaine ist noch in Betrieb und steht zugleich als **Maison du Café** jedem Besucher offen (tägl. 9.30–17.30 Uhr). Man sieht die Wassermühle, die Rösterei, die Trockenterrasse und das Schubladensystem der Trockenflächen, die bei Einbruch der Nacht unters Gebäude geschoben werden. In der Bar und im Restaurant kann man sich den guadeloupanischen Arabica (Kaffeesorte) schmecken lassen. Oberhalb des Herrenhauses gelangt man in die Plantage, die von Kakao-, Pfeffer- und Mandarinenbäumchen durchmischt ist und einen verwilderten Eindruck macht. Man kann es kaum glauben, daß Saisonarbeiterinnen hier jährlich sieben Tonnen Kaffee ernten.

Die tropischen Nutzpflanzen (Kaffee, Banane, Knollen) werden erst in den feuchteren Höhenlagen angebaut. Unterhalb 200 m bleiben die Nahrungsmittelkulturen auf der leeseitigen Küste recht dürftig. So ist die Côte sous-le-vent in der Entwicklung zurückgeblieben: nicht nur der relativen Trockenheit, auch des zerklüfteten Reliefs wegen. Erst 1960 hat man die windungsreiche Straße gebaut, die nun etwas Durchgangsverkehr in die Fischerdörfer bringt. **Marigot** ist ein armseliges Nest geblieben; in **Bouillante** rollt zaghaft der Fortschritt. Die EDF nutzt seit ein paar Jahren die heißen Vulkanquellen (Ortsname!) zur Energiegewinnung, und die Gemeinde bemüht sich rührig um den Aufschwung des Tourismus (neues Centre Commercial, großes Angebot an Privatquartieren). Doch die zahlreichen kleinen Buchten, bei aufkommenden Zyklonen schützende Schlupfwinkel für die Fischerboote (Anse à la Barque), bieten den Feriengästen nur schmale, oft steinige Strände (außer Anse à Sable mit seiner Thermalquelle).

Ab Marigot bieten sich reizvolle Abstecher ins Hinterland an: 4 km flußaufwärts durchs Beaugendre-Tal (vielfältige Tropenvegetation), auf Seitenstraßen ins ehemalige Kaffeezentrum von Bouillante (Mühlen in Thomas und Birloteau, Trockenhaus der Habitation Muscade). Ab Village (zwischen Marigot und Bouillante) verläuft die sechsstündige Wanderung *Trace des Crêtes* über die Urwaldkuppen bis zu den Mamelles (s. S. 148).

Der Küstenstraße noch ein Stück nach Norden folgend, kommt man zum einzigen Unterwasserpark Frankreichs, einem der schönsten der Welt. Die nach ihrem Initiator benannte **Réserve Jacques Cousteau** (s. Farbabb. 9/10) ist ein 301 ha großes Naturschutzgebiet, in dem nur traditioneller Fischfang erlaubt (Unterwasserjagd verboten) und der Bootsverkehr streng reglementiert ist. Ausgangspunkt bildet die Plage Malendure (Tauchbasen, Bars und Restaurants). Von dort nehmen Glasbodenboote die Gäste mit zu den Korallenbänken der Ilets de Pigeon. Man kann direkt vom Boot aus schnorcheln oder sich auf der Insel absetzen und abends wieder abholen lassen. Sonnenschutz, Getränke und Proviant mitnehmen, denn die Insel ist karg (Trockenwald mit Mancenillierbäumen und einigen Leguanen).

Der Norden von Basse-Terre

Nach dem Straßenkreuz von Destrelan führt die N 2 geradeaus hinein ins Land der Korsaren und *Boucaniers.* Sie hatten ihre Basen in den versteckten Buchten zwischen der Rivière Salée und der Grande Rivière à Goyaves. **Baie-Mahault** und **Lamentin** sind Piratengründungen, die Ortsnamen erzählen von legendären Zeiten: der *mahot,* ein Mangrovenbaum, lieferte den Seeräubern das Material für ihre Schiffstaue; der *lamentin,* ein ausgestorbener Verwandter des Seehunds, teilte mit ihnen die Küste. Baie-Mahault ist heute ein Fischernest mit Pitt (Hahnenkampf) und Hippodrom (Pferderennbahn), Lamentin eine aufstrebende Gemeinde (10000 Einwohner) mit viel Betonbauten und einigen kolonialzeitlichen Schmuckstücken im Ortskern. Fährt man die N 2 weiter nach Westen, so erinnert der Name des nächstgelegenen Weilers an das Räucherfleisch *(boucan),* das die Piraten im bewaldeten Hinterland präparierten und auf ihre langen Seefahrten mitnahmen.

Die Straße überquert hier den Goyaves-Fluß, den längsten und bedeutendsten Wasserlauf der Insel. Er wälzt sein schlammiges Wasser (Bilharziosegefahr, nicht baden!) in vielen Windungen zum **Grand Cul-de-Sac Marin** hinunter und gewinnt im Mündungsgebiet jährlich 10 m Land. Oben an der Brücke sollen in Zukunft Boote bereitstehen, mit denen die Besucher durch die Stelzenwälder der Mangroven zu den Riffen und Inseln hinausfahren können. Als Ausflugsziel bietet sich La Caret an (Korallen, Sandstrand, Picknicktische). Die Mangroveninseln Christophe (Vogelreservat), Fajou, La Biche und Carénage stehen seit wenigen Jahren unter Naturschutz: man will die Vögel an ihre Nistplätze zurücklocken, den Lambimuscheln und Langusten eine Regenerationspause gönnen. Die Schönheit des Grand Cul-de-Sac sieht man am besten vom Flugzeug oder von den Bergen aus: ein Labyrinth von Kanälen durchzieht die Mangroven; Korallenbänke schimmern unter der Wasseroberfläche.

Landeinwärts erstrecken sich über viele Kilometer Zuckerrohranpflanzungen, dahinter ragen die Kuppen der nördlichen, längst erloschenen Vulkane auf (s. Farbabb. 27). Von der N 2 zweigen mehrere Sträßchen ab, die an diversen Destillerien vorbei hinauf in den Wald führen. Die D 1: Sie verbindet Lamentin mit der Traversée (s. S. 147f.), eine äußerst reizvolle Strecke parallel zum Gebirgsgrat. Bevor man die schwefelhaltige **Ravine Chaude** (Thermalbad) erreicht hat, kündigen Karamelschwaden, zur Erntezeit auch Traktoren- und Lkw-Schlangen die Usine Grosse Montagne an: neben der Zuckerfabrik die Brennerei der Grands Rhums Charles Simonnet (Führung mit Degustation). – Die Straße von Duportail: Sie beginnt in Boucan und führt, an dem Blechkoloß der Usine Bonne-Mère vorbei, hinauf zu dem alten Schmugglerpfad *(Trace des Contrebandiers),* der nach dreistündiger Wanderung durch den Urwald das Tal der Petite Plaine (D 17) erreicht. Gleich nach Bonne-Mère, einer ehemaligen Zuckerfabrik, geht es rechts ab zur putzigen Domaine de Séverin: Die historische Destillerie (seit 1803) wird als letzte in Guadeloupe auf traditionelle

Zuckerrohrfeld bei Lamentin

Weise von einem Wasserrad (6 m Durchmesser) angetrieben und produziert hochwertigen Rum (Degustation im Verkaufsraum). – Die D 19: Sie zweigt 2 km vor Sainte-Rose, bei der Destillerie Bellevue-Reimonenq (moderne Apparaturen, Rumprobe), von der Nationalstraße ab. Lohnender Abstecher nach Sofaïa, einer schwefelhaltigen Quelle, die gegen rheumatische Krankheiten helfen soll (wenig einladender Kneipptrog). Von hier hat man eine großartige Aussicht auf den Grand Cul-de-Sac Marin und schöne Wandermöglichkeiten. Unterhalb des Gesundbrunnens schwingt sich ein Pfad auf den 486 m hohen Belvédère, oberhalb beginnt die *Trace Baille Argent – Sofaïa* (5 Std. bis Beausoleil).

Sainte-Rose, ein von Mangroveninselchen (Haie Bebel) geschützter Fischerhafen, ist das ländliche Zentrum des Nordens (11 000 Einwohner). Hier kauft man Proviant ein, bevor man zu den Stränden der **Corniche d'Or** (Goldküste) aufbricht. Nach der Plage Ramée (Dorfstrand) und der Plage des Amandiers (Picknicktische unter Meermandelbäumen) erreicht man die berühmte Nordspitze Basse-Terres, die Pointe Allègre: hier landeten am 28. Juni 1635 die beiden Haudegen Duplessis und d'Olive, mit ihnen kamen die ersten 550 Freiwilligen, die mit der geplanten Besiedlung allerdings scheiterten. Weit draußen erkennt man den Tête à l'Anglais-Felsen und westlich davon die Ilet à Kahouanne, ein vortreffliches Gebiet für die Unterwasserjagd. Man sieht die Inselchen von der Plage Clugny (rechts interessantes Kalkplateau, links Sandstrand; s. Farbabb. 21), der Plage de Tillet (hinter der Müllkippe), der Plage de Fort Royal (neue Ferienanlage mit 400 Betten) – jeweils aus anderer Perspektive. Die Strände werden nun immer makelloser: Anse de la Perle, Plage Rifflet, Grande Anse.

Letzteren sieht man sehr schön von der Anhöhe aus: ein majestätischer Bogen aus goldgelbem Sand und Palmenhain.

Von den Bergen kommt die D 18 herunter, eine von Hütten *(cases)* gesäumte kurvenreiche Querverbindung abseits der Strände. Die N 2 verläßt nun die Küste, um hinter der Abzweigung zu den Mornes Bois d'Inde und Mazeau (zwei hochgelegene Picknickplätze) in die enge Bucht von **Deshaies** hinabzuführen: beliebter Ankerplatz für Sportschiffer, ruhiger Fischerort mit einfachen Restaurants (3400 Einwohner). Der Hafen liegt im Visier einer Geschützstellung *(batterie)*, die auf der nächsten Erhebung errichtet wurde (heute Picknickplatz mit Ausstellungstafeln über den Trockenwald). Bis Pointe-Noire verläuft die Straße in großen Kehren, teils am Meer, teils im Landesinneren. Früher baute man in dieser Ecke Vanille, Kakao und Kaffee an, heute beschränkt man sich auf Anthurium-Kulturen. An der Pointe Ferry lädt ein hübscher Badeplatz zum Verweilen ein, und in Beausoleil endet die *Trace Baille-Argent–Sofaïa* (5 Std.). Bei der Ortseinfahrt (Pointe Cimetière Cato) beachte man die schwarzen vulkanischen Blöcke, nach denen **Pointe-Noire** benannt ist. Neben einigen hübschen Häusern und den Resten eines ehemaligen Forts fällt unter Flamboyantbäumen ein befremdliches Heldendenkmal auf: Im patriotischen Kampf um Elsaß-Lothringen nimmt der Guadeloupaner weiße Gesichtszüge an!

Pointe-Noire ist ein Zentrum der Holzverarbeitung, seit sich dort vor 300 Jahren die Schiffszimmerleute niedergelassen haben. Das Maison du Bois, am Ende des Ortes, dokumentiert diese Tradition (s. unten). Ein Sträßchen (D 17) führt hier ins lauschige Plaines-Tal hinauf zur *Trace des Contrebandiers* (5 Std. nach Duportail), ein anderes (D 16) dreht kurz darauf eine steile Schleife um Acomat. Man trifft an der Küstenstraße auf den ersten schwarzen Strand der nicht ganz sauberen Anse Caraïbe (Fischerhütten, Boote, Picknickplätze). In Mahaut zweigt dann die Traversée von der Küstenstraße ab.

Die Traversée

Das Innere Basse-Terres ist urwaldbedecktes Gebirge. Nur eine Straße durchschneidet die dampfende Wildnis: die 26 km lange Traversée (D 23). Sie ›rückt‹ die entlegene Côte sous-le-vent näher ans wirtschaftliche Zentrum heran und bringt Ausflügler bequem ins Herz des Naturparks. Seit 1970 wird der Bergregenwald Guadeloupes als *patrimoine* (nationales Gut) geschützt und erschlossen. Das ONF hat Picknickplätze *(aires de pique-nique)*, Wander- und Lehrpfade *(sentiers de randonnée, sentiers de découverte)* sowie einige Häuser eingerichtet (Maison de la Forêt, Maison du Bois, Maison du Volcan), die das Naturerlebnis mit Informationsangeboten verbindet. (Diebstahlgefahr auf den Parkplätzen!)

Schon vor Erreichen der Traversée empfiehlt sich der Besuch des **Maison du Bois** in Pointe-Noire (tägl. 9.15–17 Uhr). Dieses Holzmuseum liegt gegenüber dem Schwimmbad in einem botanischen Wäldchen *(arboretum)*, in dem rund 30 tropische Baumarten *(essences)* beisammenstehen. Von forstwirtschaftlichem Interesse sind u. a. der Gommier, Bois Rouge, Marbri und Mahagoni. Informationstafeln erinnern an die mühsame Arbeit der ›Brettschneider‹ *(scieurs de long)*, die den Stamm noch im

Im Holzmuseum von Pointe-Noire

Urwald zu Planken zersägten. Das eigentliche Museumsgebäude ist aus 13 Holzsorten erbaut, die eingangs in einer Musterpalette zusammengestellt sind. Die einzelnen Räume führen durch verschiedene Bereiche des holzverarbeitenden Handwerks: vom Schiffsbau *(batellerie)* über die Küferei *(tonnellerie)* und das Fachwerk *(charpente)* zur Möbelschreinerei *(ébénisterie)*. Im Nebengebäude befinden sich Möbelateliers und eine Verkaufsausstellung.

Ab Mahaut geleiten Flamboyantbäume hinauf in den hygrophilen Wald. In 450 m Höhe erreicht man nach einigen Kehren den **Parc zoologique** (tägl. 9–17 Uhr). Er liegt links in einem kleinen Waldstück und vermittelt einen schnellen Einblick in die heimische Tierwelt. Man sieht Krabben, Reiher, Tauben, Schildkröten, Leguane, Mangusten, Agutis – und natürlich den Racoon. Das Maskottchen des Naturparks darf gelegentlich mit den Touristen spielen, während die anderen Tiere in ihren trostlosen Käfigen verkommen. Zum Park gehört eine Bar mit vielen hausgemachten Punschsorten; von der Terrasse kann man durch die Bäume hinunter auf die Ile de Pigeon blicken.

Die Straße verläuft um den Morne à Louis (743 m, Relaisstation) herum, auf den in spitzem Winkel eine steile Piste abzweigt: großartige Aussicht auf die karibische Küste, über Farnbäume hinweg. Wenig später erreicht die Traversée ihren höchsten Punkt, den **Col des Mamelles** (586 m). Der Name *(mamelle* = weibl. Brust) kommt von den beiden Altvulkanen, deren wohlgeformte Kuppen an einen riesigen Busen denken lassen. Beide Kegel sind auf kurzen, aber steilen Pfaden zu besteigen (1,5 bzw. 1 Std.). Vom Paß geht es rechts hoch auf die Mamelle de Pigeon (768 m), während links ein Weg zum Morne Léger und weiter nach Norden führt. Eine Kurve später beginnt der Aufstieg zur Mamelle de Petit Bourg (716 m), gleichzeitig mit der Trace des Crêtes, auf der man in 5 Std. nach Village (s. S. 144) oder in einer Mehrtagestour bis zur Soufrière wandern kann. Unterhalb der zweiten Mamelle liegt das Gîte, ein gemütlicher Berggasthof, der gute kreolische Menüs anbietet. Vom Parkplatz reicht die Fernsicht bis nach Pointe-à-Pitre hinunter.

Der Bewuchs der Straßenböschung ändert sich: im Paßbereich die karibische Pinie, dann Baumfarne, Bambus, Calimettes, schließlich – sobald der Urwald sich lichtet – die weiß blühende Côtelette. Kurz nach dem Gîte zweigt links die Forststraße von Grosse-Montagne ab (demnächst wohl ein Seitenzweig der Traversée); 3 km später rechts eine Sackstraße hinunter ins Tal des David-Flusses (Picknickplatz). Bevor die zunehmend abschüssige Hauptstraße den Bergbach überquert, taucht am rechten Straßenrand das **Maison de la Forêt** auf. In dem Holzhäuschen erhält man eine Einführung (Graphiken, Fotos) in die Vegetationszonen der Insel und – mit etwas Glück – ein instruktives Faltblatt, das man mitnehmen kann (tägl. 9–17 Uhr). Man hat die Auswahl zwischen drei Naturlehrpfaden (10 Min., 20 Min., 60 Min.), alle detailliert beschildert und gleichermaßen interessant. Sie trennen sich hinter der wildromantischen Hängebrücke und treffen sich wieder bei den drei Carbets, in denen weitere Schautafeln auf den Besucher ›warten‹ (Stockwerkbau und Fauna des Regenwalds).

Nach 700 m geht rechts die Forststraße zur Baumschule la Providence ab. Sie führt noch bis zum Corossol-Fluß hinunter, wo sie an einem Picknickplatz endet. Der Bergbach vereinigt sich mit einem anderen Seitenarm des David-Flusses weiter nördlich bei der **Cascade des Ecrevisses.** Man erreicht sie von der Traversée aus nach

Hängebrücke in der Nähe der Maison de la Forêt

Überquerung der Brücke (großer Parkplatz). Links unten sind zahlreiche *ajoupas* (überdachte Picknickbänke) aufgestellt, rechts führt ein bequemer Spazierweg in 5 Min. zum Wasserfall. Beliebter Familientreff am Wochenende: man kocht, qualmt, lärmt am Picknickplatz und erfrischt sich oben im Naturbecken unter dem hinabstürzenden Süßwasser.

Wenn man aus dem Urwald herauskommt, trifft man bald auf eine Kreuzung: rechts geht es nach Vernou, links auf einer Panoramastraße Richtung Lamentin, geradeaus direkt nach Pointe-à-Pitre. Hinter Vernou, der angenehm luftigen Villen- und Gartensiedlung, beginnt eine der großen Walddurchquerungen, die Trace Merwart. Man biegt an der Lézarde (spitze Linkskurve) halbrechts auf ein Sträßchen ein und steigt in den Bananenfeldern nach oben (s. S. 128). Dem Autowanderer empfehlen wir, nicht unbedingt den schnellsten Weg nach Pointe-à-Pitre zu nehmen, sondern noch ein Stück nach Norden zu fahren (D 1) und auf kleinen Sträßchen das dichtbesiedelte Hinterland von Baie-Mahault zu erkunden. Man erlebt hier einen äußerst charakteristischen Querschnitt Guadeloupes: die Bergkulisse, die Zuckerrohrfelder, die typischen kreolischen Hütten *(cases)* und Gärten *(jardins créoles).*

Die Dependancen
Inselsplitter rund um Guadeloupe

Dependancen

Saint-Martin

Die Maschine der Air Guadeloupe überfliegt eine Reihe fremder Inselchen (Monserrat, Antigua, Nevis, Saint Kitts), bevor sie nach einer guten Stunde den nördlichsten Ableger der französischen Antillen erreicht. Saint-Martin liegt in unmittelbarer Nähe der amerikanisch und britisch verwalteten Virgin Islands und ist von Puerto Rico nicht weiter entfernt als vom guadeloupanischen ›Kontinent‹. Zusammen mit Saint-Barthélemy bildet es den Archipel du Nord – im Unterschied zu den nahen Dependancen Désirade, Marie-Galante, Saintes. So weht die Tricolore auf der Sous-Préfecture von Marigot, und die einzige Landstraße trägt die Nummer 7 (N 7), weil sie als Fortsetzung der 250 km entfernten Nationalstraße von Guadeloupe betrachtet wird. Sonst freilich wirkt der Fleck recht unfranzösisch: Bonbonfarbene Straßenkreuzer parken unter den Palmen, die schwarze Bevölkerung ist anglophon und nur drei Fünftel besitzen einen französischen Paß. Denn der andere Teil der Insel ist holländisch und heißt Sint Maarten.

Der allgegenwärtige Kolumbus hatte die Insel am Martinstag (11. November) 1493 entdeckt, aber nicht betreten. Französische Piraten nutzten sie Anfang des 17. Jahrhunderts als Schlupfloch, das sie im Namen Louis XIII. besetzten. Sie wurden freilich bald von Holländern ›belästigt‹, die im Süden das Fort Amsterdam errichteten. 1640 luden die Spanier 9000 Mann ab, um Saint-Martin als Schutzposten für ihre nördlichen Besitzungen auszubauen. Als sie acht Jahre später keinen strategischen Nutzen mehr erkennen konnten, zerstörten sie alles, was sie nicht mitnehmen konnten, und übersahen nur fünf Holländer und vier Franzosen, die sofort ihre Gouverneure (auf Saint-Eustache und Saint-Christophe) verständigten: Gestrüpp und neun Leute ohne Staat – undenkbar! So landeten holländische und französische Truppen, die die nötige ›Drohkulisse‹ für eine friedliche Aufteilung abgaben. Nach der Legende wurde ein Wettlauf veranstaltet und die Grenzlinie dort gezogen, wo die getrennt in Marsch gesetzten Läufer wieder zusammentrafen.

Heute weisen auf die Grenze nur Willkommenschilder hin. Zwar gibt es Polizei und Verwaltung in doppelter Ausgabe, und jede Inselhälfte hat ihre Amtssprache (Holländisch, Französisch), ihre Währung (Gulden, Franc), ihre elektrische Spannung (220, 110 Volt) und ihren Flughafen (Princess-Juliana, Espérance). Doch die Feste werden gemeinsam gefeiert, alles spricht englisch, und es regiert der Dollar. Denn Saint-Martin ist ein einziges Zoll- und Steuerparadies. Luxushotels, Spielkasinos, Dutyfree-Shops prägen das Bild. Wer das Miniatur-Hongkong als normaler Konsument aufsucht, sollte sich nicht verrechnen: Bereits eine Übernachtung verschlingt locker den Preisvorteil, der beim Kauf von Spirituosen, Schmuck, Foto- und Hi-Fi-Gerät erzielt wird. Wirkliche Geschäfte machen hier die Investoren und Händler, deren Handwerk von illegalem Kapitaltransfer und Schmuggel schwer zu

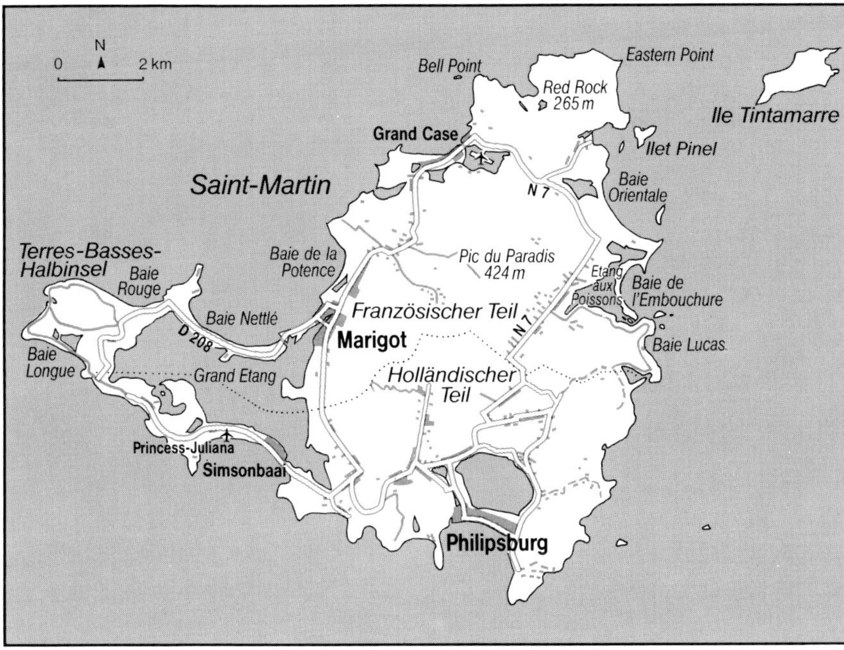

unterscheiden ist. Saint-Martin ist auch eine Drehscheibe des internationalen Kokainhandels.

Die Insel hat herrliche Strände aufzuweisen, die zu den Hotels gehören, aber teilweise noch unvermarktet geblieben sind. Eine Besonderheit sind die Salzlagunen, deren größte (Simson Baai Lagoon = Grand Etang) von zwei spektakulären Küstenstreifen gesäumt wird, auf denen man von Bucht zu Bucht gelangt (D 208). Sie verbinden die Halbinsel von **Terre-Basse** mit dem Hügelland der **Grande-Terre,** das im Pic du Paradis (424 m) gipfelt. Wenn man auf der N 7 den Ostteil der Insel umrundet, kann man immer wieder andere Traumstrände (Grand-Case, Baie Orientale) und vorgelagerte Inselchen (Anguilla, Ilet Pinel, Tintamarre) erblicken, die ihrerseits mit Strandplätzen locken. Im Landesinneren markieren Steinmauern die Parzellen, auf denen Kleinbauern bis vor kurzem noch Nutzpflanzen für die lokalen Märkte anbauten. Im 18. und 19. Jahrhundert gab es hier noch Baumwoll- und Zuckerrohrplantagen.

Trotz des Rummels um den zollfreien Einkauf vermittelt **Philippsburg** holländisches Flair: bunte Häuser, indonesische Restaurants und stündlich der Klang des Glockenspiels. In **Marigot** entdeckt man dann alle Merkmale eines französischen Provinzstädtchens. Vom Hof der Sous-Préfecture führt ein Pfad hinauf zum Fort, von dem man das hübsche Panorama genießen kann. Die beste Aussicht auf den Grand-Etang bietet sich auf der Strecke zwischen Marigot und Philippsburg.

Saint-Barthélemy

30 km von Saint-Martin, 230 km von Guadeloupe entfernt liegt Saint-Barthélemy, von Kennern und Liebhabern kurz Saint-Barth genannt. Die zerklüftete und bergige Kalkinsel (25 qkm) ist spärlich mit Buschwald und Sukkulenten überzogen und hat feinsandige Strände vorzuweisen, die zu den schönsten der Gegend gehören. Amerikanische Millionäre und Very Important Persons haben hier ihre Luxusjachten, Villen und Privatstrände. Die gepflegten Preise für gehobenen Hotelkomfort und feine Küche stellen sicher, daß das zahlungskräftige Publikum unter sich bleibt. Für ›Normalverbraucher‹ ist Saint-Barth als Tagesausflug diskutabel: er umfaßt ein einmaliges Flugerlebnis, die Inselrundfahrt, Badelust und zollfreies Shopping.

Als Kolumbus auf seiner zweiten Reise ›Inseln über Inseln‹ in sein Tagebuch notierte, gab er dem verkarsteten Felsen den Namen seines Bruders Bartholomäus. Saint-Barth blieb unbewohnt, bis der Gouverneur der ersten französischen Besitzung (Saint-Christophe, heute Saint Kitts) sich 1648 zur Besiedlung entschloß. Die ersten

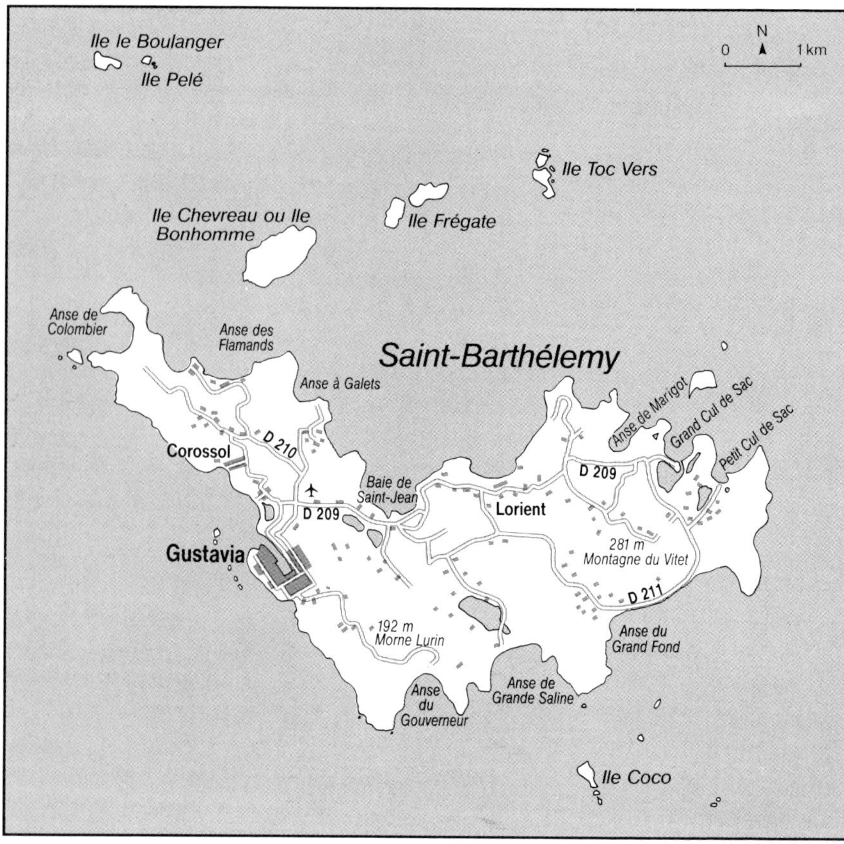

50 Normannen fielen dem Massaker von Kariben-Indianern zum Opfer, die selbst vermutlich nicht auf Ouanalao (ursprünglicher Name der Insel) lebten. Eine zweite Mannschaft hatte mehr Erfolg: man pflanzte Tabak, Baumwolle, Ananas und entwickelte sich zur Nachschubbasis für königliche Korsaren, die vor Naturkatastrophen (Zyklonen, Bränden, Gelbfieber) und englischen Plünderungen freilich nie sicher war. 1785 bot Louis XVI. das karge Land samt seinen 740 Bauern der schwedischen Krone an, um dafür Lagerhäuser in Göteborg zu erwerben. Gustav III. willigte ein und erklärte ›Gustavia‹ zum Freihafen. Daraufhin kamen scharenweise die Glücksritter, die ganz ohne Zuckerrohr und fast ohne Sklaven durch den Handel mit Amerika reich wurden. Als die Konkurrenz von Saint Thomas das Geschäft zum Erliegen brachte und der Exodus der Händler nicht zu stoppen war, gab Schweden die Kolonie an Frankreich zurück (1878) – gegen 320 000 Francs und mit der Zustimmung (350 Ja-Stimmen, ein einziges Nein) der alteingesessenen Petits Blancs.

Diese weißen, oft blonden und blauäugigen Kreolen haben sich nicht vermischt und sprechen noch heute das alte Französisch ihrer normannischen oder bretonischen Vorfahren. Die jahrhundertelange Inzucht hat bewirkt, daß sie alle miteinander verwandt sind (ein gutes Dutzend Namen für 2000 Saint-Barths!), schließt aber keineswegs aus, daß sie sich in Eigentums- und Erbschaftsfragen häufig vor den ›Kadi‹ nach Saint-Martin zerren. Die cleveren unter ihnen haben sich zusätzliche Parzellen ›erheiratet‹, die sie an reiche Ausländer verkaufen. Mit etwas Kapital unterhalten sie Handelsflotten, die zwischen den Warenlagern von Gustavia und anderen (Schwarz-) Märkten hin- und herpendeln. Die weniger Erfolgreichen versuchen als Handwerker am Bauboom zu partizipieren oder gehen auf Nachbarinseln zur Arbeit. In jedem Falle ziehen sie sich abends in ihre sorgfältig umzäunten Häuschen zurück und fühlen sich so urfranzösisch, daß ihnen die Abhängigkeit vom ›schwarzen‹ Guadeloupe ein Dorn im Auge ist.

Die Ankunft mit dem Flugzeug ist spektakulär. Der erfahrene Pilot zieht die Twin Otter (19 Sitze) zwischen zwei Bergkuppen hinunter, schwingt über eine Straßenkreuzung und stoppt kurz vor der Bucht auf einem abschüssigen Flugfeld. Man passiert den Zoll, mietet sich einen der offenen Kastenwagen *(Moke)*, auch Taxen stehen zur Verfügung, und fährt am besten wieder die rückwärtige Anhöhe hinauf: von dort eröffnet sich der Blick auf **Gustavia** mit seinem rechteckigen Hafenbecken. Oben, 54 m über dem Meer, erkennt man die Reste der schwedischen Festung, die den Freihafen und den Ankerplatz Anse Public bewachte. Im Hauptort unten erinnern Straßennamen (Straße – schwed. *gatan*), nordische Häuser und der zu zwei Drittel aus ›firestone‹ erbaute Glockenturm *(clocher suédois)* an die schwedische Zeit. Die ehemalige Residenz des schwedischen Gouverneurs dient heute als Rathaus, Polizeistation und Tourismusbüro. Über eine Holztreppe erreicht man den Empfangssaal im 1. Stock: Urkunden (Rückgabeproklamation, alte Stadtpläne), Flaggen, kolonialzeitliches Ambiente. Zahlreiche Schmuckgeschäfte, Parfumerien, Boutiquen, Hi-Fi-Shops und Geschenkläden säumen das Hafenbecken. Vergessen Sie nicht den braunen Pelikanen dort einen Besuch abzustatten!

In der Einflugschneise biegt in nordöstlicher Richtung die Straße nach **Corossol** ab. Das Dorf wirkt auf den ersten Blick verwaist: Die Männer sind beim Fischen, und die Frauen verbergen sich in den schmucken Häuschen. Sie tragen teilweise kauzige

Pelikan am Hafen von Saint-Barth

Hauben, die *calèches* oder *quichenottes* (›kiss me not‹), sitzen an altertümlichen Nähmaschinen und kommen nur kurz heraus, um ihre Flechtwaren anzubieten. Hüte, Körbchen, Taschen werden hier nach alter Tradition aus getrockneten Latanblättern geflochten. Man sieht sie auf Terrassen aufgehängt und bekommt auf der Fahrt zur Baie des Flamands ganze Wälder von Latanien *(latanier)* zu Gesicht. Der 600 m lange Strand ist von feinstem Sand, das Wasser glasklar. Noch attraktiver erscheint die eigentlich nur mit dem Boot erreichbare Anse du Colombier (am Ende der Fahrstraße Fußpfad durch Kakteen), der exquisite Ankerplatz vor Rockefellers Insel.

Die Bucht von **Saint-Jean** (800 m Bilderbuchstrand) liegt am Ende des Flugfelds und wird vom Felsen des Eden-Rock-Hotels in zwei Abschnitte unterteilt: In Strandnähe befinden sich zahlreiche Restaurants. Ein Sträßchen führt beim Centre Commercial landeinwärts zur unbebauten Anse de la Grande Saline. Man kann den wunderschönen Strand auch zu Fuß von Gustavia aus erreichen: beim Marsch über den Morne Lurin (192 m) bietet sich stets von neuem ein großartiger Blick auf die Buchten, die alte Salzgrube und die östlichen Berge. Kürzer ist der Weg zur Anse du Gouverneur (vor dem letzten Restaurant auf dem Lurin-Berg rechts hinunter). **Achtung:** Haifische vor beiden Stränden und v. a. draußen an der Ilet de Coco!

Zur Erkundung des östlichen Inselteils empfiehlt sich eine Rundfahrt um den Morne Vitet (286 m). Man folgt der Küstenstraße von Saint-Jean nach **Lorient,** dem Ort der ersten Besiedlung. Der alte Friedhof (schwedische Gräber), das Pressoir-Musée und die Duftextrakte von Coco Caraïbes rechtfertigen einen kurzen Halt. Ab Camaruche führt eine steile Piste hinauf zur höchsten Erhebung der Insel, von der sich ein atemberaubendes Panorama bietet. Hier muß man umkehren und zur Pointe Milou (Kakteen, Pelikane) und/oder zum Grand Cul-de-Sac (Lagunenlandschaft, Hotels) hinunterfahren. Am Petit Cul-de-Sac gibt es Salzhöhlen zu entdecken (Pfad auf der östlichen Strandseite). Auf der Rückfahrt passiert man das karge, von uralten Steinmäuerchen durchzogene Tal von Grand Fond.

Saint-Barth ist von einem Kranz unbewohnter Inseln (Les Islettes) umgeben, Naturparadiese, auf denen sich die Leguane, Pelikane und Fregattvögel tummeln, die man auf der Hauptinsel nicht immer antrifft. Bei den Felsen Bonhomme und Frégate ziehen im Mai Walfamilien vorbei. Die Gewässer sind äußerst fischreich. Doch viele Arten, die in Guadeloupe und anderswo eßbar sind, werden vor Saint-Barth giftig.

La Désirade

›Die Ersehnte‹ ist ein 11 km langer Kalkfelsen von 2 km Breite. Von der Pointe des Châteaux aus sieht man den Tafelberg im Atlantik, den östlichsten Ausläufer Guadeloupes, der mit Grande-Terre geologisch identisch ist. Über dem südlichen Küstenstreifen steigen steile Kalkwände zu dem über 200 m hohen Plateau auf. Im Rücken des Haupt- und Fischerortes Grande-Anse bildet die Grande Montagne (275 m) die höchste Erhebung. Oben bläst der rauhe Wind, unten steht die Hitze, die ausgetrockneten Böden sind kaum nutzbar. Die rund 1700 Einwohner leben von Fischfang, Schafzucht, dürftigem Gartenbau. Touristisch ist die Insel Terra incognita. Man erreicht sie mit dem Boot von Le François (1 Std.), mit dem Flugzeug von Le Raizet (20 Min.) aus.

Schon die Kariben fanden die Insel zu karg und verließen sie wieder. Kolumbus fuhr schnell weiter, als ihm ›La Deseada‹, so die ursprüngliche spanische Version von La Désirade, das ersehnte Süßwasser schuldig blieb. Die ersten Bewohner waren Leprakranke, die 1725 auf Befehl des Gouverneurs auf den öden Kalkfelsen deportiert und dort von wenigen Priestern und Schwestern der Charité betreut wurden. Die Isolierstation bekam dann viel Nachschub, als durch königlichen Erlaß vom 15. Juli 1765 mißliebige Adelssöhne auf die Insel verbannt wurden. Der Hafen von Rochefort (Frankreich) quoll über von ›Unwürdigen‹, deren »gestörtes Benehmen dazu angetan ist, die Ehre und den Frieden der Familien aufs Spiel zu setzen«. Nach der Französischen Revolution vermischten sich die Ausgestoßenen mit freigelassenen Negersklaven.

Noch heute findet man auf der Insel adelige Nachnamen, nicht selten bei Schwarzen. Denn 80% aller Ehen sind Mischehen, nur 20% der Bevölkerung blieb weiß. Man kann in einer einzigen Familie eine kunterbunte Kinderschar antreffen, mit verblüffenden Kombinationen von Haut-, Haar- und Augenfarbe. Nirgends in der Karibik ist Rassismus so obsolet wie auf dieser ›Insel der Verdammten‹. Ein Anarchist wie Maurice Besgneux konnte hier bis zu seinem Tod als angesehener Bürger leben. Der Antimilitarist aus der XI. Internationalen Brigade hat mit seinen Miniaturnachbildungen von Kriegsschiffen zum *patrimoine* (kulturellen Erbe) Désirades beigetra-

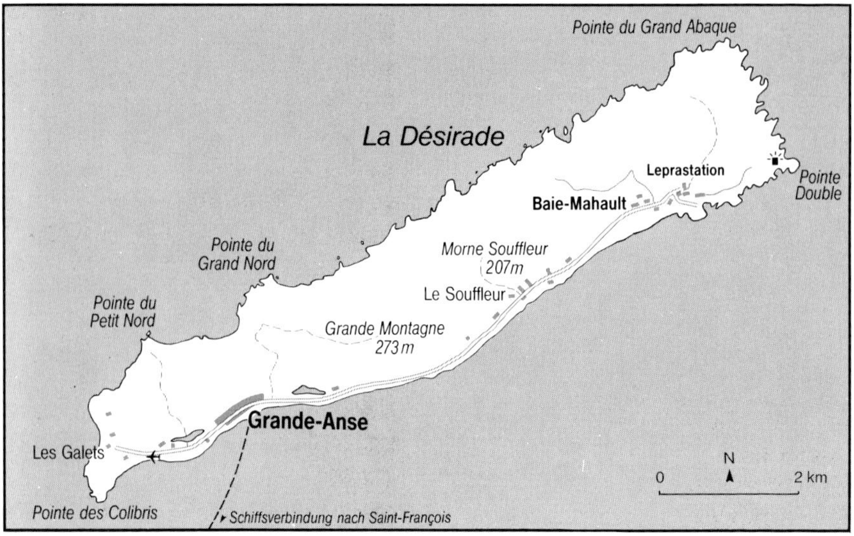

gen. In der Kirche von **Grande-Anse** kann man den Dreimaster bewundern, der beim Fest der Fischer und Seemänner (15./16. August) durch den Ort getragen wird. Ein anderes Modell steht im Sitzungssaal des Rathauses.

Die Insel ist schnell besichtigt, wenn man die 10 km lange Küstenstraße entlangfährt. Mit einem Jeep kommt man auch auf das Plateau, auf dem das Militär eine Piste angelegt hat. Sammeltaxis und Mieträder stehen am Bootssteg bereit. Die äußerst freundlichen Désiradiens freuen sich noch über jeden Besucher und helfen gerne weiter. Mariette Jules, die Wirtin von Grande-Anse (Nähe Palmenhain, s. Farbabb. 20), übernimmt die Aufgaben eines Tourismusbüros. Cécé bietet unweit des Palmenstrands von **Baie-Mahault** (Campen erlaubt) 62 selbstgemachte Punschsorten an. Die alte Leprastation wurde 1958 geschlossen und später abgerissen: Zu sehen sind nur noch die Kapelle und einige Priester- und Schwesterngräber.

Wanderungen: **Auf Désirade**

1) Grande-Anse – Les Galets (2 Std.): Leguane beim Friedhof!
2) Grande-Anse – Grande Montagne (3,5 Std.): Panorama!
3) Baie-Mahault – Pointe du Grand Abaque (2 Std.): Kakteen!
4) Baie-Mahault – Pointe Double (1 Std.): Leuchtturm!

Schon wegen der Dornen ist festes Schuhwerk vonnöten. Sonnenschutz und viel Trinkwasser sind unabdingbar. Wanderungen auf das Plateau sollten zur Sicherheit vorher bei der Gendarmerie gemeldet werden. Als nützlich erweist sich die ign-Karte 46046 Maßstab 1:25000.

Die Hauptsehenswürdigkeiten bietet die Natur. Auf Désirade trifft man nämlich noch Spezies, die auf Guadeloupe schon ausgestorben oder im Aussterben begriffen sind: den empfindlichen Melokaktus Tête à l'Anglais und Orchideen, Leguane, Agutis und Vögel aller Art. Liebhaber der Unterwasserjagd kommen durchaus auf ihre Kosten, während sonst in der Karibik bereits Jagdverbote ausgesprochen werden, die zum Erhalt der Korallen- und Fischbestände auch dringend notwendig sind.

Man kann sich von einem Fischer für einen Tag auf den winzigen Inselchen von Petite Terre absetzen lassen. Terre-de-Haut und Terre-de-Bas sind durch eine 200 m breite Lagune getrennt (Unterwasserjagd). Seit der Leuchtturm auf Automatik umgestellt wurde, sind Vögel die einzigen Inselbewohner.

Marie-Galante

Mit 152 km ist die Grande Dépendance die größte Insel des Archipels von Guadeloupe. Vom 43 km entfernten Pointe-à-Pitre ist sie mit dem Boot (1 Std.) oder mit dem Flugzeug (20 Min.) leicht zu erreichen; auch von Le François, Basse-Terre und den Saintes aus bestehen Schiffsverbindungen. Geologisch und landschaftlich ähnelt die runde Kalktafel Grande-Terre. Eine Bruchstufe von ca. 150 m Höhe (La Barre) teilt die Insel in zwei ungleiche Hälften (Les Bas, Les Hauts), deren größere und höhergelegene im Morne Constant (204 m) ›gipfelt‹. Die Süd- und Südostküsten sind durch Korallenriffe geschützt, die Nordostküste weist spektakuläre Felsformationen auf.

Kolumbus taufte die Insel, die er am 3. November 1493 kurz vor seiner Landung auf Guadeloupe entdeckte, auf den Namen einer seiner Karavellen. Die spanischen Seeleute gaben ihr den anschaulicheren Spitznamen ›Sombrero‹ (15 km Durchmesser!), zeigten aber weiter kein Interesse. Als 150 Jahre später die Franzosen mit der Besiedlung begannen, bekamen sie es mit den Kariben-Indianern zu tun, die sie großenteils vorher aus Guadeloupe vertrieben hatten. Die ersten 30 Kolonisten, die sich 1648 auf Betreiben Charles Houels in der Bucht von Vieux-Fort niederließen, wurden sämtlich massakriert. Erst eine zweite Mannschaft von 100 Siedlern konnte sich fünf Jahre später behaupten, nachdem sie bei Grand-Bourg eine Festung angelegt hatten. Mit dem Sklavenimport entwickelte sich der Anbau von Zuckerrohr zur beherrschenden Monokultur. Marie-Galante wurde die ›Insel der 100 Mühlen‹: Noch heute ist das flache Land von den hübschen Windmühlen übersät, die ab 1700 die wasser- und ochsengetriebenen Vorläufer ersetzten und seit der Einführung der Dampfmaschine funktionslos sind. Bis 1816 wechselte die Zuckerinsel zwischen Franzosen und Engländern ständig ihren Besitzer: Sie war ein strategisch wichtiger Vorposten im Kampf um Guadeloupe, an dessen Geschichte Marie-Galante fortan partizipierte.

Die 16000 Einwohner verteilen sich auf drei Gemeinden: Grand-Bourg, Saint-Louis und Capesterre. Trotz des erheblichen Rückgangs der bebauten Flächen ist das Zuckerrohr nach wie vor wirtschaftlich bestimmend. Von den vier Zuckerzentralen blieb als einzige die von Grande-Anse erhalten, die nun – modernisiert – die Gesamtproduktion der Insel auf sich konzentriert. Von Februar bis Juni hilft ein Großteil der Bevölkerung bei der Ernte mit: Die Männer schlagen das Rohr, die Frauen legen es zu Bündeln, welche die Kinder zu den zweirädrigen Ochsenkarren schleppen. Diese von Zebus gezogenen, oft noch auf Holzrädern rollenden *cabrouets* bilden dann kilometerlange Schlangen bis zur Fabrik. Trotz der Agrarreform, die den einheimischen Pächtern eigene Parzellen sichern und sie auf der Insel halten soll, wandern die jungen Leute nach Pointe-à-Pitre ab. Die landwirtschaftliche Produktionserweiterung (Viehzucht, Gemüseanbau) verspricht den Kleinbauern keine große Zukunft. So bleibt der Fischfang: Doch in den einst reichen Gewässern werden die Thunfische, Daurades, Lambimuscheln und Schildkröten allmählich rar.

Die Inselrundtour beginnt in **Grand-Bourg** (10000 Einwohner), wo die Schiffe anlegen und Sammeltaxis bereitstehen (es gibt auch Autos und Scooters zu mieten, Busverkehr nur zwischen den drei Hauptorten). Die Provinzstadt wurde nach dem großen Brand von 1901 vollständig neu aufgebaut. Das angenehm schattige Zentrum (Marktplatz) begrenzen eine Barockkirche und ein Rathaus mit Centre Culturel (Informationen). Kaum vorstellbar, daß hier nach der Gemeindewahl 1980 von seiten der Demonstranten Lambimuscheln und im Gegenzug Tränengasgranaten von der Polizei eingesetzt wurden, während in den Fenstern sogar Gewehrkolben zum Vorschein kamen. Die Bevölkerung war jahrzehntelang in zwei Clans gespalten, Anhänger und Gegner des geschäftstüchtigen Bürgermeisters.

Landeinwärts (6 km auf der N 9, der Fabrik Pirogue gegenüber) passiert man einen nicht weiter sehenswerten, aber sagenumwobenen Tümpel: den **Mare-au-Punch.** Während der Französischen Revolution sollen die Arbeiter der *sucroterie* den ausgetrockneten Teich mit Rum und Zuckerrohrsaft gefüllt und so den größten Punsch aller Zeiten angesetzt haben. Die einen sagen, dies sei aus Fatalismus vor einem bevorstehenden Angriff der Engländer geschehen, die anderen meinen, die befreiten Sklaven hätten sich an ihren ehemaligen Herren rächen wollen. Das prächtigste Exemplar einer ehemaligen Habitation, das **Château Murat,** steht nicht weit entfernt: Zu besichtigen sind Herrenhaus mit Renaissancegiebel (18. Jahrhundert), die Ruine einer Zuckerfabrik und die besterhaltene Windmühle der Französischen Antillen. In der Parkanlage, die sich leicht zum Meer hin senkt, stehen Flamboyants- und Yuccabäume, die im Sommer riesige Blütenstände tragen. Das Schloß, 1843 durch Erdbeben zerstört und neu aufgebaut, dient heute als landeskundliches Museum und Galerie (Mo–Fr 8–13/14.30–18 Uhr, Mi geschlossen). Unterhalb der Habitation gelangt man zu einem traumhaften Strand (Korallenriff, Sand), der vor der restaurierten Moulin des Basses (gravierte Steine) endet. Beim Flughafen zweigt links ein Weg zum Beauregard (Panoramablick) ab.

Das hinter Hügeln verborgene **Capesterre** (6000 Einwohner) lockt mit seinen riffgeschützten Palmenstränden: Petite Anse und Plage de la Feuillère. Ein nur anfangs befahrbarer Weg führt in 20 Min. zu den **Galeries.** Die Korallenkette ist an dieser Stelle unterbrochen, so daß der Atlantik die Felsen ungehindert ›angreifen‹ kann. Beständig wühlt die Gischt in ausgehöhlten Platten (zum Teil bizarren Inselchen), aus denen das Wasser in Strahlen abfließt. Die Wanderung kann bis zur Pointe de Tali fortgesetzt werden, wo sich eine großartige Aussicht auf das Caye à Poirier

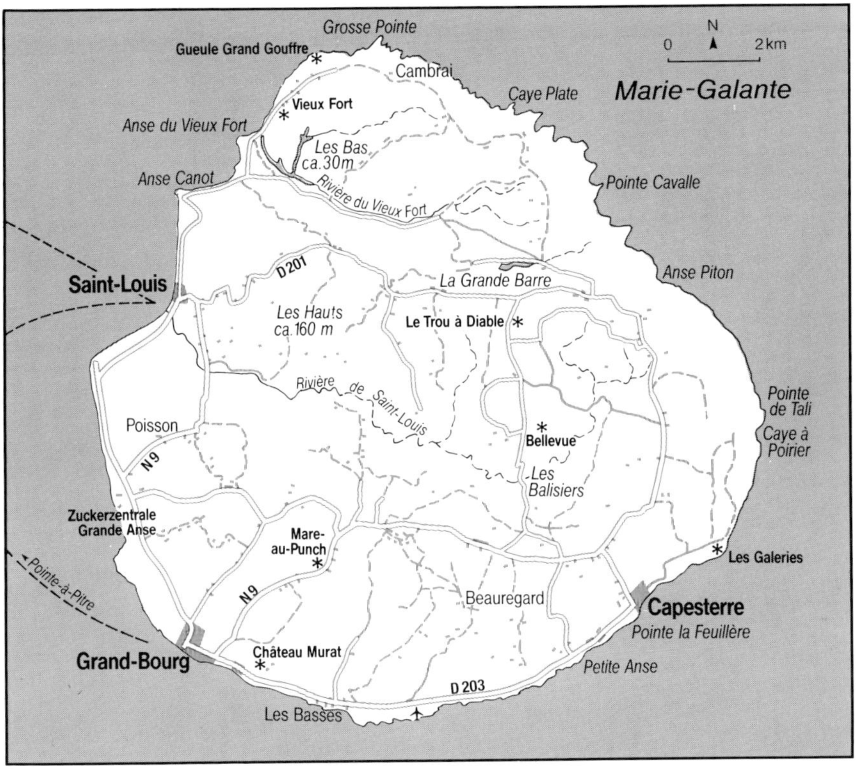

bietet. Noch dramatischer sind zwei Stellen an der nördlichen Steilküste: das Caye-Plate mit seinen in die Brandung abstürzenden Kalkfelsen und das Gueule Grand Gouffre, ein Felsentor, das in ein smaragdgrünes Wasserloch hineinführt. Auf einem Pfad kann man bis zur Nordspitze Marie-Galantes (Grosse Pointe) vorstoßen. Einheimische fangen hier bis zu 5 kg schwere Riesenlangusten.

Mehrere Wasserläufe durchfurchen das Innere der Insel, wo sich im Kalk Höhlen gebildet haben. Das **Trou à Diable** (Teufelsloch) ist eine 500 m lange Höhle mit Stalaktiten, Stalagmiten und einem unterirdischen See. Aus Sicherheitsgründen (Absturzgefahr) wurde das Teufelsloch vor kurzem zugeschüttet. Über die bewaldete Bruchstufe kommt man in das malerische Tal der **Rivière du Vieux Fort** (beschilderte Wanderwege). Im Umland des gleichnamigen Dorfes sieht man noch *gaulettes*-Hütten, die freilich nicht mehr bewohnt sind und allmählich zerfallen. Die Wände sind aus Ti-baume-Ruten geflochten und mit Stroh und feuchter Erde abgedichtet. Die Guadeloupe gegenübergelegenen Strände (Anse du Vieux Fort, Anse Canot) gehören zu den schönsten der Antillen: klarstes Wasser, Türkistöne auf weißem Pulversand, schattenwerfende Palmen und Raisinierbäume. (Gelegenheit zum Schnorcheln an der Pointe du Cimetière.)

Saint-Louis (4000 Einwohner), ein größeres Fischerdorf, liegt an einer stillen und geschützten Bucht und kann von den bunten Booten Tag und Nacht ohne Risiko

Alte Mühle am Château Murat

angelaufen werden. Im flachen Hinterland steht das Zuckerrohr bis zum Horizont. Auf dem Weg zur zentralen Zuckerfabrik (N 9) kommt man an der historischen Destillerie Poisson vorbei, wo Monsieur Rameau den ›Guildive du Père Labat‹ herstellt. Der Markenname erinnert an den tatkräftigen Mönch, der seine neue Technologie (Mahlwerk, Destillierkolben) auch nach Marie-Galante gebracht hat. Man sollte sich den Besuch dieser oder einer anderen Brennerei (Bellevue, Port-Louis, Le Salut, Bielle in Grand-Bourg) nicht entgehen lassen und dabei eine Flasche Rum erstehen. Der hochprozentige (59 %), äußerst fruchtige weiße Rum Marie-Galantes gehört zu den besten der Welt. Die Einheimischen wissen das und konsumieren ihn selbst.

Die Saintes

Vor der Südspitze Guadeloupes liegt ein reizvoller Archipel. Er besteht aus zwei Hauptinseln (Terre-de-Haut, Terre-de-Bas) und einer Reihe unbewohnter Felsen (Ilet-à-Cabrit, Grand-Ilet, Le Paté, La Coche, Les Augustins), die das Meer in eine winklige Abfolge von Passagen verwandeln. Wenn man – von Trois-Rivière oder Basse-Terre kommend – mit dem Boot in die Inselwelt einfährt, verschieben sich die verschiedenen Hügel zu wechselnden Kulissen. Die zahlreichen Bergkuppen *(mornes)* sind vulkanischen Ursprungs und mit trockenem Buschwald überzogen, der stellenweise in kakteenbestandene Halbwüste übergeht. Der Kontrast zum nur 10 km entfernten Regenwald um die Soufrière könnte nicht größer sein: während dort jährlich 3000–8000 mm Regen niedergehen, bleibt es hier bei maximal 1500 mm Niederschlag im Jahr.

Schon die Kariben schätzten die Saintes als Stützpunkt, weil sie ihre Boote in den Buchten bestens verstecken konnten. Allerdings siedelten sie sich dort nicht an, wohl wegen des fehlenden Trinkwassers. Als Kolumbus am Sonntag nach Allerheiligen 1493 vorbeikam, gab er dem Archipel den Namen ›Los Santos‹. Bestimmend für die weitere Geschichte wurde die strategische Lage, der die Inselgruppe ihre vielen Befestigungsanlagen verdankt. Piraten verschanzten sich auf den Hügeln, französische und englische Besatzung wechselte über Jahrhunderte hinweg. 1782 kam es vor den Saintes zum ›Trafalgar der Antillen‹, einer der größten Seeschlachten, die es mit Segelschiffen überhaupt gegeben hat. Für die Franzosen verlief sie katastrophal: 1400 Tote, 2000 Verwundete, Verlust der Vorherrschaft über die Kleinen Antillen. Erst 1816 gingen die Inseln endgültig in französischen Besitz über.

Das trockene und steile Gelände ist für die Landwirtschaft ungeeignet. Die Bevölkerung lebt vom Fischfang und hat hierfür ein Boot entwickelt, das sich in ganz Guadeloupe durchgesetzt hat: das *saintois*. Das See- und Fischerhandwerk hat hier Tradition (Seemannsfest am 16. August), seit es die bretonischen Urväter als Korsaren auf die Saintes verschlagen hat. Nur auf Terre-de-Bas wurden im 19. Jahrhundert Baumwoll-, Zucker-, Kaffee-, Maniok-Plantagen betrieben, also Sklaven gebraucht, deren Nachfahren dann ihrerseits Fischer geworden sind. Die Petits Blancs von Terre-de-Haut (1470 Einwohner) haben sich jedoch mit den Schwarzen von der unteren Insel (1400 Einwohner) kaum vermischt und legen auf Kontakte mit den Nachbarn weniger Wert als auf den regelmäßigen Besuch der Jeanne-d'Arc. Böse Zungen sagen, daß die Bewohner von Terre-de-Haut ihren hellen Teint und die blaugrünen Augen dem Flugzeugträger verdanken, der jährlich seine 1000 Mann Besatzung für einige Tage auf die Insel schickt.

Bei der Ankunft am Hafenkai herrscht großer Trubel: Die Einheimischen kommen in Scharen, um Waren zu entladen, Gäste abzuholen und Ausflüglern ihre *Tourments d'Amour* anzubieten, ein köstlich mürbes Kokosgebäck. Ein alter Mann trägt vielleicht noch den *salako*, den stoffbezogenen Strohhut, der Anfang des Jahrhunderts aus den Kolonien Indochinas hier eingeführt wurde. Man betritt den Dorfplatz mit der Mariannensäule vor der Gendarmerie und der auf die Bucht gerichteten Kanone. Rechts und links sind die properen Holzhäuser aufgereiht, in kräftigen und pastellfarbenen Tönen bemalt, mit roten Blechdächern, deren filigrane Zierleisten *(dentelles)* sich stark abheben. Fast alle Bewohner leben in Bourg oder Fond Curé.

Wendet man sich auf der Straße nach links, so geht es bald steil bergan und in einigen Kehren an Mancenillierbäumen vorbei. Nach 20 Min. ist man oben am **Fort Napoléon.** Die graue Kaserne wurde auf den Resten des 1809 von den Engländern zerstörten Fort Louis errichtet, war nie Schauplatz kriegerischer Auseinandersetzungen und diente im Zweiten Weltkrieg als Gaullisten-Gefängnis. Heute ist sie ein Museum und Kulturzentrum (tägl. 9–12 Uhr), das den Besuchern (immerhin 20000

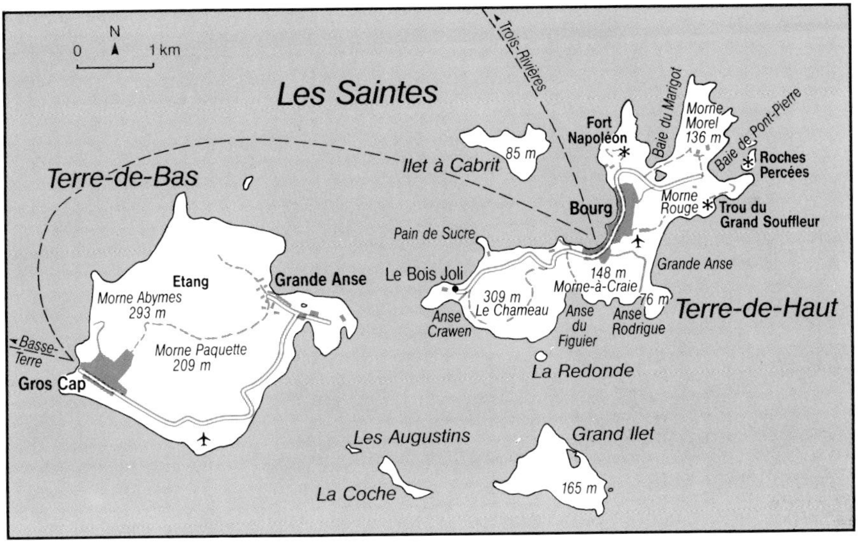

pro Jahr) anschaulich die Geschichte, Natur und Sozialstruktur der Saintes vermittelt. Auf dem Befestigungsring ist ein Kakteengarten angelegt, der u. a. Prachtexemplare des aussterbenden Tête à l'Anglais enthält. Von hier aus eröffnet sich ein phantastischer Ausblick auf Hügel und Buchten.

In nächster Nähe erhebt sich der **Morne Morel** (136 m), auf dem die Reste des Fort Caroline zu entdecken sind. Der Name erinnert an den Schwarm des Chevalier de Fréminville (1787–1848), jenes bildhübsche Kreolenmädchen, das der exzentrische Soldat nach seiner Rettung aus der Marigot-Bucht kennengelernt und später nie wieder gesehen hat. Seine romantischen Memoiren enthalten die ersten Landschaftsbeschreibungen dieses Archipels.

Auf der gegenüberliegenden Seite der Saintes erkennt man die **Ilet-à-Cabrit,** eine nur noch von Hühnern und Katzen bevölkerte ehemalige Gefangeneninsel, aus deren Steinbruch das Baumaterial vieler Häuser stammt. Man kann sich an der Anse Sous-le-Vent absetzen lassen, von wo eine Betonpiste zum Fort Josephine und zur Zisterne hochführt. Jenseits der großen Bucht von Bourg springt der markante Höcker des **Chameau** (309 m) ins Auge, die höchste Erhebung der Inselgruppe. Der Panoramablick vom Aussichtsturm ist die 1,5 Std. Fußmarsch wert.

Am Kopfende des ›Kamels‹ ragt der **Pain-de-Sucre** (Zuckerhut) ins Meer, ein formschöner Vulkankegel mit Bilderbuchstrand. Die wie Orgelpfeifen im Wasser stehenden Basaltsäulen *(Orgues basaltiques)* sieht man allerdings nur vom Schiff aus. Boote verkehren unregelmäßig zwischen Bourg und Bois Joli, dem Nachbarstrand mit dem ältesten Hotel der Insel. Von hier zweigt ein Weg zum Anse Crawen (einzi-

◁ Iles de Saintes – Im Hintergrund die Montagne du Chameau

ger Nacktbadestrand) ab. Man kann am Fuße des Chameau in völliger Einsamkeit übers Felsgeröll klettern, bis sich eine gute Aussicht auf La Redonde und Grand-Ilet bietet. Die kleine Insel war einst Versteck entlaufener Negersklaven und wird heute nur von Tauchern frequentiert. Sie liegt im Blickfeld zweier kleiner Strände, die von der anderen Seite zu erreichen und bisher recht ruhig geblieben sind: Anse du Figuier (schöner Pfad zwischen Chameau und Morne-à-Craie) und Anse Rodrigue (schlechte Straße ab Flughafen).

Ein Tip für Tagesausflügler ist die Wanderung über den **Morne Rouge.** Verpflegung, Bade- und Schnorchelzeug sowie Sonnenschutz dürfen im Rucksack nicht fehlen. In der Ortschaft schlägt man den Weg zum Friedhof ein, in den es einen Besuch zu machen lohnt. Die mit Lambimuscheln eingefaßten Seemannsgräber liegen am Ende der Flugpiste vor dem langen Sandband der Grande Anse (starke Strömung, Baden verboten!). Am Strand geht es links durch Mancenillierdickicht steil hoch. Man erreicht eine karge und wilde, von Ziegen bevölkerte Hochfläche, die fast bretonisch anmutet. Der Weg führt an der spektakulären Steilküste entlang (Leguane), die 50 m in die Gischt abstürzt (Trou du Grand Souffleur). Wenn man die Grosse Pointe erreicht hat, erkennt man über Frangipanier und Kerzenkakteen die Traumbucht von **Pont Pierre:** ein Palmenstreifen, mit geschwungenem Sandstrand und phantastischen Korallenbänken. Die vom Meer nicht einsehbare Bucht war ein ideales Versteck für Freibeuter, die hier ihre Schätze vergruben. Leider sind die an Wochenenden stark besuchten Picknickplätze oft verschmutzt. Beste Schnorchelmöglichkeiten bestehen vor den Roches percées, zu denen man hinüberwaten kann. Auf dem Rückweg passiert man auf guter Straße eine ausgetrocknete Saline, eines der beiden Wasserreservoirs.

Das weltabgeschiedene, vom Tourismus noch völlig verschonte **Terre-de-Bas** ist landschaftlich weniger aufregend. Während die vom ›Kontinent‹ kommenden Boote am Gros Cap anlegen, landet die Navette der Nachbarinsel auf der gegenüberliegenden Seite, an der Anse des Muriers. In der Nähe der beiden Anlegestellen befinden sich die einzigen Siedlungen: der Hauptort Petites Anses (mit allen notwendigen öffentlichen Einrichtungen) und das winzige Dorf von Grande Anse (mit Bank, Restaurant, Schule, Kapelle, Krankenstation). Zwei Straßen verbinden die Orte: die Flughafenstraße an der Südküste und die in die Hügel führende Traversée. Diese Betonpiste nimmt der Wanderer in Angriff, wenn er den **Morne des Abymes** (293 m) anpeilt und einen Abstecher zum Etang macht, dem früheren Plantagenzentrum. An der Grande Anse unten kann er sich vor der Kulisse Terre-de-Hauts erfrischen: Dort erwartet ihn ein schöner Strand.

Martinique
Insel der sanften Kontraste

Martinique

Fort-de-France

Martinique weist ein zerrissenes Profil mit zerklüfteten Küsten und drei markanten Halbinseln auf. An der größten und weitesten Bucht liegt zentral die Hauptstadt Fort-de-France. Das düstere Fort ragt auf einem Felsvorsprung ins Meer hinaus und trennt zwei Hafenbecken voneinander ab. Rechts (Baie du Carénage) ankern die Handels- und Kreuzfahrtschiffe, deren Fracht über die Autobahn sogleich in die nahegelegenen Lagerhallen und Ferienzentren gebracht wird. Links (Baie des Flamands) dümpeln die Jachten vor der dörflich anmutenden Innenstadt, die sich um den schlanken Turm der Kathedrale drängt. Dahinter ziehen sich die Häuser den Hügel bis nach Balata hoch, wo Sacré-Coeur aus dem Urwald leuchtet. Im unteren Bereich schieben sich die *quartiers populaires* (Trénelle, Pichevin, Sainte-Thérèse) auf die ersten Bergkuppen und bis in die Ebene von Lamentin hinein. Weiter oben, in der frischeren Luft, stehen die Kolonialvillen der reichen Békés. Neben diesen alten *quartiers résidentiels* (Bellevue, Didier, Redoute) sind in den letzten Jahren neue (Plateau Fofo, Sainte-Catherine) entstanden. Mit dem Villenvorort Schœlcher und der Industriesiedlung Lamentin bilden all diese Viertel eine riesige *agglomération*, ein Ballungszentrum, in dem heute die Hälfte der Bevölkerung lebt (insgesamt fast 330000 Inselbewohner).

Am Anfang war das Fort, schon 1638 zum Ruhme des Königs errichtet. 1676 beschloß der in Saint-Pierre amtierende Generalgouverneur (Marquis de Bass) die Verlegung seiner Residenz an die strategisch sehr viel günstiger gelegene Bucht von Fort-Royal. Sein Nachfolger (Comte de Blénac) machte sich an die Trockenlegung des sumpfigen Geländes, um dort eine Stadt aus dem Boden zu stampfen. Schon 1650 hatten ja aus Brasilien vertriebene Juden und protestantische Holländer vergeblich versucht, in dem Mangrovengebiet eine Kolonie zu errichten: Sie waren am Fieber zugrundegegangen oder am erbitterten Widerstand der Kariben gescheitert. Nun wurde (auf der Höhe des heutigen Boulevard du Général de Gaulle) ein Abzugskanal gebaut und im trockengelegten Gebiet ein Straßennetz gezogen. 1681 war die neue Siedlung Verwaltungshauptstadt. Ihr Name änderte sich entsprechend der politischen Konjunkturen: aus Fort-Royal wurde (während der Revolution) Fort-la-République und schließlich (durch Napoleons Dekret) Fort-de-France. Doch erst mit dem Untergang Saint-Pierres 1902 stieg die Stadt zum wirtschaftlichen und kulturellen Zentrum Martiniques auf. Die Einwohnerzahlen verdoppelten sich im Zeitraum von jeweils rund 25 Jahren mehrmals: 27000 (1902) – 43000 (1927) – 100000 (1955) – 180000 (1985) Foyalais.

Heute gilt Fort-de-France als bedeutendste Stadt der Kleinen Antillen. Allerdings gibt es aufgrund der zahlreichen Zyklone, Erdbeben und des großen Brandes von 1890 keine großen Baudenkmäler aus der Kolonialzeit mehr. Die Anlage der Innen-

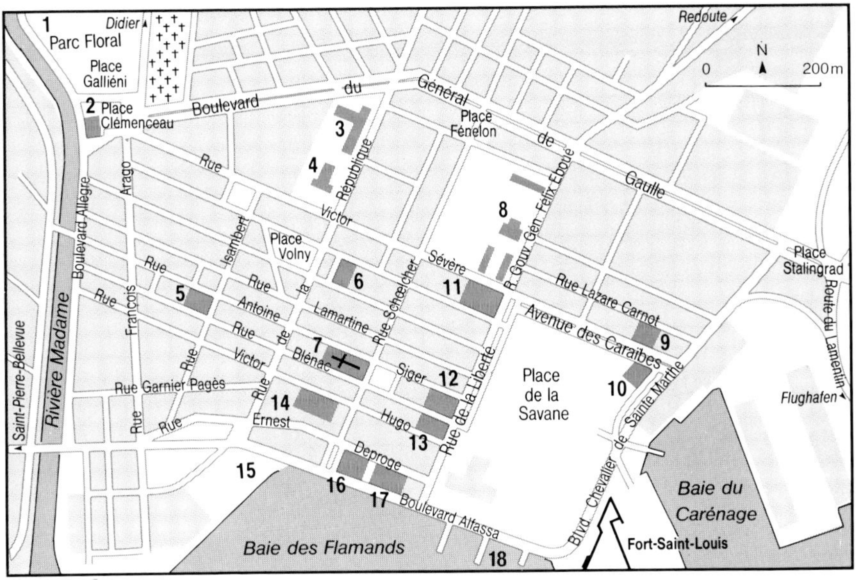

Fort-de-France

1 SERMAC-Kulturzentrum 2 Fischmarkt 3 Neues Rathaus (Centre Administratif et Culturel) 4 Altes Rathaus 5 Gemüse- und Fleischmarkt 6 Justizpalast 7 Kathedrale 8 Präfektur 9 Conseil Général 10 Forum Frantz Fanon 11 Bibliothek Schœlcher 12 Post 13 Musée départemental 14 Musée du Commerce et des Transports 15 Sammeltaxis 16 Kunsthandwerkliches Zentrum (Centre des métiers d'Art) 17 Office du Tourisme 18 Bootanlegeplatz

stadt im Schachbrettmuster blieb aber erhalten, und das quirlige Leben in den Straßen entschädigt für die vielen Bausünden. Elegante Boutiquen, Ramschläden, Fast Food-Buden wechseln einander ab; dazwischen eilen Büroangestellte mit Aktenkoffern zur Arbeit, zeigen sich schwarze Schönheiten im Pariser Chic, Touristen im Karibik-Look; die schmalen Trottoirs sind von Straßenverkäufern blockiert und die Einbahnstraßen mit stinkenden Blechlawinen verstopft; aus den Wagenfenstern, den Boutiquen, den allgegenwärtigen Kofferradios dröhnt der *zouk* (s. S. 75f.).

Wer mit dem Auto fährt, steckt bald im Stau und strapaziert seine Nerven mit der Parkplatzsuche. Am besten erreicht man die Kapitale mit dem Schiff von Pointe du Bout/Anse Mitan aus: Die Fahrt dauert nur 25 Min. und bietet die eingangs beschriebene Gesamtansicht der Stadt. Unweit des Landungsstegs *(embarcadère)* liegt das Office du Tourisme, wo man sich den ›Choubouloute‹ (Stadtinformation) mit den wichtigen Adressen besorgt. Dann geht es zu Fuß ins Getümmel. Man bewegt sich innerhalb des Vierecks, das von der Baie du Carénage, der Baie des Flamands, der Rivière Madame und dem Boulevard (du Général de Gaulle) begrenzt wird. Je weiter man nach Osten gelangt, desto mehr verliert sich das vornehme, elegante, europäische Flair, desto ursprünglicher, volkstümlicher, antillanischer wird die Stadt. An den Endpunkten des Karrees befinden sich zwei Parks (Savane, Parc Floral), in deren

Schatten man sich nach Bedarf erholen kann, wenn man nicht zwischenzeitlich in Museen Kühlung und Ruhe sucht.

Die 5 ha große **Place de la Savane** empfängt den Besucher gleich hinter dem Bootssteg, in unmittelbarer Nähe des Fort-Louis (Besichtigung nicht möglich). Vorn am Meer ragt die Bronzestatue des Pierre Belain d'Esnambuc auf. Am Sockel ist die Karavelle dargestellt, mit der dieser erste französische Kolonisator am 15. September 1635 auf Martinique landete. An Verkaufsständen vorbei erreicht man die ›grüne Lunge‹ der Stadt: Auf den großzügigen Rasenflächen tummeln sich Fußballspieler, Liebespaare und Rastas; dazwischen gedeihen Hisbiskus-Stauden und Bougainvilleas; darüber erheben sich mächtige Königspalmen und am Rande geht der Park in eine schattige Allee mit Bänken über. In der Nordostecke des Parks stößt man auf das Forum Frantz Fanon, ein häufig genutztes Freilufttheater (2500 Plätze). D'Esnambuc gegenüber steht eine zweite Statue, diesmal in Carrara-Marmor: das Idealbild kreolischer Schönheit blickt in Richtung Trois-Ilets (s. S. 195) und stellt Kaiserin Josephine dar; am Sockel ein Relief nach dem berühmten Krönungsbild von David.

Hinter ›Josephine‹ leuchtet ein auffälliger Bau in Himbeer-, Vanille- und Pistazientönen: die **Bibliothek Schœlcher.** Von den einen als übler Kitsch beschimpft, gilt sie anderen als Meisterwerk des Fin de siècle. Der Architekt Henri Picq hat sie für die Pariser Weltausstellung 1889 erbaut, wo sie den karibischen Kolonien als Pavillon diente. Die Verwandtschaft mit dem gleichaltrigen Eiffelturm läßt sich an der Metallkonstruktion erkennen, die damals ebenso bahnbrechend modern war wie die

Bibliothek Schœlcher – Kitsch oder Meisterwerk des Fin de siècle?

Die Kathedrale von Fort-de-France

Glaskuppel, der die etagenlose Pagodenform den lichten Innenraum verdankt. Das Ausstellungsstück wurde zerlegt, übers Meer transportiert und in Fort-de-France wiederaufgebaut, um dort die Privatbibliothek Victor Schœlchers aufzunehmen bzw. das, was von ihr übrigblieb. Denn die ungefähr 10000 Schriften, die der aufgeklärte Kolonialpolitiker Martinique vermacht hatte und die vorübergehend in der Rue Victor Hugo aufbewahrt waren, fielen dort fast vollständig dem Brand vom 22. Juni 1890 zum Opfer. So bildeten nur die geretteten 1500 Bücher den schmalen Anfangsbestand der Stadtbücherei, in der heute auch regelmäßig Ausstellungen – Malerei, landeskundliche Themen – stattfinden (Mo–Fr 8–12, 14.30–18 Uhr, Sa 8.30–13 Uhr).

An derselben Straßenecke (Rue Félix Eboué/Rue Victor Sévère) steht ganz in Weiß die **Präfektur,** deren Fassade eine Reminiszenz an das Petit Trianon von Versailles darstellt. Drei Parallelstraßen weiter stößt man auf das **Alte Rathaus** (1901) mit dem Stadtwappen auf der bemalten Holzfassade. Im schön angelegten Garten kann man neben den prächtigen Fächerpalmen die roten Blüten der endemischen Heliconie entdecken, die sich die Partei des langjährigen Bürgermeisters Aimé Césaire zum Emblem gewählt hat. Das dahinterliegende **Neue Rathaus** (1979) heißt Centre administratif et culturel und ist ein häßlicher Betonriese, der sich allerdings taktvoll auf 9 m hohen ›Beinen‹ hält, um den Blick auf die alte Mairie auch vom Boulevard aus freizugeben. Schlendert man wieder ins Karree zurück, so kommt man am Justizpalast an der dritten **Statue** vorbei, derjenigen Victor Schœlchers (s. S. 43).

Die **Kathedrale** steht im Zentrum der Innenstadt, dort, wo sich die wichtigsten Geschäftsstraßen (Rue Victor Hugo, Rue Schœlcher, Rue Lamartine) kreuzen. Der schlanke Bau mit dem 60 m hohen, von zwei Königspalmen flankierten Glockenturm spiegelt sich in der dunklen Verglasung der Chase Manhattan Bank. Sechs Vorgängerkirchen wurden durch Naturkatastrophen zerstört. Innen sieht man die bemalte Metallkonstruktion, die 1978 nach den alten Plänen Henri Picqs wiedererrichtet und diesmal erdbebensicher gemacht wurde. Nachdem der Turm 1953 beinahe zum Einsturz gekommen war, wurde er mit Eisenbeton hochgezogen und 42 m tief im Boden verankert.

Das Straßenbild ändert sich, sobald man in die Nähe der Rivière Madame gelangt. Die Boutiquen (Schmuck, Parfums, Konfektion) weichen jetzt den **Märkten** (s. Farbabb. 22/23/25), die ihnen an Farbenpracht und betörenden Gerüchen in nichts nachstehen. Madrasfrauen hocken auf Kisten, bündeln ihr kreolisches Suppengrün und locken den Käufer mit viel Gestik und Mimik zu ihrem Stand. Das Angebot reicht von tropischen Früchten und Gemüsen über Wurzeln und Gewürzen bis zu Aphrodisiaka und sonstigen Heilmittelchen. Die Marktfrauen *(marchandes)* sind von den Quacksalbern *(quimboiseurs)* kaum zu unterscheiden, und unter den *petites professions* (Sorbetverkäufer, Krabbenhändler, Musiker etc.) glaubt man oft Nachfahren der sagenhaften *djobeurs* (Marktgehilfe/Unterhalter) zu entdecken, deren Vorstellungen stets ein mitreißendes Publikum fanden. Vom jüngst renovierten zentralen Gemüsemarkt (Rue Isambert) ist es nur ein Sprung zur alten Halle des Fleischmarkts. Nicht zu vergessen die verschiedenen kleinen Märkte am nördlichen Rand der Innenstadt (Boulevard, Parc Floral). Daneben, an der Rivière Madame, wird der Fischmarkt abgehalten, dessen Besuch sich am frühen Morgen empfiehlt. Dann kann man den nächtlichen Fang in den frisch angelandeten Booten bewundern. Eine pittoreske Szene, die nur schwer mit der braunen Brühe des Kanals – im Volksmund unverhohlen als *rivière caca* bezeichnet – in Einklang zu bringen ist.

Es scheint kein Zufall, sondern paßt zur Négritude-Philosophie des Bürgermeisters, wenn gerade an der volkstümlichsten Ecke der Stadt ihr Kulturzentrum entstand. Auf Betreiben Aimé Césaires und unter der Direktion seines Sohnes wurde im Parc Floral das SERMAC-Zentrum (Service Municipal d'Action Culturelle) eingerichtet, das Jugendliche aus den armen Bevölkerungsschichten mit der lokalen Kultur vertraut machen und ihnen dadurch Selbstbewußtsein vermitteln soll. In zahlreichen Werkstätten werden Mal-, Schnitz-, Keramik-, Musik-, Ballett- und Theaterkurse durchgeführt; Stadtteilgruppen tragen das kulturelle Angebot in die *quartiers populaires.* Im Grand-Carbet (1050 Sitzplätze), der Bühne des Parc Floral, wird nicht nur zum jährlichen Festival Erstaunliches gezeigt (aktuelles Monatsprogramm ›Sermactivités‹ besorgen). Wenn Sie in den Kulturpark hineinschauen, stehen Ihnen in jedem Fall neben temporären Ausstellungen die beiden naturkundlichen Galerien (Galérie de Botanique, Mo–Fr 8–12/14.30–18 Uhr, Sa 8.30–13 Uhr; Galérie de Géologie, Di–Sa 9–12.30, 15–18 Uhr, August geschlossen) offen, die ebenso exakt wie anschaulich über die Flora, die Küstenformationen und den Vulkanismus Martiniques unterrichten.

Zwei weitere Museen warten noch auf Besucher: das **Musée du Commerce et des Transports** und das **Musée départemental,** in dem Funde aus präkolumbischer Zeit ausgestellt werden. Ersteres zeigt die Entwicklung der Schiffahrt vom *gommier* (s. S. 200) über das Segel- und Dampfschiff bis hin zur Bananenflotte heute und liefert interessante Informationen zur Bedeutung des 1949 gebauten Flughafens von Lamentin (schöne alte Air-France-Plakate und einige Schiffsmodelle; Mo–Fr 9–17 Uhr, Sa 9–13 Uhr). Das kleine Departement-Museum enthält zweifellos die wertvolleren Exponate: Keramiken und Werkzeug der Arawaks und ihrer kannibalischen Feinde, der Kariben. Beeindruckend und rätselhaft erscheint die Sammlung von *adornos,* jener Henkelköpfe mit fein gezeichneter Tier- oder Menschenphysiognomie. Es sind die einzigen Plastiken aus der 1. Arawak-Epoche (etwa um die Zeitwende bis 295 n. Chr.), aus der uns sonst nur Petroglyphen (Montravail) überliefert sind. Außerdem: Keramiken aus der 2. Arawak-Epoche (295–ca. 750) sowie aus der Karibenzeit (ca. 750–1635) weniger fein gearbeitete Gebrauchsgegenstände (Mo, Di 9–12.30, 14–17.30 Uhr; Do, Fr 9–12.30, 14–18.30 Uhr).

Der Norden

Von der neuen in die alte Hauptstadt

Man verläßt Fort-de-France über den Villenvorort **Schœlcher,** dessen alter Name Case-Navire dem Sklavenbefreier Victor Schœlcher zu Ehren geändert wurde. Vornehme Residenzen, Hotelkomplexe, Verwaltungsbauten (Finanz- und Zollbehörde, Université des Antilles et de la Guyane) prägen das Ortsbild der seit dem Krieg expandierenden Gemeinde (25 000 Einwohner). An die idyllische Vergangenheit erinnert der kleine Dorfplatz mit den ziegelgedeckten Häusern und der schlichten Kirche. Am hübschen Palmenstrand sieht man noch die nach indianischer Tradition hergestellten Boote *(gommiers).* Ab Fond-Lahaye verliert sich das Vorort-Flair.

Die gewundene, aber gut ausgebaute ›Panorama-Straße‹ führt in wechselnder Höhe an der trockenen Küste entlang zu den Fischerdörfern **Case-Pilote** (1700 Einwohner) und **Bellefontaine** (1600 Einwohner). Die nach dem Karibenführer Pilote benannte Siedlung hat eine sehenswerte Dorfkirche aus dem 17. Jahrhundert (Steinfassade, holzgeschnitztes Türmchen, Schiffskielgebälk), die von fliesen- und muschelgeschmückten Gräbern umgeben ist. Bellefontaine liegt malerisch im Halbkreis eines natürlichen Ankerplatzes (s. Farbabb. 16), wo die Bewohner gerne *à la senne* fischen. In beiden Ortschaften sieht man noch häufig die alten Häuschen mit den Bretterfassaden auf gemauertem Sockelwerk.

Das bergige Hinterland lädt zu zwei lohnenden Abstechern ein. Noch in Bellefontaine geht es in Serpentinen hoch zum **Panorama du Verrier,** das den Blick auf die ganze karibische Küste freigibt. Fährt man die N 2 noch ein Stück weiter, so biegen hinter Bellefontaine mehrfach Straßen nach **Morne-Vert** ab, auf denen man schnell in die grüne Hügellandschaft der Kleinen Schweiz *(Canton Suisse)* gelangt. In 400 m

An der Case Pilote bei Saint-Pierre

Höhe ist es angenehm frisch. Malerisch gelegene Wochenend- und Ferienhäuser bieten eine schöne Aussicht über die fruchtbaren Täler hinweg auf den Mont Pelée, dessen Gipfel meist in einer Wolke steckt. Mehrere Sträßchen führen nahe an die steilwandigen Pitons du Carbet heran. Von Caplet/Desgaleries aus kann man nach Fonds-Saint-Denis wandern (3 Std.) oder den Morne Piquet (1160 m, 3 Std.) erklimmen, wenn man es nicht ab Montjoly gleich mit der höchsten Spitze, dem Piton Lacroix (1196 m, 3 Std.) aufnehmen will (s. S. 194).

Die Küste erreicht man wieder in **Le Carbet** (s. Farbabb. 33), wo Kolumbus 1502 gelandet ist und 133 Jahre später d'Esnambuc im Namen der französischen Krone von der Insel Besitz ergriff. Damals befand sich an dieser Einstiegsstelle für Europäer eine Karibensiedlung, an die der Ortsname noch erinnert (*le carbet* = große Hütte). Von Morne-Vert kommend, passiert man die alte Domaine de Lajus, in deren Destillerie bis vor kurzem der berühmte Bally-Rum gebrannt wurde. Man kann in einem Laden

(Boutique Bally) noch alte Jahrgänge erstehen und den Lagerraum besichtigen. Unten an der Anse Turin wartet das **Gauguin-Museum** auf Besucher. Es liegt 200 m vom felsumsäumten Palmenstrand entfernt, an dem der Maler 1887 fünf Monate verbrachte, bevor er nach Tahiti ging.

Mit seinem Freund Laval war Gauguin ursprünglich nach Panama aufgebrochen, wo er aber wegen des Kanalbaus nicht die erhoffte kreative Muße fand. Abgebrannt bis auf den letzten Centime kamen die beiden in Saint-Pierre an; noch auf dem Landungssteg mußten sie ihre Uhren verscherbeln; an der Anse Turin quartierten sie sich dann in einer Negerhütte ein. Das Museum dokumentiert Gauguins Freuden und Leiden eindrucksvoll in den Briefen an seine Frau. Obwohl die seinerzeit entstandenen Gemälde heute in aller Welt verstreut und in Le Carbet leider nur deren Reproduktionen zu sehen sind, ist deren Zusammenstellung doch einmalig und aufschlußreich. Einige wenige, immer wiederkehrende Motive haben den Abenteuertouristen Gauguin offensichtlich fasziniert: die Küste, die Palmen, die Hütten, die schwarzen Frauen in bunten Kleidern und in der unnachahmlichen Haltung, mit der sie Gegenstände auf dem Kopf balancieren. In den übrigen Räumen des Museums werden Dokumente über die frühe Sozialistin und Feministin Flora Tristan (Gauguins Großmutter), zeitgenössische Kostüme und moderne Mosaiken aufbewahrt, die mit

›Die Heuschrecken und die Ameisen‹ (Lithographie, um 1889)

geschmolzenen und verfärbten Originalscherben das Thema Vulkanausbruch gestalten (tägl. 9.30–17.30 Uhr).

In einem Brief an seine Frau lobte Gauguin die Nähe der Stadt. Er meinte jenes ›Paris der Antillen‹, das 15 Jahre später in einer Feuerwolke verschwand. Wenn wir es heute dank eines Tunnels in 5 Min. ansteuern, finden wir – von zwei Einbahnstraßen eingerahmt – ein eher armseliges Städtchen (5000 Einwohner) vor. Seine ganze Attraktivität verdankt es makabrerweise dem Vulkanausbruch (s. S. 13f.), der am 8. Mai 1902 binnen einer Minute alles vernichtete: die Villen, Kirchen und Kaufhäuser, die Banken, Klöster und Konsulate, die Rue Montée-au-Ciel, den Hafen, den botanischen Garten... Die zahlreichen Touristen irren heute ernüchtert-besinnlich durch Blech und Beton – auf der Suche nach Ruinen, die an den alten Glanz der Kolonialmetropole erinnern.

Am attraktivsten erscheint die Prachttreppe des **Alten Theaters,** einer verkleinerten Nachbildung des Theaters von Bordeaux, das 800 Gästen Platz bot. Am linken oberen Ende der Treppe liegt heute eine Frauenstatue, die das wiedererstandene

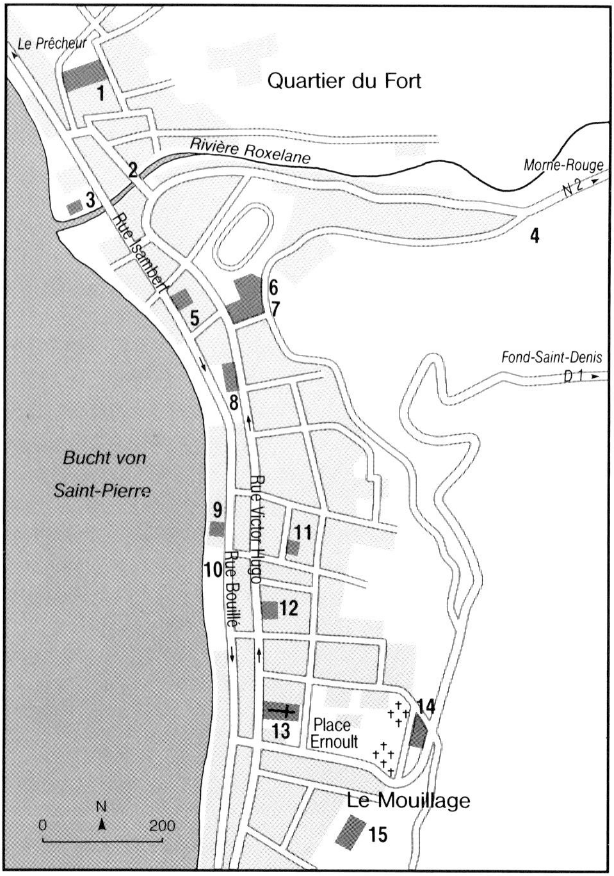

Saint-Pierre
1 Ruinen der Eglise du Fort
2 Alte Steinbrücke
3 D'Esnambuc-Denkmal
4 Ehemaliger botanischer Garten
5 Ruinen des Ursulinerinnenklosters
6 Verlies von Cyparis
7 Ehemaliges Theater
8 Vulkanologisches Museum
9 Ehemaliges Zollhaus
10 Gemüsemarkt (früher Sklavenmarkt)
11 Rathaus
12 Post
13 Kathedrale
14 Beinhaus
15 Ruinen des alten Gymnasiums

Saint-Pierre vor der Zerstörung

Im Sommer 1887 reist Lafcadio Hearn von Louisiana kommend nach Martinique. Der amerikanische Schriftsteller bleibt monatelang in Saint-Pierre und genießt die Stadt als »die seltsamste, vergnüglichste und doch hübscheste« der Französischen Antillen: »Sie ist ganz aus Stein gebaut, aus Stein gepflastert, mit sehr engen Straßen, Vordächern aus Holz oder Zink, spitzen Ziegeldächern, die von Gauben durchbrochen sind.

Die Rue Victor Hugo vor dem Ausbruch der Mont Pelée

Die meisten Häuser sind in einem Hellgelb gestrichen, das sich von dem darübergespannten knallblauen Band des Tropenhimmels wundervoll abhebt. Keine Straße ist völlig flach: fast alle erklimmen Hügel, machen Kurven, verschlingen sich und beschreiben jähe Winkel. Man hört überall das lärmende Murmeln von sprudelndem Wasser, das in den tiefen Gräben zwischen der gepflasterten Chaussée und den unsinnig kleinen Gehsteigen rinnt, die ein bis drei Fuß breit sind. (...) Von der Hauptstraße, der Rue Victor Hugo, bietet sich gelegentlich ein Blick steil hinunter auf den Hafen und die Schiffe. Die Dächer der nächstgelegenen Straße liegen vor Ihren Füßen, und hinter Ihnen klettern andere Straßen den Bergpfaden entgegen. Sie steigen sehr steil an und enden manchmal in Stufen aus Lavagestein, die völlig bemoost und dicht mit Gras bewachsen sind. (...) Und überall rinnt das Bergwasser, frisch und klar, und reinigt die Straßen. Zwischendurch stößt man auf einen Springbrunnen, der seine Silberfeder der Sonne zuwirft oder glitzernde Gischtfetzen auf eine Gruppe von schwarzen Tritonen und Bronzeschwänen regnen läßt. Man vergißt die Tritonen der Place Bertin nicht so leicht. Ihre gekrümmten Leiber könnten den Gestalten der schwarzen Männer nachgebildet sein, die unermüdlich hier den ganzen Tag in der drückenden Hitze die Zucker- und Rumfässer rollen.«

(aus: ›Un voyage d'été aux tropiques‹, Übers. v. N. Miller)

Saint-Pierre verkörpert. Neben dem Theater kann das Verlies *(cachot)* besichtigt werden, aus dem man drei Tage nach der Katastrophe den halbverhungerten Häftling Cyparis befreite. Der einzige Überlebende ist zu Berühmtheit gelangt, weil er im amerikanischen Zirkus Barnum jahrelang seine Verbrennungen herzeigte. Eine Steinbrücke aus dem Jahr 1766 führt über den Roxelane-Fluß ins Quartier du Fort: die Säulen, Fassadenreste und Mauern der ersten auf Martinique errichteten Kirche (1640) bilden einen einzigen Trümmerhaufen. Die im südlichen Ortsteil Mouillage gelegene **Kathedrale** wirkt demgegenüber wie ein trotziger Koloß. Nachdem die Fassade die Eruption des Pelée bis zum Gesims überstanden hatte, war das Schiff größtenteils mit dem Material der ehemaligen, aus dem 18. Jahrhundert stammenden Kirche wieder aufgebaut worden.

Einen zwiespältigen Eindruck hinterläßt der Besuch des von dem amerikanischen Vulkanologen Frank Perret 1932 gegründeten und nach ihm benannten **Museums** (tägl. 9–12, 15–17 Uhr). Es liefert wenige naturwissenschaftliche Informationen und viel erschütterndes Anschauungsmaterial. Großaufnahmen zeigen Saint-Pierre vor und nach der Katastrophe. Karbonisierti Spaghette, geschmolzene Sardinenbüchsen und schwarze Baguettes sind zu einem makabren Menü zusammengestellt. In Vitrinen kann man Uhren bestaunen, die zum Eruptionszeitpunkt stehenblieben, ferner surrealistisch verformte Musikinstrumente und ein abstraktes Lavabackwerk aus verbogenen Nägeln. Es scheint durchaus glaubhaft, wenn es heißt, daß eine ähnliche Plastik aus angekohlten Scheren Picasso fasziniert haben soll. Empörend wirken die

Saint-Pierre nach der Zerstörung

Pressestimmen. Sie dokumentieren die von den Journalisten übernommene Beschwichtigungsstrategie des Gouverneurs und seiner lokalen Mitregenten, denen die Abhaltung einer Wahl wichtiger war als die Evakuierung der Bevölkerung.

Wenn man hinter der Kathedrale die Straße Richtung Fond-Saint-Denis hochfährt, hat man einen schönen Blick auf die weite Bucht von Saint-Pierre. Ein großartiges Panorama bietet sich auch 6 km weiter beim Observatoire du Morne des Gadets, wo man den Pelée ständig beobachtet. Vor rund 100 Jahren ankerten in diesem natürlichen Hafen prächtige Viermaster, 13 Schiffe wurden 1902 im kochenden Meer zerstört. Sie liegen heute noch auf Grund und können von Tauchern erforscht werden (s. S. 230).

Rund um den Mont Pelée

Dem Vulkanmassiv des Pelée kann man sich von mehreren Seiten aus nähern. Man kann es auch umrunden, allerdings nicht durchgängig mit dem Auto, denn an der Nordspitze der Insel endet die Straße allemal in einer Sackgasse.

Die westliche Route führt von Saint-Pierre aus an einem legendären Felsen *Coffre à Mort* (›Todestruhe‹) vorbei, von dem sich die letzten Kariben in den Tod gestürzt haben sollen. Weiter oben am Vulkan entspringen heiße Quellen, die über die Coulée Rivière Blanche in 2,5 Std. zu Fuß zu erreichen sind, vorausgesetzt die Armee macht nicht gerade Schießübungen (Di, Mi, Fr). Kurz vor Le Prêcheur weist eine kleine Piste bei der Fernsehstation rechts hinein zum Pelée, bald in einen Fußpfad endend (s. S. 189).

Das 1902 restlos zerstörte, heute recht unscheinbare Fischerdorf, **Le Prêcheur,** ist eine der ältesten Siedlungen der Insel. In französischen Geschichtsbüchern kann man nachlesen, daß hier zwei namhafte Persönlichkeiten des 17. Jahrhunderts gewirkt oder ihr Wirken vorbereitet haben: Père Dutertre, der Verfasser der ›Histoire générale des Isles de Saint-Christophe, de la Guadeloupe, de la Martinique et autres isles d'Ameriques‹ (1648), war der erste Pfarrer des Ortes, und Madame de Maintenon, die spätere Gattin Louis XIV., verbrachte hier sieben Jahre ihrer Kindheit. Seinen Namen verdankt Le Prêcheur nicht Dutertre, sondern einem mittlerweile im Meer verschwundenen Felsen, dessen bizarre Kontur an einen Prediger auf der Kanzel erinnerte.

Über eine nunmehr ansteigende und zunehmend kurvige Straße gelangt man in ein von Kokoshainen durchsetztes Waldstück, das sich an der **Anse Céron** lichtet. Rechts führt eine grob gepflasterte Auffahrt zur Habitation mit ihren halbverfallenen Sklavenhütten. Geradeaus geleitet eine prächtige Palmenallee zum schwarzen Sandstrand. Steine, urwaldüberzogene Bergspitzen umrahmen die palmenbestandene Bucht, in der nicht weit draußen das markante Inselchen La Perle (Unterwasserjagdgebiet) auftaucht. Der Strand ist mit einer Dusche, Picknicktischen und einem Kiosk ausgestattet und empfiehlt sich auch als Ausgangspunkt für Wanderer. Denn die Straße verläuft ab da nur noch als abenteuerliche Piste durch dichten Wald, um nach 2 km an einer engen Stelle zu enden, wo nicht leicht umzukehren ist. Ein Fußweg führt durch Ruinen einer zerstörten Habitation hinunter zur Anse Couleuvre

(Natternbucht). Oben beginnt die 16 km lange Trace (von Céron aus 18 km) nach Grand-Rivière – eine äußerst lohnende 5-Std.-Tour durch die **Domaine du Prêcheur** (509 ha), das wohl großartigste Naturreservat Martiniques.

Wanderung: **Anse Couleuvre – Grand-Rivière**

Der alte Verbindungsweg (Pflastersteine, Brücke, Tunnel) ist gut ausgezeichnet und von ONF und PNRM als Lehrpfad angelegt (Schrifttafeln an charakteristischen Bäumen). Es geht abwechselnd bergan und bergab durch mesophilen (Anse Couleuvre bis Cap Saint-Martin) und hygrophilen Wald (an den Flanken des Morne Citron). Immer wieder eröffnet sich eine andere Aussicht auf Dominica und den lediglich 30 km breiten Meereskanal. Eine gewisse Kondition ist erforderlich, nicht aber besondere Erfahrung. Entfernen Sie sich nicht vom Weg (giftige Lanzenotter). Berühren Sie nicht die auf Baumstämmen sitzende *matoutou falaise,* eine recht dicke, bunte, behaarte Spinne: auch sie ist giftig! Sie sollten Wasser mitnehmen und nicht allein gehen. Die Rückkehr erfolgt am besten mit dem Boot (s. S. 185), vorbei an den versteckten Buchten, die zu Fuß nur selten (Anse Lévrier, Anse à Voile) ohne Schwierigkeiten zu erreichen sind. Alternativlösung für größere Gruppen: Start mit zwei Autos von Anse Couleuvre und Grand-Rivière und Austausch der Schlüssel auf halber Strecke. Dauer der Wanderung: 5 Std.

Die östliche Route verläuft über den Bergsattel von **Morne-Rouge** (450 m, 5400 Einwohner). Der großartig, aber gefährlich gelegene Ort wurde am 30. August 1902, vier Monate nach Saint-Pierre, ebenfalls von einer Glutwolke heimgesucht, die seinerzeit 1500 Menschenleben forderte. Dem Vulkan verdankt Morne-Rouge freilich auch die fruchtbaren Böden, die intensiv genutzt werden (Ananas, Blumen), sofern die Oberflächenform es zuläßt. Seine Funktion als Sommerfrische hat der alte Luftkurort schon lange eingebüßt. Die Nähe zum Mont Pelée lockt nur noch Ausflügler (beste Aufstiegsmöglichkeit) und Pilger (Kreuzweg) an.

Bevor man den Ort Richtung Vulkan verläßt, sollte man einen Abstecher zu den **Blumenplantagen** MacIntosh einplanen (Abzweigung in Höhe des Pitt, 5 km Richtung Morne Jacob, beschildert). Unter riesigen Zeltplanen werden hier hauptsächlich Anthurien (Flamingoblumen) für den Export angebaut. Das in allen Rottönen blühende Markenzeichen der ›Blumeninsel‹ wächst auch frei in einem hübsch angelegten botanischen Wald. Blumen können an Ort und Stelle bestellt, kurz vor dem Abflug am Flughafen entgegengenommen werden, wo man immer viele Antillaner mit Riesensträußen nach Paris zurückkehren sieht (Haltbarkeit von Anthurium drei Wochen).

Wanderung: **Besteigung des Mont Pelée**

Erforderliche Ausrüstung: Bergschuhe, Pullover, Regenzeug. Beste Jahreszeit: Dezember bis April (in der übrigen Zeit muß mit heftigen Regenfällen und hartnäckiger Bewölkung gerechnet werden).

Von Westen: Kurz vor südlichem Ortseingang von Le Prêcheur Richtung Fernsehstation abbiegen, diese rechts liegen lassen und noch ein Stück hochfahren. Auto abstellen und über die Grande Savane aufsteigen: 4 Std.

Von Norden: Am Ortsausgang von Macouba oder auf Höhe der Habitation Beauséjour links weg von der D 10: 5,5 Std.

Von Südosten: Nach Morne-Rouge links ab auf die D 39, die sich an Ananasfeldern vorbei zur Fernsehstation hochschlängelt. Auto bei Schutzhütte (oberhalb des Restaurants) abstellen und Bergstiefel schnüren: gute 3 Std.

Wir empfehlen die dritte Variante, weil Sie hier Höhenmeter sparen und deshalb noch genügend Kraft und Konzentration für den großartigen, aber nicht ganz leichten Gipfelaufstieg haben. Zunächst folgt man oberhalb des Saint-Pierre (Seitenfluß des Roxelane) einem schmalen und steilen Pfad, auf dem man – sich dabei gelegentlich mit den Händen abstützend – den Aileron (1108 m) erklimmt; er bietet die verdiente Fernsicht auf die karibische Küste, das Pitons-Massiv und die Caravelle-Halbinsel. Der Weg schlängelt sich dann an Steilhängen entlang auf eine zuletzt schweißtreibende Höhe zu: oben (1223 m) steht man am Rand der Caldera. Der Blick schweift über das fast 2 km lange Rund in den 150 m tiefen Abgrund und auf die gegenüberliegende grüne Wand. Die dramatische Szenerie, der vielfarbig blühende Moosbewuchs der Lava, das echoverstärkte Gesurre der Insektenschwärme – diese bizarren Eindrücke bilden sicher den Höhepunkt der Vulkanwanderung. Der höchste Punkt ist freilich erst erreicht, wenn man vor der zweiten Schutzhütte links in den Krater hinunter-, auf der entgegengesetzten Wand wieder hinaufsteigt und nach all der Anstrengung nicht 500 m vor dem Ziel halt macht: denn hinter dem Eruptionskegel (1362 m) von 1902 erhebt sich der Chinois (1397 m), Produkt des letzten Vulkanausbruchs von 1929. Natürlich bietet sich von hier aus – so die Wolken es erlauben – ein phantastisches Panorama auf Martinique, Dominica, Santa Lucia, Saint-Vincent und andere Inseln unter dem Wind.

Unterhalb des mächtigen Vulkanmassivs führt die N 3 in steilen Kehren durch großartige Tropenlandschaft. Am Ortseingang von Ajoupa-Bouillon zweigt links ein Sträßchen zu den **Gorges de la Falaise** ab. Die von Lavaströmen modellierte Schlucht, Ergebnis der letzten Eruption, ist trotz ihrer wilden Schönheit noch nicht mit Stegen und Leitern vermarktet. Den Touristen erwartet lediglich eine Association des Gorges, die gegen ein freiwilliges Entgelt sympathische Führer stellt. Nach einem halbstündigen Fußmarsch auf bambusbefestigtem Pfad erreicht man die Schlucht, an deren Eingang der *guide* die je nach Wasserstand erforderlichen Instruktionen gibt: Badekleidung und Plastikschuhe sind unabdingbar, unnötiger und nicht wasserdichter Ballast wird zurückgelassen. Durch eine hohe Pforte geht es in die Klamm hinein;

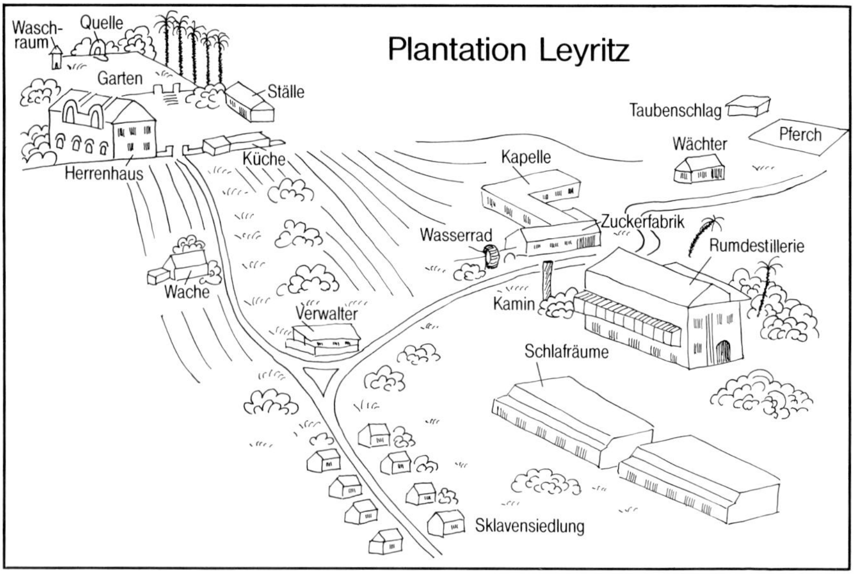

man watet in dem frischen, klaren Wasser abwechselnd durch seichte und tiefe Stellen. Wenn die Sonne einen Strahl in die Tiefe wirft, erhellt sich der Tunnel: im Bachbett werden Flußkrebse sichtbar, und an den fast senkrechten Wänden leuchten Moose und Zwergfarne auf. Der Führer hilft beim Entlanghangeln und bringt Sie sicher zu einem riesigen natürlichen Whirlpool, in den ein Wasserfall hineinstürzt.

Die Fahrt durch **Ajoupa-Bouillon** (260 m, 1800 Einwohner) ist eine Augenweide: buntbepflanzte Straßenränder, üppig blühende Gärten geleiten hinunter zu den silbrig-grünen Ananasfeldern. Kurz vor Erreichen des Atlantiks stößt man auf die N 1, die in nördlicher Richtung durch die fruchtbarsten Kulturen Martiniques führt. Die Ananasplantagen weichen hier allmählich den Bananenfeldern. Hinter den ausgedehnten Pflanzungen erheben sich prächtige Habitationen. Am besten erhalten ist die **Habitation Pécoul.** Man fährt durch eine Palmenallee, auf der Anhöhe steht das von einer großzügigen Galerie umgebene Herrenhaus, im dazugehörigen Park wurde ein quellengespeister Teich mit Bewässerungskanälen angelegt, daran schließen sich die Wirtschaftshäuser und die alte Mühle mit Schaufelrad an. Auch die in ein Hotel mit Gesundheitscenter umgewandelte **Plantation Leyritz** läßt die Lebens- und Ausbeutungsverhältnissen des 18. Jahrhunderts erahnen, denn die gut erhaltene Anlage vermittelt noch heute einen Eindruck von den Funktionen der Gebäude. Die ehemaligen Sklavenhütten werden von Touristen bewohnt (mit Air-Condition!), die Zuckerfabrik beherbergt ein Restaurant und in der alten Rumdestillerie werden Massage und Maniküre verabreicht. Wenn man zum Herrenhaus (alte martiniquanische Möbel) hochsteigt und in den von einer frischen Brise umwehten Garten tritt, kann man die ganze Anlage überschauen und feststellen, daß in den umliegenden Bananenfeldern der Plantage nach wie vor gearbeitet wird. Im Empfangsgebäude (früher Wache) ist das winzige **Musée de Poupées végétales** untergebracht: Die hier ausgestellten Puppen sind ausschließlich aus Blättern und Blüten gefertigt, zerbrechliche Figuren, deren Kostüme sich nach Geschlecht, sozialer Herkunft und Moderichtung unterscheiden (tägl. 8–18 Uhr).

Zurück auf der N 1, gelangt man nach **Basse-Pointe** (4200 Einwohner), dem Geburtsort Aimé Césaires (s. S. 48 f.). Man sieht hier viele Menschen indischer Abstammung, Nachfahren jener Coolies, die nach der Sklavenbefreiung als Ersatzarbeitskräfte ins Land geholt wurden. Deshalb auch der kleine Hindu-Tempel am Ortseingang. Die Küste wird steiler und wilder; Baden ist lebensgefährlich und überall verboten. In **Macouba** hat man die Nordspitze erreicht. Der Friedhof liegt spektakulär über dem herandonnernden Atlantik. Der Ortsname (karibische Bezeichnung einer Fischart) ist ein Indiz dafür, daß die kühnen Ureinwohner von hier aus zum Fischfang starteten. Als ehemalige Pfarrei Père Labats kann Macouba mit einer der ältesten Kirchen der Inseln aufwarten. Der feine Tabak von Macouba (angeblich mit Rosen- und Veilchenduft) wird leider nicht mehr angebaut: Er wurde von Kaffee und Zuckerrohr verdrängt, die ihrerseits der heute dominierenden Banane weichen mußten. Die letzte der einst zahlreichen Destillerien ist in Fonds-Préville in Betrieb: Sie trägt die Initialen ihres Begründers ›J. M.‹ (Jean-Marie Martin) und produziert einen ›Zehnjährigen‹, der in Pariser Feinkostläden als Rarität gehandelt wird.

Nach Macouba windet sich die schmäler werdende Straße über steil ins Meer sinkende Lavaströme durch den Urwald. Zweimal markieren gut lesbare Hinweisschilder den Beginn des *sentier pédestre* zum Mont Pelée. In einer Kurve links erhebt sich ein 100 Jahre alter Kapokbaum mit Riesenwurzel! Zwei fotogene Eisenbrücken

Die Figuren im Puppenmuseum sind ausschließlich aus Blättern und Blüten hergestellt

bieten einen grandiosen Ausblick in wild überwucherte Schluchten (gut erkennbar der ›Stockwerkbau‹ des Regenwaldes).

An einem vom Pelée herunterstürzenden Fluß liegt das Fischerdorf **Grand-Rivière.** Der zwischen zwei Vulkanzungen eingekeilte, schwer zugängliche Ort ist in jedem Fall Endstation: Eine wilde Idylle mit Steilküste, schwarzem Sand, buntbemalten Booten und kaum bezwingbarer Brandung (s. Farbabb. 6). Die Fischer gelten als die geschicktesten weit und breit. Man erzählt sich abenteuerliche Geschichten aus dem letzten Krieg, vom blühenden Rumschmuggel oder der wirkungslosen Blockade der Engländer. Die Kinder lernen früh den Umgang mit den wilden Wellen des Dominica-Kanals. Sie basteln sich aus den leichten Stämmen des *bois-flot* oder *bois-flambeau* ein Schwimmholz, das sie an einem Ende schräg zuschneiden und manchmal bemalen. Mit diesem kanuähnlichen Baumstück, dem *flot,* tragen sie Geschwindigkeitswettkämpfe aus. Am Fischerhafen beginnt übrigens der bekannte Fußpfad um das Cap Saint-Martin zur Anse Céron, der Abschnitt der Pelée-Umrundung, der nicht mit dem Auto zurückgelegt werden kann.

Fischerboote bei Grand-Rivière

Kapokbaum ▷

Vom Capot zur Caravelle-Halbinsel

»Der Capot ist einer der ansehnlichsten [Flüsse] der Insel, etwa neun bis zehn Ruten breit und in der Mitte zwei bis drei Fuß tief. Er führt ein sehr gutes, helles Wasser, große Steinklumpen und eine Menge Kiesel«, die jedoch nicht mehr seine Durchquerung erschweren wie zu Labats Zeiten. Heute fährt man bequem über eine Brücke. An der Flußmündung stehen die Ruinen der Habitation Capot. Im Hinterland von **Le Lorrain** stößt man auf weitere verlassene Herrensitze. Zwischen Bananenpflanzungen ziehen sich Streusiedlungen die Berge hinauf, häufig mit dem Namen ›Morne‹ beginnend. Die Landbevölkerung orientiert sich nach Le Lorrain: dort gibt es den Markt, viele Geschäfte, eine wuchtige Kirche und ein buntbemaltes Kriegerdenkmal. 5 km weiter liegt schön in einer Bucht die Gemeinde Marigot mit ihrem kleinen Fischerhafen. Hier muß man sich entscheiden, ob man zu einer gebirgigen Rundtour (über Morne-des-Esses – Gros Morne – La Trinité) auf die D 15 abzweigen oder weiter auf der N 1 der Küste entlangfahren will. Zwischen beiden Routen gibt es zahlreiche Querverbindungen durch das dichtbesiedelte, emsig bestellte, äußerst abwechslungsreiche Hügelland.

Folgt man dem gefährlich brandenden Meer noch ein Stückchen nach Süden, so erblickt man an der Anse Charpentier oberhalb des Palmenstreifens zahlreiche Wasserbecken, in denen Süßwasserkrebse gezüchtet werden. Hinter dem markant aus dem Wasser ragenden Fels Pain de Sucre geht es rechts ab zum **Fond Saint-Jacques.** Das 1654 von Dominikanermönchen gegründete Kloster wurde von Pater Labat zu einer florierenden Zuckerdomäne ausgebaut. Unter den Ruinen kann man Reste der

Wandmalerei in Reculée

Mühle und des Aquädukts erkennen. Sehr gut erhalten blieb die 40 m lange *purgerie,* wo man die zum Brennen des Guildive-Schnapses benötigte Melasse abschöpfte. Sehenswert ist auch die 1769 nach Labats Vorstellungen errichtete Kapelle. Um die Pflege der Gebäude und Gärten kümmert sich heute das Centre de Recherches Caraïbes der Universität Montreal, das in den ehemaligen Wohnbauten seinen Sitz hat.

Auf dem Weg nach Sainte-Marie empfiehlt sich der ins Landesinnere führende Umweg über Reculée, dessen Name (reculée = abgelegen) auf die Abgeschiedenheit des Dorfes anspielt, das auf bemalten Mauern seine Geschichte erzählt. **Sainte-Marie,** die präkolumbische, heute mehr als 20000 Einwohner zählende Küstensiedlung ist ein Konglomerat aus Holz, Beton und Wellblech; zweistöckige eng zusammengepferchte Häuser, daneben die große Kirche. Die vorgelagerte Ilet ist bei Ebbe über eine Sandbank zugänglich (hübscher Blick). Es lohnt sich, die beiden Museen an der Ortsumgehung zu besuchen. Das zur Saint-James-Destillerie gehörende **Musée du Rhum** (nördlicher Ortsausgang) dokumentiert ein Stück Industriegeschichte. Es ist im Herrenhaus (kreolische Architektur) der einstigen Zuckersiederei untergebracht und präsentiert Gerätschaften (Mühlen, Labat-Kessel, Destillierkolben) und zeitgenössische Darstellungen (Stiche, Fotos, Zeitungsartikel) der frühen Rumproduktion. Neben einer Führung durch Destillerie und Lagerhallen, findet auch eine Degustation der zum Kauf angebotenen fünf Rumsorten statt (Mo–Fr 9–13, 14–16.30 Uhr, Sa und So nur vormittags).

Das **Musée Père Labat** (südlicher Ortsausgang, Kreuzung Anse Azérot) stellt ein Kuriosum dar. In einem kleinen quadratischen Raum begegnet man Gott und der bunten Antillenwelt. Eine herzlich redselige Antillanerin deutet mit ihrem Bambuszeigestock auf allerlei Fotos und vergrößerte Fotokopien, die hinter Zellophan und mit rostigen Nägeln in den Bretterwänden stecken. Die interessantesten Raritäten sind einige Steine (vielleicht aus der Arawak-Epoche), eine Karikatur auf den eingebildeten Mulatten und eine Lanzenotter in Spiritus (Auskunft bei M. Florentiny, ✆ 716268).

Die Straße bis Trinité verläuft in ständigem Auf und Ab und bietet immer wieder einen anderen Ausblick auf die Caravelle-Halbinsel. Auf einem Hügel gegenüber der Insel Saint-Aubin thront das gleichnamige Hotel, eine rosafarbene, zweistöckige Kolonialresidenz mit Galerien und Dentelles. **La Trinité** (10300 Einwohner) liegt geschützt in der Bucht und bildet das Tor zu der wie ein Finger in den Atlantik ragenden Halbinsel. Der seit dem 18. Jahrhundert bestehende Hafen diente dem Export von Zucker, Kakao, Baumwolle, Tabak und ist für die Landwirtschaft der Umgebung nach wie vor von Bedeutung. Die Unterpräfektur für den Norden, eine Berufsschule für die Küstenschiffahrt und ein regionales Klinikzentrum haben hier ihren Sitz. Das Leben spielt sich auf der Place Joyeuse und der neu angelegten Strandpromenade ab.

8 km landeinwärts befindet sich die Ortschaft **Morne-des-Esses,** seinerzeit letzte Zufluchtstätte der Kariben. Sie haben hier das Flechthandwerk *(vannerie)* betrieben, das in den letzten Jahren als kulturelles Erbe wiederbelebt worden ist. Der angrenzende Wald liefert reichlich *cachibou* und *aroman,* faserige Tropenpflanzen, die nach alter Tradition getrocknet, geschnitten und geflochten werden. Das weiße *(cachibou),* braune *(aroman)* und schwarze (naturgefärbtes *aroman*) Stroh wird zu attraktiv

Korbflechtereien aus Morne-des-Esses

gemusterten Matten, Körben, Hüten *(bakouas)* verarbeitet. Häufig werden auch Tonwaren *(poterie)* aus Trois-Ilets mit Korb verkleidet. In der Coopérative Artisanale des Vanniers kann man die Geschicklichkeit der Künstler bewundern und deren verschiedenartige Erzeugnisse erwerben. Im Ort stößt man allenthalben auf kleine Ateliers und Geschäfte, in denen nicht nur Korbwaren, sondern auch Gefäße aus Bambus angeboten werden. Ein farbenfrohes Gemälde im Gemeindehaus stellt das Flechthandwerk als naturverbundene Idylle dar. Es stammt von Alexandre Bertrand, dessen Bilder sonst in Paris, Montreal oder New York zu sehen sind. Mit etwas Glück trifft man den Künstler hier in seinem heimatlichen Atelier.

In 240 m Höhe liegt **Gros-Morne** verträumt über den fruchtbaren Tälern, Zentrum einer existenzbedrohten Landwirtschaft. Hier wurde 1908 die erste Konservenfabrik Martiniques errichtet; seit wenigen Jahren ist sie geschlossen. Die Ananasplantagen ziehen sich, vermischt mit Bananenkulturen, die Hänge hinunter bis fast zum Meer. Dort treffen sie auf die Zuckerrohrfelder der Baie du Galion. An der Flußmündung steht die letzte Zuckerfabrik der Insel. Sie produziert nur noch für den lokalen Verbrauch, lebt von hart umkämpften Subventionen und ist für große wie kleine Pflanzer das Symbol ihres Überlebenskampfes. Von Gros-Morne zweigen mehrere Straßen zur Galions-Bucht ab; die schönste Strecke führt über die Hügel von Vert-Pré.

Am südlichen Ortsende von La Trinité biegt die Straße zur **Caravelle-Halbinsel** ab. Der bizarre Gebirgsgrat ragt 15 km in den Atlantik hinaus, dem Passatwind entgegen, der die Wolken über die vergleichsweise niederen Felskuppen hinwegbläst und mit ihnen den Regen vertreibt. Daher das ausgesprochen trockene Mikroklima. Man fährt hinter dem Neubauviertel auf eine Anhöhe zu, die eine schöne Aussicht auf die sanftgeschwungene Galions-Bucht bietet und auf der anderen Seite zum weißen Sandstrand von Tartane abfällt. Der angenehme Badestrand unter Raisinierbäumen, in unmittelbarer Nähe des gleichnamigen Fischerdorfs (Geschäfte, Restaurants, Destillerie) lädt zur Rast ein. Wenig später gelangt man zur palmenbestandenen Plage des Anse à l'Etang mit seiner Feriensiedlung. Die Straße führt vor dem Naturpark im rechten Bogen zur höchsten Erhebung der Halbinsel (Morne Pavillon, 189 m, Fernsehstation), die hier manchen an die Bretagne erinnert. Die *Réserve naturelle* (517 ha) beschränkt sich auf die Ostspitze der zerklüfteten Halbinsel und sollte den Wanderern vorbehalten bleiben.

Wanderungen: **Durch die Biotope der Caravelle-Halbinsel**

Notwendige Ausrüstung: Wasser, Sonnenschutz, Kopfbedeckung, gutes und festes Schuhwerk.

In den Nationalpark führt eine Schotterstraße, die man als Fußgänger meiden sollte. Wer nicht gleich nach dem ersten Parkplatz zur Baie du Trésor hinuntersteigen will (30 Min.), holpert 1 km über die staubige Piste und stellt den Wagen an der Gabelung ab: Links beginnt der Wanderweg zum Leuchtturm, rechts zweigt ein Stück Asphaltstraße zum Château Dubuc ab (Sackgasse mit winzigem Parkplatz). Man kann die beiden Wandervorschläge zu einer schönen Rundtour (3 Std.) verbinden.

Zum Leuchtturm (30 Min.) und zur Anse du Bout (45 Min.): Man marschiert durch trockenen Buschwald (Poirier, Tibaume, Campêchier), in dem die Hitze steht. Ein Abstecher (10 Min.) zum Leuchtturm (149 m) wird mit kühlem Wind und guter Aussicht belohnt. Der Hauptweg führt nach 5 Min. zur Station météorologique, wo es links auf schmalem Pfad zur baumlosen Anse du Bout hinabgeht. Eine mächtige Brandung drückt in die felsige Bucht, bricht sich an Gesteinsblöcken, überspült das langgestreckte Kalkplateau. In den unzähligen kleinen Höhlungen kann man nicht nur die auffälligen schwarzen Seeigel, sondern verschiedenste Arten von Schnekken, Muscheln, Krebsen, auch Korallen und Meeranemonen entdecken. Das tausendfach durchfurchte Gestein ist auch ein sortenreicher Algengarten, in dem grüne und braune, harte und weiche Tropenvarianten gedeihen (v. a. Caulerpa und Sargassum).

Zum Château Dubuc (5 Min.) und zu den Mangroven (30 Min.): Nach kurzem Anmarsch kommt man zu den sagenumwobenen Ruinen. An ihnen vorbei geht es in einen prächtigen Trockenwald hinunter, wo auf sandigem Boden Mango-, Tamarinden- und Mancenillierbäume wachsen. Es dauert nicht lange, bis man am Wasser unten den roten *palétuvier* (Mangrovenbaum) mit seinem charakteristischen Luftwurzelgewirr erkennt. Der Weg verläuft am Sumpf entlang, taucht mehrmals in den angenehm schattigen Wald ein und führt zu einem zweiten und dritten Mangrovengebiet. Die Baie du Trésor bietet hier auch hübsche Badestellen.

Wer sich mehr vorgenommen hat, läuft in südlicher Richtung weiter, umrundet die zerklüftete Pointe Caracoli und wandert die wilde Ostküste entlang: von einer stillen Bucht zur anderen, durch kakteenbestandene Savanne, bergauf und bergab. Bei der Station météorologique trifft man auf die oben beschriebene Route, die in umgekehrter Richtung zur Rundtour auszugestalten ist. Die Wege sind rot-weiß markiert. Ein aufschlußreicher Führer des PNRM (im Château erhältlich) erläutert die eigentümliche Flora und Fauna der Biotope.

In der Baie du Trésor (Schatzbucht) liegt das geheimnisumwitterte **Château Dubuc,** die Hauptsehenswürdigkeit der Halbinsel. Auf verschiedenen Ebenen erkennt man einzelne Trümmer, die sich zu einem Gesamtbild der Anlage schließen: oben die theatralische Kulisse des Herrenhauses, darunter die kreisförmigen Umrisse der von Ochsen oder Pferden getriebenen Zuckermühle (s. Farbabb. 28), daneben die Fassadenreste der *sucroterie.* Die mit Zucker gefüllten Fässer wurden an die geschützte Bucht hinuntergerollt und dort verladen. Die zahlreichen Zellen und Lagerräume, in denen man Wandzeichnungen (Schiffsdarstellungen im großen Kerker) und eingemauerte Tongefäße fand, deuten allerdings auf Schmuggel und Sklavenhandel in größerem Maßstab. Von dem ›nicht immer vorbildlichen‹ Verhalten der Dubucs erfährt man andeutungsweise in dem kleinen Museum, das ansonsten Fayencescherben und die üblichen Gravuren über die Zuckerherstellung exponiert. Der erste Dubuc war 1657 auf Martinique gelandet, um ein Jahr später an der letzten Schlacht gegen die Kariben teil- und die noch herrenlosen östlichen Ländereien mit in Besitz zu nehmen. 1720 besaß die illustre Familie vier Zuckerfabriken, diverse Kakaopflanzungen und zahlreiche Adelstitel. Gegen 1740 ließ der Enkel aus Riffstücken und Vulkangestein das piratenstrategisch günstig gelegene Château errichten. Ein Dubuc war bei der Revolte von Gaoulé (s. S. 199) beteiligt, ein anderer half den Engländern während der Französischen Revolution bei der Besetzung Martiniques, und die ›arme‹ Aimée Dubuc soll – von Korsaren entführt und verkauft – immerhin noch die Favoritin des Sultans von Konstantinopel geworden sein.

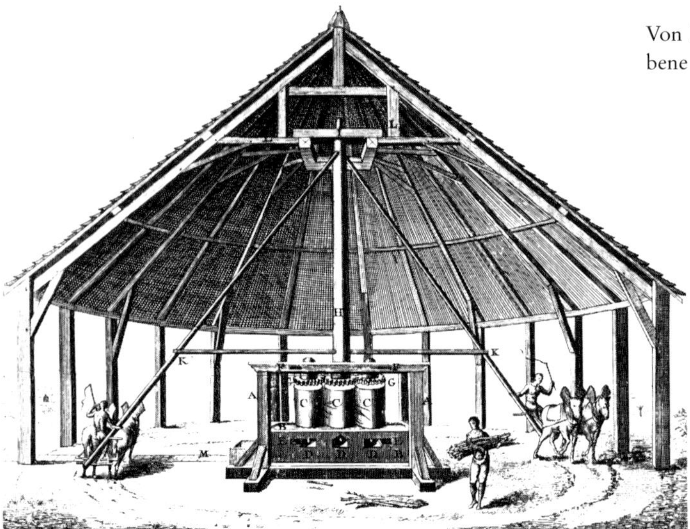

Von Pferden angetriebene Zuckermühle

Trace und Transversale

Das Herzstück des gebirgigen Nordens bildet der tropische Regenwald. Er erstreckt sich über eine von Osten nach Westen ansteigende Mornes-Kette, die in den markant geformten Pitons du Carbet (1070–1196 m) gipfelt. An ihnen stauen und entladen sich die Passatwolken. Streusiedlungen ziehen sich von beiden Küsten weit die Täler hinauf, das wuchernde und dampfende Innere aber ist weitgehend unberührte Natur. Zwei Straßen durchqueren den Urwald in Nord-Süd- und in West-Ost-Richtung: die Trace (N 3) und die Transversale (D 1). Sie verbinden nach Bedarf Morne-Rouge mit Fort-de-France und Saint-Pierre mit Gros-Morne und erlauben viele Routenvarianten. Bei größeren Ausflügen in den Norden empfiehlt es sich, Hin- und Rückfahrt zu variieren und die Küstenstrecke (N 1 bzw. N 2) mit der Trace oder Transversale zu einer abwechslungsreichen Rundtour zu kombinieren.

Das **Plateau Didier** ist die vornehmste Wohngegend von Fort-de-France. Die Straße führt an schmucken Villen und prächtigen Gärten vorbei, wobei sich immer wieder ein herrliches Panorama auf die Bucht der Hauptstadt bietet. Am Ende der Straße entspringt die Mineralquelle, die ein hervorragendes Tafelwasser liefert. Parallel dazu verläuft weiter östlich die Trace, ein im 18. Jahrhundert durch den Urwald geschlagener Verbindungsweg, der heute zu einer bequemen Ausflugsstraße ausgebaut ist. Bei **Balata** steht seit 1928 eine Nachbildung von Sacré-Cœur, kurioser Kitsch vor tropischer Vegetation, Szenerie für ›Traumhochzeiten‹. Einige Kilometer weiter nach Norden stößt man auf den **Jardin de Balata,** ohne Zweifel der gepflegteste Garten der Französischen Antillen. In einzigartiger Lage (vor den Carbet-Kegeln, mit Aussicht auf das Karibische Meer und die Bucht von Fort-de-France) stehen hier Prachtexemplare tropischer Pflanzen geschmackvoll gruppiert auf einem Areal, das sich der Wald schon wieder erobert hatte. Jean-Philippe Thoze, Landschaftsgestalter und Gärtner, hat diesen Fleck rund um das Landhaus seiner Großmutter zu neuem Leben erweckt. Nirgends kann man die vier Kolibriarten Martiniques so systematisch und leicht beobachten wie hier. Das am Eingang stehende kreolische Haus vermittelt authentisches Kolonialambiente: Man sollte sich kurz in den von alten Möbeln und Gravuren geschmückten Salon mit den kunstvollen Blumengestecken setzen und den Blick durch die stets geöffneten Fenster und Türen in den Garten schweifen lassen (tägl. 9–18 Uhr).

Weiter oben zweigt ein Sträßchen zur Thermalstation von Absalon ab, dem einzigen noch funktionsfähigen Relikt aus der Blütezeit der Bäder. Auf der Hauptstraße gelangt man wenig später zum **Arboretum de la Donis,** wo hinter der Picknickhütte ein reizvoll gestalteter botanischer Lehrpfad in die Höhe führt (20–30 Min. hin und zurück, bei den Anthurienpflanzungen auf der Lichtung umkehren). Der Wald wird in diesem Bereich nicht nur zum Blumenanbau, sondern auch zur Holzproduktion (Mahagoni) genutzt und deshalb stellenweise gerodet. Einige Forstwege deuten darauf hin, daß der Urwald dabei nicht unbeschädigt geblieben ist.

Nach der psychiatrischen Klinik öffnet sich das Blätterdach zu einer großen Lichtung, *Les Nuages* (Die Wolken) genannt. Wir befinden uns unterhalb der meist wolkenverhangenen Pitons auf einem 600 m hohen Paß. Die Straße senkt sich und führt durch das Quartier de la Médaille zur Pont de l'Alma (Fußweg zu den eisenhal-

Die 1928 errichtete Kirche bei Balata – Eine Nachbildung von Sacré-Cœur

tigen Quellen der Rivière Blanche). Danach geht es in wild überwucherten Kehren hinauf zu der Savanneninsel des Plateau Boucher.

Wanderungen: **Im Pitons-Massiv**

Der unwegsame Gebirgskern des Regenwalds verspricht einen atemberaubenden Ausblick und eine phantastische Artenvielfalt. Doch die Schwierigkeiten und Gefahren sollten nicht unterschätzt werden: Die Pfade sind wegen der ständigen Niederschläge glitschig, ja schlammig und können sich v. a. beim Abstieg in abenteuerliche Rutschbahnen verwandeln; auf den meist langen Touren müssen stellenweise äußerst steile Passagen überwunden werden, die gehörige Kondition und sicheren Tritt verlangen; schließlich ist (v. a. oberhalb von Colson) mit der giftigen Lanzenotter zu rechnen!

Von der **Thermalstation** führen einfache und leichte Wanderungen in die Nähe der Pitons. Der steil ansteigende Weg gabelt sich nach 20 Min. Während der Weg rechts oberhalb des Duclos-Tales eine schöne Schleife (Heliconenflut an zwei Gebirgsbächen) zurück zum Ausgangspunkt dreht, zweigt ein anderer Pfad links zum Fluß (Krebse) hinunter ab und peilt nach Durchquerung der Mahagonipflanzungen auf dem Plateau de la Concorde und der Savane Saint-Cyr den Morne Chapeau Nègre (912 m) an. Da der Aufstieg zum Piton Lacroix sich von hier aus äußerst schwierig gestaltet, sollte man nach dem dreistündigen Marsch umkehren oder nach Verrier absteigen.

Von **Colson** (Klinik) bietet sich eine relativ kurze Rundtour (3 Std.) ins Zentrum des Massivs an. Man durchwandert den Primärwald, erreicht nach 30 Min. die Rivière Dumauzé (sehenswerter Baumriese 50 m flußabwärts) und wechselt in steilem Aufstieg in die Höhenlagen des Regenwaldes (Farne, Baumananas, Moose). Nach einstündiger Anstrengung ist der Piton Dumauzé (1109 m) erklommen und man kann die großartige Fernsicht (nördliche Pitons, Caravelle-Halbinsel, den ganzen Süden) genießen. Der Weg verläuft 100 m tiefer auf einem kleinen Plateau, das den Gipfel von der nächsten Bergspitze (Piton de l'Alma, 1105 m) trennt. Etwa 30 Min. später hat man diesen unmittelbar vor sich, steigt 10 m über eine Felswand

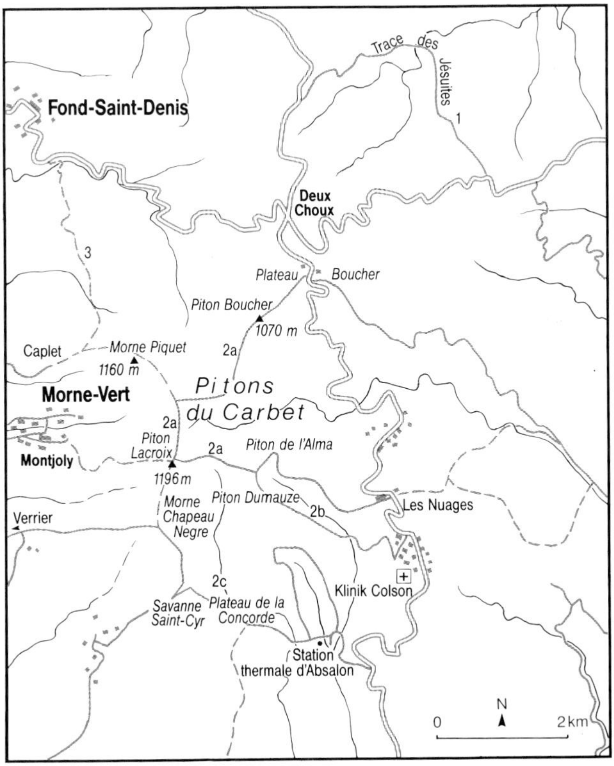

Übersichtskarte: **Wanderungen in Martinique**
1 Trace de Jésuites (N 3/D 1)
2a Pitons du Carbet: Piton Lacroix (Plateau Boucher – Les Nuages)
2b Pitons du Carbet: Piton Dumanzé/Piton de l'Alma (Klinik Colson – Les Nuages)
2c Pitons du Carbet: Morne Chapeau Nègre (Thermalstation Absalon – Verrier)
3 Höhenweg Morne-Vert – Fond-Saint-Denis

(Seilversicherung) hinunter auf den langen Grat zu, auf dem man in ca. 1 Std. nach Les Nuages gelangt.

Vom **Plateau Boucher** aus kommen wir im Laufe einer 6-Std.-Tour relativ problemlos auf die höchste Erhebung der Pitons. Es geht zunächst 1 Std. lang 400 m steil hinauf (rutschig!). Vom Piton Boucher (1070 m) führt der kaum noch ansteigende Pfad durch zahlreiche Sumpflöcher zum Grat des Morne Piquet (1 Std.). Oberhalb von Morne-Vert, wendet man sich nach links zum Piton Lacroix (1196 m), von dem aus nach einer weiteren Stunde die ganze Insel zu überblicken ist. Der Abstieg – (sehr schmale Stelle) zum Plateau Alma/Dumauzé – gestaltet sich nicht ganz leicht. Von dort kann man den Weg in die eine oder andere Richtung fortsetzen.

Von **Morne-Vert** (Quartier Montjoly) aus führt eine extreme Kletter- und Rutschpartie (5 Std.) zum Piton Lacroix hinauf und von dort über den Morne Piquet (1160 m) im Bogen (Quartier Caplet) zurück. Wegen der Höhendifferenz (720 m) und der enormen Steigung (teilweise 45°) ist die Tour **nur** abenteuerlustigen Bergsteigern zu empfehlen.

Die Trace kreuzt die Transversale an einem Punkt, der **Deux Choux** genannt wird. Von hier aus kann man sich in alle Richtungen wenden, stets wächst die Pracht am Straßenrand in mehreren Etagen in den Himmel: Urwaldriesen bilden das bis zu 30 m hohe Dschungeldach, Bambus und Baumfarne wölben sich zum Straßentunnel, Lianen und Bromelien schaffen Dickicht. Der Urwald blüht, er wirkt farbenprächtiger als in Guadeloupe. Ursache sind die weitverbreiteten Heliconien, Bananenpflanzen, deren steife Blüten rot-gelb im Unterholz leuchten.

Nach Osten zu (Richtung Gros-Morne) windet sich die Transversale durch dichte Bambus- und Farnvegetation, die gelegentlich den Blick zum Mont Pelée freigibt. Hinterm Aussichtspunkt fängt die *Trace des Jésuites* an, die in 3 Std. Fußmarsch durch großartigen Primarwald zum Lorrain-Fluß hinunter- (Furt durchwaten) und zur D 3 hinaufführt. Ab Morne Bellevue erfolgt der Abstieg durch die abwechslungsreiche Landschaft nach Reculée (4 Std.), ein Drittel davon auf dem Grat.

Nach Westen zu (Richtung Saint-Pierre) geht es hinter dem Carbet-Massiv hinunter über mehrere Bergbäche (Ravine Figue, Ravine Colas, Rivière Bleue). Wenn die ersten Brotfruchtbäume auftauchen, ist es nicht mehr weit bis **Fond-Saint-Denis:** farbenprächtige Ortsdurchfahrt (Allamanda, Hibiskus, Bougainvillea). Kurz vorher zweigt der Wanderweg nach Morne-Vert (3 Std.) ab und nach den ersten Häusern geht es über Fonds Mascré hinunter zum *Chemin des Esclaves*, der entlang des 1760 erbauten, heute der Bewässerung dienenden Kanals (2 Std. hin und zurück) verläuft.

Nach Norden (Richtung Morne-Rouge) kann man bis zum Aussichtspunkt Pelée weiterwandern, wo die Trace des Jésuites beginnt oder endet. Hinter der Pépinière du Sivmano hört der Urwald auf. Auf der Ebene von Champ Flore werden Ananas angebaut, die in der letzten Conserverie der Insel (2 km vor dem Ort, rechts) verarbeitet werden. 200 m hinter der Fabrik führt ein Sträßchen nach Sainte-Cécile ab, dem Ausgangspunkt für den Aufstieg zum pyramidenförmigen **Morne Jacob** (884 m): zunächst geht es geradeaus Richtung Morne la Piquonne, bis man bei der Gabelung rechts zum Morne Jacob abzweigt, vor dessen Gipfel es noch eine schwierige Passage zu überwinden gilt. Oben angekommen, kann man rundum eine phantastische Aussicht genießen, besonders lohnend ist der Weg über die Morne-Kette nach Carabin (Le Lorrain) hinunter (4 Std.).

Der Süden

Die südwestliche Halbinsel

Wer sich zu den schönen Küsten des Südwestens aufmacht, überquert vor **Rivière-Salée** den Fluß gleichen Namens. In mehreren Windungen schlängelt er sich durch Mangroven, bevor er in die Baie du Génipa, eine Nebenbucht der riesigen Baie de Fort-de-France einfließt. Im Mündungsgebiet befindet sich das Vogelschutzreservat *(Réserve ornithologique).* Die Ortschaft mit dem gelben Kirchturm liegt zurückversetzt im flachen, überall mit Zuckerrohr bepflanzten Land. Wer ›Die Straße der Negerhütten‹ gesehen hat, weiß, wie es hier in den 30er Jahren zuging. Damals erreichte man Fort-de-France noch auf dem Wasserweg; heute fährt jeder auf der gut ausgebauten Straße, die bei Lamentin sogar zur Autobahn wird.

Hinter Rivière-Salée biegt man rechts zur Halbinsel ab, wo sich die Sehenswürdigkeiten bald wie Perlen einer Kette aneinanderreihen. Nach wenigen Kilometern führt rechter Hand eine knallrote Piste zu einer schon 200 Jahre alten Ziegelei und Töpferei: armselige Behausungen rund um die staubigen Arbeitsplätze, auf einer kleinen Anhöhe das Haus des Besitzers, alle Dächer ziegelgedeckt und oft kunstvoll verziert. Die recht schlichten Töpfereiwaren *(poterie)* werden zum Teil in Morne-des-Esses mit Flechtwerk verziert. Vor Trois-Ilets befindet sich rechts an der Straße das 1987 eröffnete **Musée de la Canne** (Di–So 9–17 Uhr). Detailgetreue Modelle (Habitation de L'Anse la Touche, Usine de Rivière-Salée) und übersichtliche Grafiken (Prozedur der Zuckerherstellung, Arbeitsverteilung auf einer Habitation) vermitteln auch Besuchern, die der Französischen nicht mächtig sind, gute Einblicke in Technik und Ökonomie der kolonialzeitlichen Zuckerindustrie. Die in Text und Bild dokumentierte Sozialgeschichte reicht von den Anfängen der Sklavenhaltung bis zur Entstehung der martiniquanischen Gewerkschaften, von der Zuckerkrise des 19. Jahrhunderts bis zum Zusammenbruch der Branche nach dem Zweiten Weltkrieg. Vor dem Museum steht eine verrostete Lokomotive, in der heute die Kinder herumtollen können, während ihre Eltern gegenüber die alte Zuckerpresse studieren.

Les Trois-Ilets liegt auf einem Hügel und blickt auf seine drei Taufpaten (Tebloux, Charles, Sixtain), die sich die Bucht (s. Farbabb. 1) mit zwei weiteren Inselchen (Gros Ilet, Petit Ilet) teilen. Der alte Kurort hat den Urlaubern aus der Metropole nicht nur zahlreiche Bademöglichkeiten zu bieten. Hinter dem schön angelegten 18-Loch-Golfplatz können sie am botanischen Garten (*Parc des Floralies*) vorbei zum Landsitz der **Pagerie** pilgern, wo vom Kinderbett Josephines bis zur Totenmaske Napoleons

Auf dem Landsitz der Pagerie

allerlei nationale Denkwürdigkeiten auf sie warten (Di–So 9–17.30 Uhr). Inmitten von Zuckerrohr- und Kaffeeplantagen ist hier Marie-Joseph Rose Tascher aufgewachsen, die spätere Kaiserin von Frankreich. 16jährig (1779) wurde das Kreolenmädchen mit Alexandre de Beauharnais verheiratet, dem Gouverneurssohn und Adelsdeputierten der Pariser Generalstände, der bald darauf das Amt des Präsidenten der Constituante bekleidete. Als die Karriere des Gatten unter der Guillotine endete, wandte sich die Witwe dem kleinen General Bonaparte zu, der sie mit heißen Liebesbriefen überschüttete und schließlich zur Frau nahm (1796). Jeder kennt das hübsche Bild aus dem Schulgeschichtsbuch: der soeben eigenhändig Gekrönte setzt seiner vor ihm knienden Gemahlin die Krone auf. Nach Martinique ist Josephine nie mehr zurückgekehrt. Doch die nach der Revolution abgeschaffte Sklaverei brachte sie in ihre Heimat zurück: Napoleon soll sie auf ihr Anraten wieder eingeführt haben.

Nach der Besichtigung des liebevoll restaurierten Wohngebäudes sollte man einen Blick in die Ruine der Zuckerfabrik werfen, in der noch die gemauerten Abflußrinnen erkennbar sind, welche die Melasse aus den Rohzuckertonnen in ein Reservoir leiteten. Ein Spazierweg führt weiter ins Tal hinein Richtung Croc-Souris und Ancinel.

Zur Gemeinde von Trois-Ilets gehört das touristische Zentrum an der **Pointe du Bout.** Hier häufen sich Luxushotels mit eigenen Stränden, Pools, Tennisplätzen etc. Eine Einkaufspassage, Restaurants und Diskotheken sorgen für die nötige Infrastruktur. Für die Segler steht ein schön abgezirkelter Jachthafen (La Marina) zur Verfügung. Es gibt fast keine Sportart, die hier nicht betrieben werden kann. Über die Bucht verkehren regelmäßig Dampfer *(navettes)* nach Fort-de-France. Die Hauptstadt und die Bergmassive des Nordens bilden die großartige Kulisse nicht nur der

Anse Mitan. Die nahegelegene Eselsbucht (Anse à l'Ane) vereint dasselbe Bild mit dörflichem Flair: Raisinierbäume spenden Schatten, unter dem die Ausflügler an Holztischen picknicken, Surfer trocknen ihre bunten Segel unter Palmen, eine Reitergruppe zieht zur nahegelegenen Ranch. Am Ortsausgang trifft man auf das **Musée d'art en Coquillages** (Muschelmuseum) mit seinen naiven Darstellungen antillanischer Alltagsszenen (Di–So 10–12, 14–17 Uhr).

Die D 7 windet sich ins Landesinnere, wo zwischen den Bergen Weidewirtschaft (Rinderzucht) betrieben wird. Bei Galocha geht es steil bergauf zum Morne Bigot (460 m): von dort eröffnet sich eine schöne Aussicht auf das Tal der Pagerie, die Südwesthalbinsel und Fort-de-France, bei klarem Wetter kann man in der Ferne den Pelée erblicken. Gegenüber der Pointe Blanche liegt die von der Marine benutzte Ilet à Ramier, deren Geschütze von oben deutlich zu sehen sind: das alte Fort war seinerzeit im Kampf gegen die Engländer von strategischer Bedeutung.

Unterhalb des Morne Bigot führt eine Stichstraße rechts ab zu zwei schönen Sandstränden: nur ein paar hundert Meter trennen die ›Zwillinge‹ voneinander, und doch ist der eine schwarz (Anse Noire), der andere weiß (Anse Dufour) – eine geologische Kuriosität (s. S. 22). Man muß den Morne Réduit (308 m) umfahren, zurück zur D 7, um auf ihr zur großen Bucht (Grande Anse) zu gelangen, wo unter den Kokospalmen die Netze, Reusen und buntbemalten Gommiers liegen. Von den Bar-Restaurants aus kann man beim Fischessen Exocets (fliegende Fische) springen sehen. Natürlich ist die Idylle ein beliebtes Ausflugsziel der Foyalais, die am Wochenende mit ihren kleinen Jachten anrücken. Noch charmanter zeigt sich das Nachbardorf (Les Anses d'Arlets) mit den hübschen Holzhäusern und der dicht am Wasser stehenden Kirche.

Die Weiterfahrt sollte am Meer entlang erfolgen, denn die um den Morne Larcher herumführende Küstenstraße ist von spektakulärer landschaftlicher Schönheit. An der Petite Anse stürmen die Fischerkinder mit Lambimuscheln auf den Autofahrer los, der weniger dem Eindruck der hastig sinkenden Preise als dem Charme der Kleinen erliegt. Die Route de Corniche schlängelt sich durch trockenes Terrain auf den mächtigen Morne Larcher (477 m) zu. An der Pointe du Diamant muß man anhalten: ein 176 m hoher, formschön geschliffener Felsklotz ragt kalkweiß und leicht begrünt aus dem blauen Karibischen Meer (s. Farbabb. 4). Als His Majesty's Ship (HMS) Diamont Rock war der **Rocher du Diamant** während der Napoleonischen Kriege 18 Monate lang ein kanonenbewehrter Stützpunkt der Engländer. Man erzählt sich die berühmte Anekdote von der List der Franzosen, die einige Fässer guten Rums dort stranden ließen. Da die 110 englischen Helden sich in ihrem Felsenkoller das einmalige Besäufnis nicht versagen konnten, war das Felsenschiff schließlich leicht zurückzugewinnen. Heute ist der Diamant nur noch von Vögeln bewohnt. Man kann sich von der Ortschaft Diamant aus mit dem Boot zum Felsen hinbringen lassen und ihn erklimmen (Rutschgefahr wegen Vogelkot), darf aber keinesfalls hinschwimmen (gefährliche Strömungen!). Taucher schätzen den Felsen aufgrund der interessanten Unterwasserfauna (Barrakudas, grüne Schildkröten).

Von der kleinen Anse Caffard aus geht ein steiler Fußweg durch Ti-baume-Gesträuch hinauf auf den Morne Larcher (1 Std.). Die Berge im Süden Martiniques sind durchaus für sportliche Naturen, da 477 tropische Meter vom Meeresspiegel aus gerechnet nicht zu unterschätzen sind.

Der berühmte, fast 4 km lange Palmenstrand beginnt lange vor dem Ort **Diamant** (2500 Einwohner): wilde Brandung, großartige Silhouetten (Rocher, Morne), ideal für Wellenreiter, Strandspaziergänger und Zeltfreunde. Die Straße durchschneidet die Pointe du Marigot und führt oberhalb der versteckten Bucht von Chéry landeinwärts. Rechts zweigt ein kleiner Weg ab zur Habitation O'Mullane, die bis auf ein schön restauriertes Wohngebäude (Privatbesitz) zerfallen ist. Der Landsitz trägt den vom Indianischen abgeleiteten Namen **Le Gaoulé** (= Revolte), war er doch 1717 Schauplatz eines Siedleraufstands. Erbost über die Beschränkung der Zuckerproduktion, setzten die Kolonisten den zum Festbankett geladenen Gouverneur samt Intendanten fest, um beide mit dem nächstbesten Boot nach Frankreich zurückzuschicken. Die Reaktion des Königs war großzügig und unnachgiebig zugleich: Er berief einen neuen Gouverneur. Rund um die Anse du Céron gab es früher noch weitere Herrensitze, die heute aber alle verwahrlost sind.

Durch trockener werdende Landschaft führt die Straße landeinwärts auf die N 5, auf der man schnell nach Fort-de-France gelangt.

Die Südostspitze

Den Süden erreicht man in jedem Fall am schnellsten auf der N 5. Diesmal fahren wir an Rivière-Salée vorbei und in sanftem Bogen in den östlichen Teil. Das Zuckerrohr bedeckt hier hügeliges Terrain, das den rationellen Einsatz von Maschinen kaum gestattet. Man durchquert die Plantagen der traditionsreichen Rumdestillerie von **Trois-Rivières.** Sie betreibt noch ihre eigene Faßbinderei *(tonnellerie).* Der weiße Rum wird nach der Destillation in riesigen Eichenfudern (50000 l) kurz mit Sauerstoff angereichert, ein Teil davon wird sofort in Flaschen abgefüllt *(Rhum Blanc),* der Rest verbleibt mindestens drei Jahre in Eichenfässern *(Rhum Vieux).* Um die 10000 solcher Fässer lagern hier, von denen etwa 1000 jährlich geleert und in jahrgangsgezeichneten Flaschen ausgeliefert werden.

Sainte-Luce lockt mit seinen Stränden und Zeltplätzen (kleine Buchten, Pfade, s. Titelbild). Die Fischer fahren weit hinaus in den Santa-Lucia-Kanal. Zum Dorffest rüsten sie ihre Boote um und veranstalten Wettrennen mit anderen Gemeinden. Diese *courses de yoles* sollte man sich nicht entgehen lassen. Im Hinterland lädt der Wald von Montravail zu Spaziergängen ein. Fährt man 3 km die D 17 hinauf landeinwärts, so weist ein Schild links den Weg zu den **Roches Gravées** (Felszeichnungen der Arawaks). Bei Lépinay bietet sich ein schönes Panorama.

Zurück über die D 8 erreicht man das von Bergwassern genährte Tal von **Rivière-Pilote.** Der Ort hat 12000 Einwohner und ist das landwirtschaftliche Zentrum des Südens. Seine touristischen Attraktionen liegen einige Kilometer nördlich: **Pitt, Rumdestillerie La Mauny.** Wem der Kampf zwischen der Schlange und der zur Schleichkatzengattung gehörenden Manguste auf den Magen geschlagen hat, sollte

◁ Die Plage du Diamant mit Fischerboot

Gommier- und Yole-Regatten

Tausende strömen nach Schœlcher zu den Wettkämpfen *(course de gommier)*, in die südlichen Fischerdörfer *(course de yole)* oder zu den sieben Etappenzielen der Insel *(Tour de la Martinique)*, um zu feiern und anzufeuern, zu wetten und zu sponsern. Und die Ortsmannschaften legen sich mächtig ins Zeug, denn bei den Segelregatten geht es um die Ehre . . .

Die hierbei verwendeten alten Bootstypen dienen den Fischern noch heute als Transportmittel. Auf der karibischen Seite sind es noch die althergebrachten *gommiers.* Diese Pirogen haben ihren Ursprung in der indianischen Tradition und sind verbesserte Einbäume, die aus verkohlten Gommierstämmen herausgeschlagen und

mit Plankenaufsätzen versehen sind. An der Atlantikküste mußten sie längst der Gattung der *yoles* weichen, die nach europäischem Muster um ein Gerippe gebaut werden. Sie ähneln den in Guadeloupe verbreiteten *saintois*-Booten.

Der übliche Antrieb sind Außenbordmotoren. Nur für die Regatten werden auf den eigens konstruierten, größeren Rennmodellen riesige Segel aufgesetzt. Bis zu 100 qm kommen auf den Mast. Um die schwerfälligen Boote aufrecht zu halten, braucht es das Gegengewicht der siebenköpfigen Besatzungen. Sie hängen sich an langen Hebelstangen *(bwa viré)* übers spritzende Wasser und jagen ohne Kiel und Bleischwert hinaus . . .

den sanften Ekel mit harten Aromen hinunterspülen und flugs wieder an die Bilderbuchküste zurückkehren.

Am südlichen Ortsausgang stößt man auf die bizarren **Blocs Erratiques.** Folgt man der Straße rechts flußabwärts, zweigt nach gut 1 km links ein Sträßchen ab, das in schönem Bogen zum Morne Aca ansteigt. Unten führt die Uferstraße um ihn herum, nach der Rivière-Pilote-Brücke an Höhe gewinnend, vorbei am abseits gelegenen Strand des Anse Figuier. Hinter der Pointe Borgnesse öffnet sich der **Cul-de-Sac du Marin:** der von Korallenbänken durchsetzte Meeresgrund schillert türkis-braun und hebt sich lebhaft vom Weiß der gegenüberliegenden Strände, vom hellen Grün der Hügel ab. Die tiefeingeschnittene Bucht, ein Schlupfloch für Fischer nicht nur bei drohenden Zyklonen, war den Militärs seit jeher von strategischem Interesse. Die Franzosen gründeten im natürlichen Hafen eine ihrer ersten Siedlungen, die sie – neben Saint-Pierre, Fort Royal und La Trinité – zur Residenz eines königlichen Leutnants ausbauten und ein Jahrhundert lang gegen die wiederholten Angriffe der Engländer verteidigten. Die Befestigungsreste an den Buchträndern (Pointe Borgnesse, Pointe Dunkerque) und die Ruine des Fort Marin zeugen von diesen Kämpfen. Die Anfang des 18. Jahrhunderts errichtete Kirche prunkt mit einem Marmoraltar und zwei dazugehörigen Statuen, die von einem in der Bucht gestrandeten Schiff stammen sollen. Die Fassade ist eine Imitation im Jesuitenstil, daneben erhebt sich ein freistehender Glockenturm aus Bois d'Inde. Heute ist **Le Marin** (6100 Einwohner) die Unterpräfektur und das Ferienzentrum des Südens.

An der gegenüberliegenden Seite des Cul-de-Sac befindet sich **Sainte-Anne** (3300 Einwohner), der Ort mit der längsten Sonnenscheindauer und den makellosesten Stränden Martiniques. In bester Lage (Pointe Marin) hat sich der Club Méditerranée niedergelassen. Der Ort bietet gediegene Hotellerie (Kolonialstil-Atmosphäre im Manoir du Beauregard) in provinziellem Rahmen (schattiger Dorfplatz mit Kirche aus gelbem Kalk). Trotz des heißen, trockenen Klimas werden in der Umgebung

Am Cul-de-Sac du Marin

Wanderungen: **Pointe des Salines – Anse Macabou**

1) Savane des Pétrifications – Anse Trabaud (1,5 Std.)
2) Anse Trabaud – Baie des Anglais – Cap Chevalier (1,5 Std.)
3) Cap Chevalier – Cap Ferré – Cul-de-Sac Ferré (1,5 Std.)
4) Cul-de-Sac Ferré – Grande Anse Macabou (2 Std.)

Die Zeitangaben beziehen sich auf den Hinweg. Natürlich ist die Richtung beliebig. Als Anfahrten benutzen Sie folgende Stichstraßen:
D 9, Zeltplatz Pointe des Salines (kurz)
D 9, Kreuzung vor Sainte-Anne, Privatstraße (15 F) zur Habitation
D 9, 2 km nach Le Marin links auf D 33, rechts über Crève-Cœur
Ebenso, aber vor Crève-Cœur links weiter
N 6, vorbei an den Ruinen der Habitation Malevaut (kurz)

Melonen angebaut, die mit den Salzlämmern und -zicklein der seenahen Weiden *(prés salés)* zu den Delikatessen gehören, die das Fischangebot *(charderons, crustacés, lambis)* der Restaurants ergänzen. Die Yole-Rennen locken an Festtagen die Einheimischen in Scharen nach Sainte-Anne. Die meisten Ausflügler zieht es allerdings an den Grande Anse des Salines hinter den Salzlagunen: 1,2 km weißer Strand in sanftem Rund, hoch geschwungene Palmen, Blick auf Diamant und Morne Larcher! Der Traumstrand entpuppt sich sonntag abends leicht als Sackgasse, wenn man im Rückflutverkehr bei einsetzender Dunkelheit und tropischem Zikadenlärm in einen Stau gerät.

Den östlichen Teil der Südspitze muß man sich zu Fuß erschließen. Über eine Schotterpiste rumpeln noch zahlreiche Autos bis zu dem meist dichtbesetzten, von Mancenillierbäumen bestandenen Zeltplatz. Ihn muß man durchqueren, wenn man in die **Savane des Pétrifications** will. Sobald die Bäume kleinwüchsiger, die trockenen Böden bröseliger werden, gelangt man in eine mit Kakteen und Sukkulenten bewachsene Wüste, die Versteinerung eines von Lava zugedeckten Waldes. Leider ist die Schicht von Bimssteinen, Jaspen und Kieselerde von Touristen abgeräumt worden. An den zwei bizarren, gischtumspülten Felsen (Ilet Cabrits, Table du Diable) vorbei, den südlichsten Punkte Martiniques, endet der sanfte Aufstieg auf einem Plateau, das jäh ins Meer abbricht. An diesem Höllentor (**Pointe d'Enfer**) blickt man weit über die ausgebrannte Ebene zurück auf die Salzlagunen, die mit dem Meer zu einer einzigen flimmernden Fläche verschwimmen.

Auf der schwer zugänglichen Atlantikküste *(côte au vent)* gibt es nach Norden zu eine Reihe interessanter Strände zu entdecken, die keine Palmen und Clubs, aber viel Wind, Tang und ländliches Flair aufzuweisen haben. Die einsame, leider nicht mehr ganz saubere Anse Trabaud ist ein Geheimtip für Nacktbadende und Diebe. Hinter den Melonenfeldern der Habitation des Anglais liegt eines der schönsten Mangrovengebiete Martiniques. Auf der Höhe des Cap Chevalier sieht man Fischer auf Seeigelfang (s. Farbabb. 19): Sie benutzen dazu noch Flöße, die nach Arawak-Technik aus Stämmen des *bois canon* oder der Agave zusammengebunden werden. Der kleine und große Macabou-Strand ist am Wochenende ein beliebter Tummelplatz einheimischer Familien: Picknick unter ausladenden Raisinierbäumen, Planschvergnügen im flachen Wasser, Schnorchelmöglichkeiten am vorgelagerten Riff. Das Meer ist nur über holprige Stichstraßen zu erreichen. Man kann im übrigen in 8 Std. die ganze Südostküste entlangwandern. Da dies wegen der ständigen intensiven Sonneneinstrahlung kaum ratsam ist, sollte der Ausflug auf einen Küstenabschnitt beschränkt werden (Sonnenschutz, Kopfbedeckung, Trinkwasser).

Das Atlantiktrio und sein Hinterland

Eine alternative Route zu den Stränden des Südostens führt landeinwärts durch die Hügel. Wenn man die Rivière Salée hinauffährt und den alten Ortsteil Petit-Bourg durchquert, ist man schnell in **Saint-Esprit,** dem ländlichen Zentrum abseits der großen Verkehrswege. Die Einheimischen stehen unter den Balkonen ihrer bemalten Holzhäuser und wundern sich über jeden Touristen, der sich hierher verirrt und nach dem ehemaligen Collège fragt. Dort ist das **Musée des arts et traditions populaires** untergebracht mit seiner bunten Kollektion alter Arbeitsmaterialien, Möbelstücke, Fotografien (tägl. 9–12, 15–17 Uhr, So 9–14 Uhr, Di geschlossen). Wir verlassen den Markt in Richtung Le Vauclin (D 5) und fahren an der Flanke des gleichnamigen Berges (504 m) durch sehr fruchtbares Gebiet. Die dicht besiedelte Straße ist gesäumt von Jardins créoles, in denen die Ignames und Christophinen, die Mangos und tropischen ›Äpfel‹ *(pommes d'eau, pommes de lianes, pommes de cannelle)* gedeihen, die auf den Märkten begeisterte Abnehmer finden. Unterhalb, in den Tälern, wechseln die Zuckerrohr- und Bananenkulturen ab, die in Meeresnähe zunehmend Zebuweiden Platz machen. Wer zu den Stränden der Sainte-Anne-Halbinsel strebt, sollte – der Aussicht wegen – die Strecke über den Morne Pérou (D 32) wählen. Wer jedoch Martiniques ältesten, längst erloschenen Vulkan besteigen will, fährt auf der D 5 noch 1 km und nach der Abzweigung links an der Rivière Coulée d'Or weitere 3,5 km, um auf dem Kreuzweg hinaufzumarschieren (1,5 Std.). Die Anstrengung wird mit einer grandiosen Aussicht belohnt: die zerklüftete Atlantikküste mit ihren schäumenden Riffen auf der einen, die Bucht von Fort-de-France auf der anderen Seite.

Le Vauclin bildet mit Le François und Le Robert ein Trio von Orten, die gleichermaßen vom rauhen Atlantik geprägt, vom Fischfang abhängig und mit schwierigen Navigationsbedingungen konfrontiert sind. Die der Küste vorgelagerten, doppelreihigen Korallenbänke werden von zahlreichen Fahrtrinnen durchbrochen, durch welche die Fischer ihre verletzlichen Boote manövrieren. Die Wassertemperatur ist hier auf Grund der geringen Tiefe besonders warm. Doch auch bei den Riffen gibt es seichte Stellen, die **Fonds Blancs.** Man kann sich zu diesen türkis leuchtenden Sandbänken hinausfahren lassen und bekommt dann zum Badevergnügen einen Punsch serviert. Für Tierfreunde sind die zahlreichen Inselchen ebenso interessant wie tabu, denn dorthin haben sich nicht nur Vögel aller Art, sondern auch die vom Aussterben bedrohten Meeresschildkröten zurückgezogen. Einige der Inseln gehören Privatleuten, die Ilet Oscar kann sogar gemietet werden. Fragen Sie die Fischer am Ort nach

Kinder aus Martinique …

möglichen Überfahrten und achten Sie auf die kleinen Werbeplakate in den Häfen und Bars! Von Le François (Club Nautique) aus starten Boote zu den Fonds Blancs und/oder zum Besuch der Inseln. Von Le Robert aus kann man zur Ilet Chancel (größte Insel Martiniques), zur Ilet Madame (Palmenstrand) oder zur Loup Garou (blendend weißer Sand, 10 km draußen) übersetzen.

Le Vauclin (7700 Einwohner) verdankt seinen Namen einem Comte de Vauquelin, der hier um 1700 zuerst Tabak, dann Zuckerrohr anbaute, nachdem die Gegend lange in Karibenhand war. Auf dem Terrain der Habitation Paquemar, vor Jahrzehnten noch Synonym einer bedeutenden Zuckerfabrik, fanden Archäologen Spuren eines Indianerdorfes. Weitere Sehenswürdigkeiten: der Markt und die vom Passatwind verformten Palmen am Strand.

Le François (14500 Einwohner), die alte Pfarrei Pater Labats, ist heute ein aufstrebendes Städtchen mit komplettem Neubauviertel. Am Marktplatz ficht die moderne Kirche einen fürchterlichen Wettstreit mit dem großväterlichen Rathaus aus. Unter den lauschigen Ranken der Bougainvillea erinnert ein Epitaph an einen blutigen Krieger: schließlich ist »General Brière de l'Isle, einer der glorreichen Eroberer des Sudan und Tonking« auf einer Habitation des Gemeindegebiets geboren. Le François hat freilich noch einen anderen Helden vorzuweisen: Homère Clément, den Pionier des *rhum agricole*. Als sich mit der Entwicklung der Zuckerfabriken die industrielle Rumproduktion durchgesetzt hatte, gründete er 1897 seine Destillerie in der Absicht, die Tradition des ›wahren Rum‹ zu pflegen. Man beherzigt noch heute seine Qualitätsmaßstäbe und erntet das Zuckerrohr mit der Machete, um das wertlose *bout blanc* und die Blätter sauber abzutrennen und den zur Destillation bestimmten reinen Zuckersaft zu gewinnen. Die **Domaine de l'Acajou** befindet sich an der Straße nach Saint-Esprit, an den südöstlichen Hügeln des für die Bewässerung wichtigen Stausees von La Manzo. Es lohnt sich, durch die mangobestandene Anlage zu schlendern, das erst kürzlich restaurierte und original möblierte Herrenhaus zu besichtigen und nicht zuletzt die Case à Lucie aufzusuchen. Dort werden ein zehnminütiger Videofilm (mit historischen Aufnahmen), eine Ausstellung von Radierungen und eine Palette edler Rumsorten (Grappe blanche, 6jähriger und 15jähriger Rhum vieux) geboten.

Le Robert (15 500 Einwohner) ist der Dritte im Bunde und wie Le François eine Gründung Père Labats, der sich überschwenglich über die Lage der Siedlung äußerte. Sie liegt an einer weitausschwingenden Bucht, die nicht nur am dritten Sonntag im September (Seefest) eine großartige Kulisse abgibt. Le Robert hat eine repräsentative Uferpromenade, soll ein Gewerbegebiet bekommen und ist ansonsten ein ganz gewöhnlicher Ort geblieben. Dies zeigt sich besonders am Sonntag nach der Messe, wenn die jungen Mamas ihre süßen Kleinen in Spitzenkleidchen gesteckt haben, die Männer – je nach Alter vor chromblitzenden Maschinen oder auf Stöcke gestützt – ihre ›sachkundigen‹ Gespräche führen und die alten Madrasfrauen währenddessen an den Marktständen Kokoskuchen und Anthurien besorgen ...

Wenn man die N 1 hochfährt, sieht man die Bucht noch kurz im Rückspiegel, bevor man sich an Bananenplantagen vorbei Lamentin und Fort-de-France nähert.

Abbildungsnachweis

Farbabbildungen

Beaufrère, Florence (Guadeloupe) 9
Bersick, Gerhard (Odenthal-Voiswinkel) 6, 33
Cash, Mauritius (Mittenwald) Umschlaginnenklappe, 1, 4
Damm, Fridmar (Köln) 16
Dolezal, Ulrike (Bonn) 23
Fritz, Wolfgang (Köln) Titel, 22, 25
Guy, Chez (Guadeloupe) 10
Miller, Alo und Nikolaus (München) Umschlagrückseite, 2, 3, 5, 7, 8, 11–15, 18–21, 24, 26–32
Oertel, IFA-Bilderteam (München) 17

Schwarzweißabbildungen

Beese, Gerhard (Hamburg) S. 146
Concorde-Film (München) S. 85, 86
Französisches Verkehrsbüro (Frankfurt) S. 73, 92, 123, 129, 130
Gaumy, Jean, Magnus (Paris) S. 61, 65, 75, 78, 81
Kassel, Hildegard (München) S. 43
Miller, Alo und Nikolaus (München) S. 20, 23, 24, 26, 27, 30, 46, 48, 51, 60, 67, 126, 127, 131, 132, 135, 139, 148, 149, 156, 162, 170, 171, 183, 186, 188, 196, 200, 201
Scholz, Kurt F., Bilderdienst Süddeutscher Verlag (München) S. 53, 204
Viollet, Roger (Paris) S. 9, 14, 56/57, 89, 95, 141, 151, 164, 167, 174, 178, 184, 192, 198, 205

Alle übrigen Abbildungen stammen von den Autoren und aus dem Archiv des DuMont Buchverlages

Karten und Pläne

DuMont Buchverlag.

Quellennachweis

Zitat auf S. 38 Jean-Baptiste Labat, Pater Labats Sklavenbericht, © 1984 Edition Erdmann, K. Thienemanns-Verlag
Zitat auf S. 41 Alejo Carpentier, Explosion in der Kathedrale, Frankfurt a. M. 1977
Zitat auf S. 43 André Schwarz-Bart, Die Mulattin Solitude, o. O., o. J.
Zitat auf S. 49 Aimé Césaire, Zurück ins Land der Geburt, München 1962

Zitat auf S. 68 Frantz Fanon, Schwarze Haut, weiße Masken, Frankfurt a. M. 1980
Zitat auf S. 77 Simone Schwarz-Bart, Ti Jean oder Die Heimkehr nach Afrika, Wuppertal 1982
Zitat auf S. 79/80 Aimé Césaire, Zurück ins Land der Geburt, München 1962
Zitat auf S. 84 Aimé Césaire, ebd.
Zitat auf S. 86/87 Joseph Zobel, La Rue Cases-Nègres, Paris 1974, Übersetzung von N. Miller
Zitat auf S. 177 Lafcadio Hearn, Un voyage d'été aux tropieques, Paris 1977, Übersetzung N. Miller

Raum für Reisenotizen

Praktische Reiseinformationen

Wissenswertes vor der Reise
- Anreise 210
- Einreisebestimmungen 211
- Preise 212
- Reisezeit 212
- Veranstalter 212

Unterkunft
- Hotels 213
- Appartements und Bungalows . . . 215
- Gîtes ruraux 216
- Camping 217

Essen und Trinken
- Restaurants 217
- Selbstversorger 219

Verkehrsmittel
- Auto 220
- Wohnmobile 220
- Motorroller und Mofas 221
- Straßenverhältnisse/ Verkehrsverhalten 221
- Taxis 222
- Busse/Sammeltaxis 222
- Schiffsverbindungen 222
- Flugverbindungen 223

Wanderwege 224

Sport
- Angeln (Hochseeangeln) 227
- Fahrradfahren 227
- Fliegen 227
- Fußball 228
- Golf 228
- Reiten 228
- Schnorcheln 229
- Segeln 229
- Tauchen 230
- Tennis 231
- Wasserski 232
- Windsurfen 232

Praktische Informationen von A–Z
- Ausflüge 232
- Einkaufen 233
- FKK 233
- Fotografieren 233
- Galerien 234
- Geld 234
- Gesundheit 234
- Karten 236
- Kinder 236
- Konsulate 236
- Kreuzfahrten 236
- Kriminalität 236
- Kulturveranstaltungen 237
- Kunsthandwerk 237
- Literatur 237
- Medien 238
- Museen 239
- Nachtleben 240
- – Diskotheken 241
- – Spielkasinos 241
- Pitt 241
- Post 242
- Rumdestillerien 242
- Strom 244
- Telefon 244
- Trinkgeld 244
- Zeitverschiebung 244
- Zoll 244

Antillanisches Wörterbuch 245

Register 247

Wissenswertes vor der Reise

Verzeichnis der Abkürzungen

CGM	Compagnie Générale Maritime Allgemeine Schiffahrtsgesellschaft
DOM	Département d'outre-mer Überseedepartement
EDF	Eléctricité de France Staatliches Stromversorgungsunternehmen
HLM	Habitation à loyer modéré Sozialwohnungen
ONF	Office National des Forêts Nationale Forstbehörde
PNRM	Parc Naturel Régional de la Martinique Naturpark Martinique
RFO	Radio France Outre-mer Frankreichs Überseesender
VVF	Village Vacances Familles Feriendorf für Familien

Anreise

Von Deutschland aus gibt es bisher keine Direktflüge nach Guadeloupe oder Martinique. Man ist auf die 8,5stündigen Inlandflüge (daher kein zollfreier Einkauf) angewiesen, mit denen die Überseedepartements von französischen Fluglinien bedient werden (Jumbo Jets). Air France, die nationale Fluggesellschaft, unterhält regelmäßige Verbindungen ab:

Paris (Charles de Gaulle) / Terminal A: täglich (je nach Saison mehrmals) nach Pointe-à-Pitre und Fort-de-France. **Achtung:** Bei Anflug aus der Bundesrepublik muß mit einem Flughafenwechsel gerechnet werden. Für den Bus *(navette)* zwischen Orly und Charles de Gaulle (Roissy) erhält man am Informationsschalter der Air France ein kostenloses Transfer-Ticket.

Bordeaux: 1 × pro Woche nach Pointe-à-Pitre und Fort-de-France
Lille: 1 × pro Woche nach Pointe-à-Pitre und Fort-de-France
Lyon: 2 × pro Woche nach Pointe-à-Pitre und Fort-de-France
Marseille: 2 × pro Woche nach Pointe-à-Pitre und Fort-de-France
Mulhouse: 2 × pro Woche nach Pointe-à-Pitre und Fort-de-France

Drei Charterfluggesellschaften (Minerve, UTA und Aéromaritime) konkurrieren mit Air France, ohne die Monopolstellung der nationalen Fluglinie wirklich zu erschüttern. Was die Preise anbetrifft, unterscheiden sich die Charterflüge nicht wesentlich von den Air France-Tarifen, die je nach Reisezeit zwischen 1000 und 1700 DM schwanken.

Wer mit Lufthansa fliegen will, bucht Antigua oder Saint-Martin und erreicht dann mit einer innerkaribischen Fluglinie (Liat, Air Guadeloupe, Air Martinique) die Zielinsel.

Kreuzfahrten durch die Kleinen Antillen werden meist mit Hin- und Rückflug (Miami, Pointe-à-Pitre, Fort-de-France) angeboten, sind aber auch mit Atlantiküberquerungen kombinierbar. In Reisebüros erhalten Sie diverse Prospekte über Routen, Bordprogramme, Landausflüge (s. S. 232).

Es gibt auch Mitreisemöglichkeiten auf Bananendampfern. Sie starten von Bordeaux, Dieppe oder Rouen und überqueren den Atlantik in acht bis neun Tagen. Auskunft und Reservierung bei:

SOTRAMAT
Compagnie Générale Maritime (CGM)
12 Rue Godot-de-Mauroy
75440 Paris Cédex 09
✆ 42666019

Auskunft

Französisches Verkehrsbüro
Berliner Allee 26
4000 Düsseldorf
✆ 0211/80375–76

Französisches Verkehrsbüro
Kaiserstraße 2 und Westendstraße 47
6000 Frankfurt 1
✆ 069/756083–0

Französisches Fremdenverkehrsamt
Hilton Center 259 C 2
Landstraßer Hauptstraße 2a
A-1030 Wien
✆ 0222 oder 01/7157062

Französisches Fremdenverkehrsamt
Bahnhofstraße 16
8022 Zürich
✆ 01/2113085
ab September 1990:
Löwenstraße 59
8001 Zürich

Office du Tourisme de Guadeloupe
5, Square de la Banque
97181 Pointe-à-Pitre
✆ 820930
Informationsheftchen ›Bonjour Guadeloupe‹ mit allen wichtigen Adressen

Office du Tourisme de Basse-Terre
Maison du Port
97100 Basse-Terre
✆ 812483

Office du Tourisme de Saint-François
Avenue de l'Europe
97118 Saint-François
✆ 884874

Office du Tourisme de Saint-Barthélemy
Rue Auguste Nyman
97133 Gustavia
✆ 276008

Office du Tourisme de Saint-Martin
Porte de Marigot
97150 Saint-Martin
✆ 875326

Office du Tourisme de Martinique
Boulevard Alfassa
97206 Fort-de-France
✆ 717960
Hier erhält man kostenlos die nützliche zweisprachige (frz./engl.) Zeitung ›Bienvenue‹ und das monatlich erscheinende Heftchen ›Choubouloute‹, das über wichtige Adressen, Veranstaltungen etc. informiert.

Office Départemental du Tourisme
BP 520
97206 Fort-de-France Cédex
✆ 637960

Zentrale Reservierungsadresse für Unterkünfte:
Centrale de Réservations Loisirs-Accueil Martinique
BP 823
97208 Fort-de-France Cédex
✆ 715611

Außerdem gibt es an zahlreichen Orten ein Syndicat d'initiative (Fremdenverkehrsverein).

Einreisebestimmungen

Guadeloupe und Martinique gehören zum französischen Staatsgebiet. Bei einem Aufenthalt bis zu drei Monaten genügt der Personalausweis (für EG-Bürger) oder Reisepaß (Österreicher und Schweizer). Man muß außerdem ein gültiges Rückreise- oder Anschlußflugticket vorlegen. Der Nachweis von Schutzimpfungen ist nicht erforderlich.

Preise

Ein Urlaub auf den Französischen Antillen ist nicht billig. Dafür erwartet Sie auch kein Massentourismus. Außerhalb der Hauptreisezeit kann man deutliche Reduzierungen bei Flug- und Hotelpreisen verzeichnen. Weitere Einsparmöglichkeit: *Gîtes ruraux* (Landhäuser, Bungalows).

Selbstversorgung: Wegen des hohen Importanteils liegt das Preisniveau der Lebensmittel allerdings bis zu 40 % über demjenigen Frankreichs. Ausnahmen: tropische Früchte, Rumprodukte.

Reisezeit

Es herrscht das ganze Jahr über gutes Reisewetter (22–30 °C, angenehmer Passatwind). Von Jahreszeiten kann man strenggenommen nicht sprechen. Die meisten Touristen kommen in der Nebensaison (Dezember bis April) und entfliehen so dem europäischen Winter. Die relativ trockenen Monate bieten für Bergwanderer die besten Bedingungen. Außerdem fallen in diese Zeit auch die Karnevalsfeiern.

In der sog. Regenzeit (Juli bis Oktober) ist das karibische Klima etwas heißer und feuchter. Die Vegetation steht in Blüte, und die Preise sinken erheblich. Da die Niederschlagsmengen aufgrund der Reliefstruktur der Inseln stark schwanken, hängt die Wetterlage vom Standort ab. Die Dependancen, Grande-Terre (Guadeloupe) und der Süden Martiniques sind niederschlagsarme Landstriche. Mitte August bis Ende Oktober muß allerdings mit Zyklonen (Hurrikan) gerechnet werden.

Beachten Sie die französischen Ferienzeiten (Juli, August), die bei Hotels und Flügen zu Engpässen führen können. Zur Hauptsaison ist rechtzeitige Buchung unerläßlich.

Veranstalter

Nahezu alle großen Reiseveranstalter haben die Französischen Antillen im Programm. Sie führen Hotels der gehobenen Touristenklasse, die meist ein umfangreiches Sportangebot einschließen. Es lohnt sich, Pauschalarrangements zu vergleichen:

airtours
Adalbertstraße 44–48
6000 Frankfurt 90
✆ 069/79280

Caribbean Holidays
Arnulfstraße 44
8000 München 2
✆ 089/554837

jet Reisen GmbH
Kaiserstraße 64
6000 Frankfurt 1
✆ 069/26818

Ein kenntnisreicher Spezialist mit breitgefächertem Angebot und individueller Beratung (auch für Guadeloupe) ist:

La Martinique Reisen GmbH
Mattseestraße 20a

8000 München 82
✆ 089/4302966

Je nach Ansprüchen kommen auch die französischen Veranstalter in Frage. Sie offerieren den gepflegten Cluburlaub oder das einfache Arrangement von Charterflug und Hotelunterkunft:

Club Méditerranée
Königsallee 98 a
4000 Düsseldorf 1
✆ 02121/38050

Nouvelles Frontières
Schillerstraße 44
6000 Frankfurt 1
✆ 069/290461

Graf-Adolf-Straße 80
4000 Düsseldorf 1
✆ 0211/350348

Augustenstraße 54
8000 München 2
✆ 089/5234056

Unterkunft

Hotels

Guadeloupe und Martinique verfügen über eine Vielzahl von Hotels, die sich an den schönsten Badestränden konzentrieren. Dort haben sich touristische Zentren (Bas-du-Fort/Gosier, Sainte-Anne, Saint-François; Pointe-du-Bout/Trois-Ilets, Diamant, Sainte-Anne) entwickelt, die mit ihren Restaurants, Boutiquen sowie Sportanlagen gehobenen Ansprüchen gerecht werden und auch zur Hauptsaison noch angenehm beschaulich wirken.

Die Hotels sind keine Bettenburgen, sondern architektonisch gelungene und großzügige Anlagen, deren Treffpunkte (Rezeption, Bars, Swimmingpool) sich reizvoll im tropischen Garten verteilen. Zu den großen Luxushotels gehören eigene Strandabschnitte (Liegestühle, Sonnenschirme), breitgefächerte Sportmöglichkeiten (Tennis, Tischtennis, Tretboot, Sunfishsegeln, Wasserski, Windsurfing) und abwechslungsreiche Animationsprogramme (Sportkurse, Steelband, Folkloreballett). Die Standardzimmer sind mit Dusche/Bad, Kühlschrank und Klimaanlage, ab drei Sternen auch mit Selbstwähltelefon, Radio und TV ausgestattet. Die durch Regierungsverordnung festgelegten und von den Präfekturen kontrollierten Klassifizierungen stellen einen zuverlässigen Gradmesser für Qualität und Preis dar. Für ein Doppelzimmer pro Tag muß man in der Luxusklasse**** mit ca. 300 DM aufwärts, bei gehobenem Standard*** mit ca. 200 DM aufwärts und in der Mittelklasse** mit ca. 80 DM aufwärts rechnen. Die nicht klassifizierten Hotels sind in der Regel einfach, aber ausreichend komfortabel eingerichtet. Bei den sog. *Relais Créoles* (RC) handelt es sich um Häuser der mittleren und kleinen Hotellerie, die auch außerhalb der Zentren anzutreffen sind und mehr Lokalkolorit vermitteln.

Extreme Verhältnisse herrschen auf den Dependancen. Während die nördlichen Inseln (Saint-Barthélemy, Saint-Martin) die Reichsten der Reichen mit exklusiven Luxushotels bedient, sind Marie-Galante und Désirade touristische Einöden geblieben. Nur die Saintes (Terre-de-Haut) bieten eine ganze Reihe bezahlbarer Familienhotels mit Preisen ab 150 DM aufwärts für ein Doppelzimmer.

Die folgende Übersicht beginnt mit den touristischen Zentren und folgt den Küsten entgegen dem Uhrzeigersinn. Aktuelle Listen und detaillierte Beschreibungen erhält man beim betreffenden Office du Tourisme.

Guadeloupe

Pointe-à-Pitre: Le Bougainvillée*** ∅ 901414, Les Relais Bleus du Raizet** ∅ 900303 (Flughafenhotel)

Gosier: Vieille Tour**** ∅ 842323; Arawak (PLM)*** ∅ 842424, Callinago (PLM)*** ∅ 842525, Créole Beach*** ∅ 842626, Ecotel*** ∅ 842121, Marissol (PLM)*** ∅ 908444, Novotel*** ∅ 908149, Salako*** ∅ 842222, Auberge J. J. RC ∅ 841185, Canibis RC ∅ 841183, Marie-Gaillarde RC ∅ 889158 (Blick in Grands Fonds), Serges's Guest House ∅ 841025, Sernida's Hotel RC ∅ 842929

Sainte-Anne: Caravelle (Club Méditerranée)**** ∅ 842121, Mini Beach Hotel RC ∅ 882113, Motel de Sainte-Anne ∅ 882240, Rotabas RC ∅ 882560

Saint-François: Hamak**** ∅ 885999, Méridien**** ∅ 885100, Golf Marine Club*** ∅ 886060, Honoré's Hotel** ∅ 884061, Trois Mâts** ∅ 885999

Moule: Alizés ∅ 231780, Hôtel de la Rade RC ∅ 235092

Deshaies: Fort Royal ∅ 284110 (große Hotel- und Bungalowanlage)

Vieux-Habitants: Rocroy** ∅ 984225

Basse-Terre: Hôtel de Basse-Terre ∅ 811978

Saint-Claude: Relais Bleus de la Soufrière*** ∅ 800127

Trois-Rivières: Grand'Anse ∅ 929047

Petit-Bourg: Coucou des Bois RC ∅ 954235 (Montebello), Auberge de la Distillerie RC ∅ 942591 (Vernou)

Dependancen

Saintes (Terre-de-Haut): Los Santos (PLM)*** ∅ 995040, Auberge des Anacardiers** RC ∅ 995099; Bois Joli RC ∅ 995038 (mit Bootssteg), Jeanne d'Arc RC ∅ 995041, Kanaoa RC ∅ 995136, Saintoise ∅ 995269

Marie-Galante: Auberge de Soledad ∅ 977545 (Grand-Bourg), Le Salut ∅ 970267 (Saint-Louis)

Saint-Barthélemy: Manapany**** ∅ 276655, Emeraude Plage*** ∅ 276478, Filao Beach*** ∅ 276484, Sereno Beach*** ∅ 276480, Tropical*** ∅ 276487, Jean Barth** ∅ 276337, Baie des Flamands* ∅ 276476, Normandie* ∅ 276166, Guanahani ∅ 276660, Eden Rock ∅ 277294, Presqu'île ∅ 276460, Auberge de la Petite Anse ∅ 276460

Saint-Martin: La Sammana**** ∅ 875122 (eines der schönsten Hotels der Welt), Le Privilège**** ∅ 873737, Galion Beach*** ∅ 873177, Grand Saint-Martin*** ∅ 875791, Royal Beach** ∅ 878989, Royal Louisiana** ∅ 878651, Le Pirate ∅ 877837, L'Habitation de Lonvilliers ∅ 873333, Coralito Beach ∅ 873181

Martinique

Fort-de-France: Impératrice*** RC ∅ 630682; Balisier** ∅ 714654, Bristol** RC ∅ 713180, Chez Anna** ∅ 715562, Un Coin de Paris** RC ∅ 700852, Duparquet** RC ∅ 702836, Gommier** RC ∅ 718855, Lafayette** RC ∅ 738050, Malmaison** RC ∅ 639085, Victoria** RC ∅ 605678, Blénac ∅ 701841, Palasia ∅ 603260, Rêve Bleue ∅ 730295

Ducos: Airport Hôtel ∅ 562982

Pointe-du-Bout/Trois-Ilets: Bakoua**** ∅ 660202 (weltweit eines der schönsten Hotels), Méridien **** ∅ 660000, Carayou (PLM)*** ∅ 660404, Frantel*** ∅ 660404, Auberge de l'Anse Mitan** RC ∅ 660112 (auch Studios), Calalou** RC (am Anse à l'Ane), Caraïbe Auberge** RC ∅ 660319, La Bonne Auberge Chez André RC ∅ 660155, Eden Beach RC ∅ 660119, Madinina RC ∅ 660054, Matador RC ∅ 660536, Rivage Hotel RC ∅ 660053 (mit Kitchenettes = kleine Küche)

Diamant: Novotel*** ∅ 764242, Diamant les Bains** RC ∅ 764014 (auch Bungalows)

Sainte-Luce: Délices de la Mer ∅ 625012

Sainte-Anne: Les Boucaniers (Club Méditerranée) ∅ 767272, Manoir de Beauregard*** RC ∅ 767340 (Kolonialhaus, 18. Jh.), Caritan** ∅ 767412 (Clubhotel), Dunette** RC ∅ 767390

Vauclin: Auberge de l'Atlantique ∅ 744036, Chez Julot RC ∅ 744093

Le François: Les Brisants RC ∅ 743257 (auch Bungalows)

Trinité: Saint-Aubin*** RC ∅ 693477 (schönes Kolonialhaus), Le Madras RC ∅ 582144 (Familienhotel am Tartane-Strand)

Basse-Pointe: Plantation Leyritz*** RC ∅ 755392 (s. S. 182)

Grand-Rivière: Les Abeilles ∅ 755672

Saint-Pierre: Nouvelle Vague ∅ 771434

Carbet: Latitude*** ∅ 780808 (Clubdorf)

Morne-Vert: Chez Cécilia ∅ 441283 (nur 4 Zimmer)

Case-Pilote: Auberge du Vare** RC ∅ 788056

Schœlcher: La Batelière**** ∅ 614949, Madiana Motel RC ∅ 612878 (mit Kitchenettes)

Appartements und Bungalows

Unter Selbstverpflegern erfreuen sich Appartements und Bungalows großer Beliebtheit. Familien und Gruppen kommen hier angenehm und relativ preiswert unter, und auch für Paare hat das *studio* mit Kitchenette seinen Vorteil gegenüber dem Hotelzimmer. Das Angebotsspektrum reicht vom Appartementhotel bis zur Ferienhausanlage.

Guadeloupe

Gosier: PLM Azur Village Soleil** ∅ 908576, Bungalows Village ∅ 840447, Les Flamboyants RC ∅ 841411

Saint-Félix: Carmelita's Village Caraïbe** RC ∅ 842828

Sainte-Anne: Relais du Moulin** RC ∅ 882396 (Bungalows um eine alte Mühle), Auberge du Grand Large RC ∅ 882006, La Toubana RC ∅ 882578

Saint-François: Les Marines de Saint-François ∅ 844515

Petit-Bourg: Les Alpinias ∅ 942392 (Vernou)

Martinique

Lamentin: Martinique Cottage RC ∅ 501608

Trois-Ilets: Alamanda** RC ✆ 660319, Bambou** RC ✆ 660139, Karakoli** RC ✆ 660267

Diamant: Anse Bleue RC ✆ 762191, Diamant Bleu RC ✆ 764215, Village Du Diamant RC ✆ 764189

Sainte-Luce: Résidence Deville ✆ 625064, Résidence Grand Large RC ✆ 625442

Le François: Bungalows de la Prairie ✆ 504737 (Pointe Jacob)

Trinité: Studios La Caravelle ✆ 583732, Village de Tartane ✆ 584633 (beide an der Anse l'Etang)

Morne-Rouge: Auberge de la Montagne Pelée RC ✆ 523209 (Studios)

Die VVF-Feriendörfer *(villages vacances familles)* sind für einheimische Familien reserviert und können nur außerhalb der Ferienzeiten angemietet werden. Auskunft bei:

Villages Vacances Familles
38 Boulevard Edgar-Quinet
75014 Paris
✆ 43201288

Gîtes ruraux

Als reizvolle Alternative kommen die Bungalows und Landhäuser in Frage, die von Privatvermietern angeboten werden. Sie liegen abseits der touristischen Zentren im Dorf, hinter den Plantagen, oft auch in Meeresnähe und erleichtern durch ihren Standort den Kontakt mit der Bevölkerung. Der französische Staat fördert diese Form des Tourismus und verbindet mit dem Prädikat *Gîte de France* Mindestanforderungen an Komfort. Die Häuser sind auf jeden Fall mit Bad/WC, Küche (Kühlschrank, Herd, Geschirr), Bett (Bettwäsche wird gestellt), Schrank, Tisch und Sitzgruppe ausgestattet. Gästezimmer *(chambres d'hôte)* schließen die Benutzung eines Gemeinschaftsraums ein und werden mit Frühstück vermietet. Die Klassifizierung: 1 Ähre = einfach, 2 Ähren = komfortabel, 3 Ähren = sehr komfortabel. Wer sicher gehen will, wählt die höchste Kategorie. Die Preise liegen für zwei bis drei Personen bei 300–400 DM pro Woche.

Da die Gîtes bei französischen Individualtouristen sehr gefragt sind und nur in beschränkter Zahl zur Verfügung stehen, muß man sie lange (in der Hauptsaison ein halbes Jahr) vor Antritt der Reise reservieren. Das zuständige Relais Départemental sendet das aktuelle Gîtes-Verzeichnis *(annuaire)* und nimmt – gegen eine Anzahlung *(arrhes)* – die Reservierung vor.

Association guadeloupéenne
des Gîtes ruraux
Office du Tourisme
BP 759
97110 Pointe-à-Pitre Cédex
✆ 590/820938

Gîtes de France Martinique
Maison du Tourisme Vert
BP 1122
97248 Fort-de-France Cédex
✆ 596/736792

Buchungsadresse:
Centrale de Réservation Martinique
BP 823
97208 Fort-de-France Cédex
✆ 596/715611

Im Falle der Dependancen wendet man sich am besten an die betreffende *Mairie* (Bürgermeisteramt). Sie kann Privatvermieter nennen, die jedoch nicht der Qualitätskontrolle der Gîtes de France unterliegen.

Camping

Camping ist kaum verbreitet, daher auch nicht streng reglementiert. ›Wildes Zelten‹ bedarf aber der Genehmigung durch die Kommune.

Auf Guadeloupe bestehen Möglichkeiten lediglich in Saint-François und Deshaies. Auskunft:

VVF Guadeloupe
Saint-François
✆ 88 41 27 / 88 59 47

Camping Les Sables d'Or
Deshaies
✆ 81 39 10

Auf Martinique trifft man verhältnismäßig viele Einheimische auf ›inoffiziellen‹ Zeltplätzen. Sie befinden sich an den Südküsten (Anse du Diamant, Sainte-Anne, Les Salines, Anse Macabou) und bieten keinerlei Komfort. An der Pointe des Salines schläft man sogar unter (giftigen) Mancenillierbäumen. Ein schöner Campingplatz wurde vom VVF an der Anse Gros Raisins (Sainte-Luce) eingerichtet.

Campingwagen/Wohnmobile s. Auto S. 220

Essen und Trinken

Restaurants

Die Französischen Antillen bilden in der Karibik eine kulinarische Oase. Es gibt Hunderte empfehlenswerter Restaurants. Die Spitzenköche haben in französischen Sterne-Tempeln gelernt und überraschen mit einer Nouvelle Cuisine Créole. Man serviert die köstlichen Kreationen in vornehmer Atmosphäre – zu luxuriösen Preisen.

Neben diesen Gourmet-Lokalen gibt es viele anspruchsvolle, oft geschmackvoll eingerichtete Restaurants, die internationale, französische und kreolische Standardgerichte auf ihrer Karte haben. Die Hotel-Restaurants gehören zu dieser nicht gerade billigen Kategorie. Sie orientieren sich an den Ansprüchen der Touristen und bilden – mit den Asiaten und Italienern, den Pizzerien, Bistros und Grillrestaurants – eine bunte Palette, aus der man nach Lust und Laune auswählen kann. Sie werden gute Entdeckungen machen und nur gelegentlich enttäuscht sein.

Am authentischsten sind die Lokale der Einheimischen, luftige Wellblechbauten, die am Strand oder im Dorf zu einem schattigen *Ti-punsch* einladen und in der entsprechenden Stimmung zu einem kreolischen Menü verführen. Am Herd steht meist eine Frau, die *cuisinière,* deren Name oft auf dem Eingangsschild zu lesen ist (Chez . . .). Die Kost ist einfach, in der Qualität schwankend. In der Regel gilt: je größer der Ansturm, desto frischer der Fisch. Ansonsten kann man an den *Accras* erkennen, was einen erwartet.

Im folgenden eine kleine, subjektiv gefärbte Auswahl, die vor allem Adressen außerhalb der Touristenzentren (Bas-du-Fort, Gosier, Pointe-à-Pitre, Anse Mitan, Pointe du Bout, Fort-de-France) berücksichtigt, die bei den Autotouren eingeplant werden können. Im übrigen öffnen und schließen die Restaurants in atemberaubendem Tempo, vom Wechsel der Köche und Besitzer ganz zu schweigen.

Guadeloupe

Anse-Bertrand: Chez Prudence, Anse Laborde ✆ 22 11 17 (kreol. Fischspezialitäten,

Terrasse mit Disco); Le Château de Feuilles, Campêche ✆ 221910 (Nouvelle Cuisine Créole in tropischem Garten mit Swimmingpool, nur mittags, sehr teuer)

Bas-du-Fort: Le Bistro de Diane, Marina (frz., schlicht und angenehm); La Plantation, Centre Commercial ✆ 908433/908381 (anspruchsvolle frz.-kreol. Küche, teuer)

Capesterre: Le Balisier, Bananier ✆ 868750 (kreol./frz.); Le Crépuscule/Chez Dollin, L'Habituée auf der Auffahrt zu den Carbet-Fällen (kreol., zahlreiche Punschsorten im Verkauf)

Deshaies: Karacoli, Plage de Grand-Anse ✆ 284117 (kreol., schöner Garten am Strand); Le Mouillage, im Ort ✆ 284112 (kreol., typisches Dorflokal)

Gosier: Auberge de la Vieille Tour, Route du Gosier ✆ 842323 (Hotel mit ehemaliger Zuckermühle, feine und teure Gourmet-Adresse, nur abends); Le Bananier, Route du Gosier ✆ 843485 (Nouvelle Cuisine Créole, elegantes Interieur)

Matouba: Aux Charmes de Papaye, Auffahrt zum Plateau de Papaye (kreol., Ouassous-Krebse); Chez Paul, hinter Mineralwasserfabrik auf dem Weg zur Maison Forestière ✆ 802920 (Ouassous und andere Spezialitäten, berühmt und preiswert, nur mittags auf Vorbestellung)

Moule: Chez Doudou Coman, La Baie ✆ 245363 (kreol.)

Petit-Bourg: Auberge de la Distillerie, Tabanon auf der Strecke nach Vernou (Traversée D 23) ✆ 942591/942768 (hübsche Sommerfrische, kreol. Küche)

Port-Louis: Le Poisson d'Or, Rue Sadi Carnot in der Ortsmitte ✆ 228863 (kreol. Fischspezialitäten)

Pointe-à-Pitre: La Canne à Sucre, 17 Rue Jean Jaurès ✆ 821019 (Nouvelle Cuisine Créole, erstklassig und sehr teuer)

Saint-François: La Langouste Chez Honoré, Anse la Gourde ✆ 885219 (Meeresfrüchte)

Sainte-Rose: Chez Clara, Boulevard Saint-Charles ✆ 287299 (kreol.)

Dependancen

Désirade: Chez Mariette Jules, Grande Anse ✆ 200303 (einfach und herzlich)

Marie-Galante: Le Touloulou, Plage de Petite Anse vor Capesterre ✆ 973263 (gutes kreol. Strandlokal mit Diskothek und Bungalows)

Saintes (Terre-de-Haut): Zahlreiche hübsche Lokale an der Uferstraße. Wählen Sie nach Laune!

Saint-Barthélemy: Stilvolle und sündhaft teure Luxusrestaurants in großer Zahl, an der Bucht von Saint-Jean schlichtere Strandlokale

Martinique

Anse Noire: Le Bon Vent (kreol.)

Basse-Pointe: Plantation Leyritz ✆ 755392 (kreol., romantisches Ambiente in den Mauern der ehemaligen Zuckerfabrik)

Diamant: La Quenette, am Ufer ✆ 764370 (kreol., Do abend Animation)

Fort-de-France: L'Espadon, 24 Rue Lamartine ✆ 603961 (Meeresfrüchte); Le Lafayette, 5 Rue de la Liberté ✆ 632409 (Nouvelle

Cuisine Créole, ausgezeichnete Desserts); La Mouïna, 2,5 km Route de Redoute ✆ 793457 (frz.-kreol., hübsche Kolonialvilla, am Wochenende geschlossen)

Grand-Rivière: Les Abeilles ✆ 557373 (Hotelrestaurant, Fischgerichte); Chez Vava ✆ 755281 (kreol. Fischlokal)

Le Lorrain: Le Gibsy, Habitation Séguineau ✆ 537346 (neben Bananenplantage kleines Hotel mit großem Garten, frz. Tagesmenü)

Morne-Rouge: L'Auberge de la Montagne Pelée, Route de l'Aileron ✆ 523209/523140 (franz./kreativ kreolisch, abends nur auf Vorbestellung, außerdem Bungalows zu mieten)

Morne-Vert: Chez Cécilia (kleines Hotel, karge kreol. Küche)

Le Prêcheur: La belle Câpresse ✆ 772025 (kreol.)

Sainte-Anne: Dunette ✆ 767390 (Strandhotel, berühmt für seine Langusten); Les Filets bleus, Pointe Marin ✆ 767342 (Meeresfrüchte); Manoir de Beauregard, Chemin des Salines ✆ 767340 (frz.-kreol., 18.-Jh.-Flair)

Sainte-Luce: Kaï Armande ✆ 625267 (Galerie-Restaurant, Mi–So abends Café-Théâtre)

Saint-Pierre: La Guinguette, Mouillage ✆ 771502 (frz.-kreol. Strandlokal mit hübscher Aussicht, Fischspezialitäten)

Trois-Ilets: Au Régal de la Mer, Anse Mitan ✆ 660400 (vornehm kreol., schöner Rahmen); Chez Jojo, Anse à l'Ane (original kreol., Tanzschuppen am Strand)

La Trinité: L'Ami Fritz, Brin d'Amour (Ortsumgehung) ✆ 582081 (Schlößchen mit elsässischer Küche)

Selbstversorger

Auf allen Ausflügen läßt sich für die Mittagspause ein schöner Strand oder ein *aire de pique-nique* im Naturpark einplanen. Vor der tropischen Kulisse schmecken Baguette und Bananen köstlich, und das Picknick wird schnell zu den Leidenschaften zählen, die man mit den Antillanern teilt. Natürlich kann der Touristenproviant nicht mit den festlichen Mahlzeiten der Einheimischen mithalten, die an Sonn- und Feiertagen (v. a. an Ostern) ihr ganzes Kücheninventar ins Freie transportieren. Doch wer gerne kocht, kann es ihnen abends gleichtun und in der Kitchenette mit lokalen Produkten ›experimentieren‹.

In den Supermärkten erhält man bis spät abends Lebensmittel. Gemüse kauft man

Rezept für Accras

250 g gewässerter Stockfisch (Bakkalau), 250 g Mehl, 2 Eier, 1 Bund Schnittlauch oder Petersilie, 1 kleine Zwiebel, 2 Knoblauchzehen, ½ Piment (je nach Geschmack), Öl.

Gewässerten, von Haut und Gräten befreiten Fisch zerkleinern und in eine Schüssel geben. Mehl, Eier, gehackten Schnittlauch oder Petersilie, klein gehackte Zwiebel, durchgepreßte Knoblauchzehen und ganz kleingeschnittenen Piment dazugehen. Alles mit etwas Wasser gut vermischen. Mit Löffeln Klößchen ausstechen, die in heißem Fett gebakken werden.

Dazu empfehlen wir Salat, Gurkenscheiben oder Avocadomus: 1 reife Avocado, 1 Eßlöffel Tomatensaft, Limonensaft, Salz und Pfeffer pürieren – kühlstellen!

besser auf dem Markt oder bei den fliegenden Händlern. Die Marktfrauen informieren gerne über Zubereitungsmöglichkeiten. **Vorsicht:** Selbstgeangelte Fische nur nach Rückfragen in die Pfanne legen, manche sind (zu bestimmten Zeiten) giftig. Mit dem chiliähnlichen Piment sorgsam umgehen, möglichst nicht die Finger benutzen, keinesfalls die Augen reiben! Aus den verschiedenen tropischen Früchten lassen sich mit etwas Rum leckere Desserts zaubern. Auch die hier hergestellten Marmeladen und Obstsäfte eigenen sich nicht nur für das Frühstück.

Zum Trinken gibt es lokale Biersorten (Corsaire, Lorraine), die den importierten mindestens ebenbürtig sind. Außerdem: Wein, Soft-Drinks, Mineralwasser. Von letzterem sollte man laut ärztlichem Rat viel zu sich nehmen. Man achte darauf, einheimische Marken (Matouba, Capes-Dolé, Didier etc.) zu kaufen, da die importierten durch die lange Lagerung in Plastikflaschen sehr schal schmecken.

Verkehrsmittel

Auto

Wer Guadeloupe oder Martinique gut kennenlernen will, ist auf einen Mietwagen angewiesen. Auf den nördlichen Dependancen (Saint-Barth, Saint-Martin) empfehlen sich die offenen *Mokes* (kleiner Kastenwagen). Ausflüge auf Désirade und Marie-Galante werden mit Kleinbussen organisiert (geringe Anzahl von Mietwagen). Auf den Saintes kommt man überall zu Fuß hin.

Wegen der hohen Unfallziffern sind die Versicherungstarife sehr hoch, außerdem besteht für Touristen Vollkasko-Pflicht. Die Büros der bekannten Vermieter befinden sich in den Flughäfen (Öffnungszeiten richten sich nach den Flügen) sowie in den großen Hotels der Hauptstädte und Touristenzentren. Es gibt auch lokale Anbieter, die allerdings kaum preiswerter sind. Da nach Ankunft der Jumbos ein Run auf die Flughafenschalter der Vermieter einsetzt, kann eine Vorbestellung ratsam sein. Die Autos befinden sich in der Regel in gutem Zustand.

Guadeloupe

Agence Azur ✆ 829043, Avis ✆ 823347, Budget ✆ 829558, Carpentier ✆ 823511, Citer/Guadeloupe Car ✆ 821094, Europcar ✆ 825051, Garage Narcisse ✆ 820654/821421/820912, Hertz ✆ 820014, Interrent ✆ 823329/828844, Jumbo Car ✆ 836074, Mattei ✆ 268439, Sol Tour ✆ 833915, Tropic Car ✆ 918437

Marie-Galante

Saint-Louis Auto Service: Rue Desmarais, Saint-Louis ✆ 970215
M. Seytor: Rue Beaurenom, Grand-Bourg ✆ 872056

Martinique

Avis ✆ 716311, Budget ✆ 636900, Citer/Lam ✆ 714737, Europcar ✆ 512033, Hertz ✆ 606464, Interrent ✆ 600077/500102, Mattei ✆ 635454, Milleville ✆ 716458/735124, Parking ✆ 718927/601093, Pop's Car ✆ 510272, Rent Eco Marin ✆ 748990, Thrifty ✆ 97229/32

Wohnmobile

Guadeloupe: D.L.C. ✆ 205565
Martinique: West Indien Tours

Quartier Beauregard
97240 Le François Ø 545071
Paris Ø 30549199

Motorroller und Mofas

Guadeloupe:
Dingo Location Scooter: Gosier Ø 909701, Locatesse: Pointe-à-Pitre Ø 918993, Location de Motos Hôtel Méridien: Saint-François Ø 885100, Mod Cars: Pointe-à-Pitre Ø 918863, Sympathic Car: Pointe-à-Pitre Ø 915922, Vespa Sun: Pointe-à Pitre Ø 913036

Marie-Galante:
Saint-Louis Auto Service: Saint-Louis Ø 970215

Martinique:
funny: Fort-de-France/Trois-Ilets/Sainte-Anne Ø 633305, TS Autos SARL: Fort-de-France/Pointe-du-Bout/Sainte-Anne Ø 634282

Straßenverhältnisse/ Verkehrsverhalten

Die Inseln sind von einem dichten Netz gut asphaltierter Straßen durchzogen. Mehrspurige Zubringer verbinden die Hauptstädte mit den Flughäfen und Touristenzentren. Durch den Urwald wurden bequeme Ausflugsstraßen (Traversée, Trace/Transversale) gebaut. Nur auf steilen Nebenstraßen stößt man noch auf Betonpisten.

Die Antillaner sind wilde Autofahrer, die mit überhöhter Geschwindigkeit in die Kurven gehen und sich auf riskante Überholmanöver einlassen. Defensiv fahren! Die Schnellstraßen und Autobahnabschnitte werden auch von Radfahrern benutzt. Nachts muß man mit schlecht beleuchteten Fahrzeugen und plötzlich auftauchenden Fußgängern rechnen. Nach starken Regenfällen können Äste auf der Fahrbahn liegen.

Es gelten die französischen Verkehrsregeln. Gute Beschilderung, dichtes Tankstellennetz. Das Benzin ist preiswerter als in Frankreich, auf Saint-Martin sogar erheblich. Manche Tankstellen sind mit kleinen Läden kombiniert, in denen man noch spät abends Getränke, Brot und andere Lebensmittel einkaufen kann.

Auf den Landstraßen sieht man häufig Tramper: eine der besten Gelegenheiten, mit den Einheimischen ins Gespräch zu kommen. Air-Conditioning zieht beim Aussteigen einen Hitzeschock nach sich: dem ›Kühlschrank auf Rädern‹ ist das offene Fenster vorzuziehen. In den Hauptstädten herrscht Verkehrschaos: den Wagen frühzeitig abstellen und zu Fuß ins Zentrum gehen. **Vorsicht:** Neben dem Trottoir verläuft oft ein tiefer Abwassergraben.

Taxis

Die Taxis haben keinen Taxameter. Daher sollte man unbedingt vorher nach dem Preis fragen! Die Tarife werden von der Präfektur festgelegt: Die Grundgebühr beträgt pro km etwa 0,80 DM.

Busse/Sammeltaxis

Die Inseln sind durch Kleinbusse (Guadeloupe) und Sammeltaxis (Martinique) gut erschlossen. Sie fahren feste Routen, aber ohne Fahrplan. Man kann überall auf der Strecke zusteigen und muß dazu nur ein Handzeichen geben. Die Wartezeiten sind allerdings unvorhersehbar, und mancher hat den halben Weg zu Fuß zurückgelegt, bis er endlich ›aufgesammelt‹ wurde. Die Fahrt gestaltet sich meist vergnüglich und vermittelt viel Lokalkolorit. Beim Aussteigen gilt wieder dasselbe Prinzip. Der Bus/das Taxi collectif (T. C.) hält, wenn man läutet oder ruft. **Achtung:** Das populäre Transportmittel verkehrt nur von 5–18.00 Uhr.

Busbahnhöfe von Pointe-à-Pitre

Richtung Saint-François: Gare Routière de la Darse, Quai Gatine

Richtung Anse Bertrand und Le Moule: Gare Routière de Mortenol

Nach Basse-Terre über Pointe-Noire und Bouillante: Gare Routière de Bergevin

Nach Pointe-Noire über die Traversée: Angle Boulevard Chanzy/Rue Henry IV.

Die Überlandbusse der C.O.G.E.T. sind orange/weiß und grün/weiß (Linie 1 Flughafen Le Raizet in die Stadt). In Pointe-à-Pitre fahren die Busse der TUPP (gelb und grün).

Schiffsverbindungen

Von Guadeloupe verkehren täglich Schiffe nach Marie-Galante, Désirade und zu den Saintes. Die Abfahrtszeiten variieren und können im Office du Tourisme und am Hafen erfragt werden.

Désirade: täglich ab Marina Saint-François (wechselnde Abfahrtszeiten – meist um 8.00 Uhr), 1 × wöchentlich ab Pointe-à-Pitre

Marie-Galante: mehrmals täglich ab Hafen La Darse in Pointe-à-Pitre, unterschiedliche Abfahrtszeiten – meist um 8.00 Uhr (inklusive Essen und Besuch verschiedener Inseln)

Saintes/Terre-de-Haut: Mo–Sa 8.30 Uhr (sonntags 7.30 Uhr) ab Trois-Rivières, täglich 8.00 Uhr ab Pointe-à-Pitre (Samstag mittags über Marie-Galante) und 4 × wöchentlich (montags, mittwochs, donnerstags und samstags) 12.30 Uhr ab Basse-Terre. Einige der Schiffe legen auch in Terre-de-Bas an. Sporadischer Bootsverkehr zwischen den beiden Saintes-Inseln.

Die Überfahrt von Saint-Barthélemy nach Saint-Martin und umgekehrt erfolgt mit Motorbooten (45 Min.) oder Katamaranen (2 Std.), die in den Häfen auf Touristen warten.

Auf Martinique besteht ein fast stündlicher Pendelverkehr zwischen Anse Mitan, Anse à l'Ane, Pointe-du-Bout und der Hauptstadt Fort-de-France. Die *navette* (Pendelboot) erspart die wenig erfreuliche Parkplatzsuche und bietet den schönsten Blick auf Fort-de-France.

In Guadeloupe wie Martinique bieten Reisebüros auch eintägige Ausflüge zu den großen Nachbarinseln (Dominica, Santa Lucia, Saint-Vincent) an. Der Caribbean Express verbindet die Hauptinseln zwischen Saint-Martin und Grenada im regelmäßigen Schiffsverkehr. Die Stationen und Fahrzeiten: Saint-Martin (30 Min.), Saint-Barthélemy (2 Std. 10 Min.), Antigua (3 Std.), Guadeloupe (1 Std. 40 Min.), Dominica (1 Std. 25 Min.), Martinique (1 Std.), Santa Lucia (1 Std. 45 Min.), Saint-Vincent (2 Std. 10 Min.) Grenada.

Flugverbindungen

Innerhalb des Antillenbogens ist das ›Inselhopping‹ ebenso praktisch wie reizvoll. Für spontane Ausflüge und ausgeklügelte Inselkombinationen gibt es jede Menge Flugziele. Zahlreiche lokale Fluggesellschaften bedienen das karibische Drehkreuz, von dem aus beste Verbindungen nach den USA, Europa sowie nach Süd- und Mittelamerika bestehen.

Air Canada fliegt 2 × pro Woche von Pointe-à-Pitre und Fort-de-France nach Montreal und 1 × nach Toronto.

Air France verbindet Guadeloupe und Martinique mit 40–50 Flügen pro Woche. Da die Linienflüge Paris – Pointe-à-Pitre/Fort-de-France – Paris (oder umgekehrt) beliebig kombiniert werden können, ist ein zweiteiliger Antillenurlaub (Guadeloupe/Martinique) problemlos. Den Flug zwischen Martinique und Guadeloupe bucht man am besten ein paar Tage vorher im Büro der Air France in Fort-de-France oder Pointe-à-Pitre. Ab Pointe-à-Pitre bestehen Flugverbindungen nach San Juan (täglich), Miami (3 × wöchentlich) und Port-au-Prince (5 × wöchentlich). Ab Fort-de-France fliegt Air France 4 × die Woche nach Französisch-Guyana, außerdem 2 × wöchentlich nach Caracas, Bogotá, Quito, Lima und Santiago de Chile.

Air Guadeloupe – lokale Fluglinie des Guadeloupe-Archipels; täglich Flüge zu den fernen (Saint-Barth, Saint-Martin) und nahen (Désirade, Marie-Galante, Saintes) Dependancen.

Air Martinique – Verbindungen auf alle südlichen Inseln der Karibik, aber auch von Martinique nach Norden hinauf (Dominica, Guadeloupe, Antigua, Montserrat, Saint Kitts, Saint-Martin, Sainte-Croix, Saint Thomas).

Air Saint-Barthélemy – Verbindungen von Saint-Barth auf die Nachbarinseln und nach Puerto Rico. Außerdem Charterflüge von Saint-Barth nach Guadeloupe oder Martinique und Richtung Südamerika.

American Airlines verbindet San Juan (Puerto Rico) 10 × pro Woche mit Pointe-à-Pitre. Außerdem gibt es Direktverbindungen von New York nach Fort-de-France.

BWIA verbindet 2 × pro Woche Fort-de-France mit Trinidad.

Eastern Airlines fliegt 2–3 × pro Woche nach Miami und 1 × nach Antigua.

Liat verbindet regelmäßig alle karibischen Inseln miteinander.

Virgin Air – von Saint-Barth und Saint-Martin nach San Juan (Puerto Rico) und Saint Thomas. Flüge nach Plan und Charter-Service.

Windward Islands verbindet Saint-Martin und Saint-Barth (mehrmals täglich) und fliegt von Sint Maarten nach Saint Thomas, Anguilla, Saba, Sint Eustatius, Saint Kitts und Nevis.

Wanderwege

Große Teile der Inseln, die landschaftlich schönsten Regionen, sind Naturparks, die unter dem Schutz der nationalen Forstbehörde (ONF) stehen. Sie hat dort nicht nur Picknicktische *(ajoupas)* und Ausstellungspavillons *(Maisons du Parc)* errichtet, sondern die noch unberührten Vegetationszonen (v. a. den Regenwald) durch faszinierende Wanderwege *(traces, sentiers)* erschlossen. Mit seinem 300-km-Wegenetz stellt der Nationalpark von Guadeloupe das ideale Wandergebiet der Kleinen Antillen dar. Aber auch Martinique wartet mit einer umfangreichen und vor allem vielfältigen Palette von Touren auf, die teils in die Bergregenwälder des Nordens, teils in die trockenen Küstenstriche des Südens und Südwestens führen. Die Wege sind meistens gut markiert und werden ständig gepflegt. Es kommt jedoch wegen der starken Regenfälle in den Bergen immer wieder zu Erdrutschen, die Bäume mit sich reißen und ganze Hänge unpassierbar machen. Deshalb ist es ratsam, im Zweifelsfall vor Antritt der Tour sich bei der ONF über den Zustand der Wege zu erkundigen:

Guadeloupe:
Jardin Botanique
Basse-Terre
✆ 81 17 20

Martinique:
3,5 km Route de Moutte
Fort-de-France
✆ 63 34 50

Die ›trockenere‹ Jahreszeit (Dezember bis April) eignet sich am besten für Wanderferien. Der Aufstieg zu den Gipfelregionen (Soufrière, Mont Pelée, Pitons du Carbet) lohnt sich nur an ausgesprochen schönen Tagen und sollte an einem wolkenfreien Morgen in Angriff genommen werden. Bei langen Touren muß mit einkalkuliert werden, daß es ab 18 Uhr sehr rasch dunkel wird. Man sollte weder vom Weg abkommen noch den Urwald allein durchqueren. Auch heißt es, die eigene Ausdauer richtig einzuschätzen und dabei die hohe Luftfeuchtigkeit und den oft glitschigen Untergrund zu beachten. Man braucht knöchelhohe Wanderstiefel mit guter Profilsohle (Turnschuhe genügen nur bei Spaziergängen), Pullover/Windjacke/ein Hemd zum Wechseln (in den Höhenlagen), ausreichend Wasser (pro Person und pro Std. mindestens ¼ l) und Sonnenschutz (insbesondere bei den Küstenwanderungen). Als sehr nützlich haben sich die ign-Karten im Maßstab 1 : 25000 erwiesen. Wer des Französischen mächtig ist und ausgiebig wandern will, hat viel von den (auch

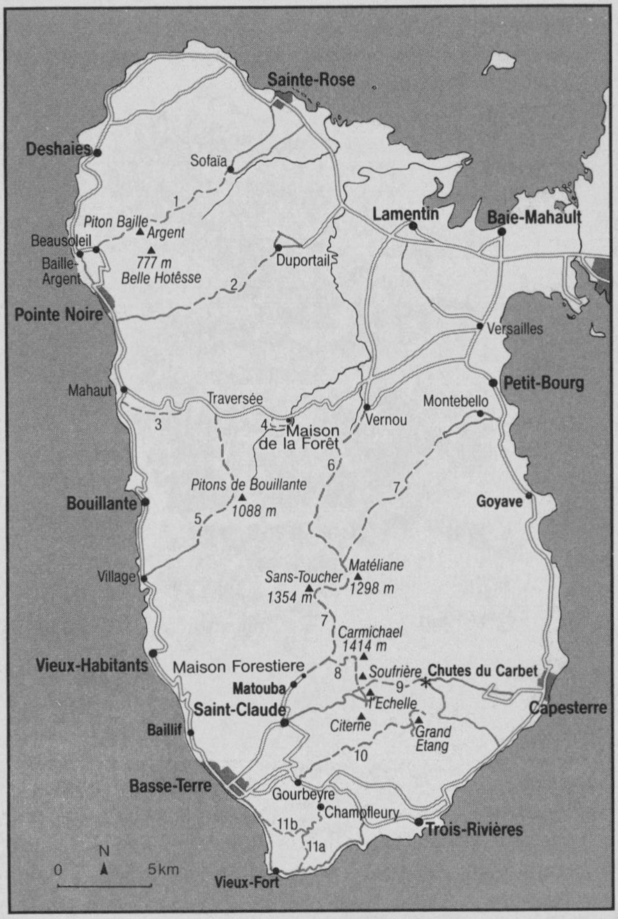

Übersichtskarte: **Wanderungen Basse-Terre** 1 Trace Sofaïa – Baille Argent 2 Trace des Contrebandiers (ab Duportail – Plaines-Tal) 3 Mamelles (ab Traversée D 23) 4 Lehrpfade Maison de la Forêt 5 Trace des Crêtes (ab Village/Bouillante – Traversée D 23) 6 Trace Merwart (Maison Forestière/Matouba – Vernou) 7 Trace Victor Hugues (Maison Forestière/Matouba – Montebello) 8 Rund um die Soufrière (s. a. Karte S. 137) 8a Trace Carmichael (Maison Forestière/Matouba – Soufrière) 8b Trace de l'Echelle (Soufrière – Citerne) 9 Chutes du Carbet (Aire de pique-nique D 4 – Soufrière) 10 Trace des Etangs (D 4 Grand Etang – D 10 nach Gourbeyre) 11 Monts Caraïbes 11a südliche Route (Champfleury/Gourbeyre – Vieux Fort) 11b westliche Route (Champfleury/Gourbeyre – Marina Rivière Sens)

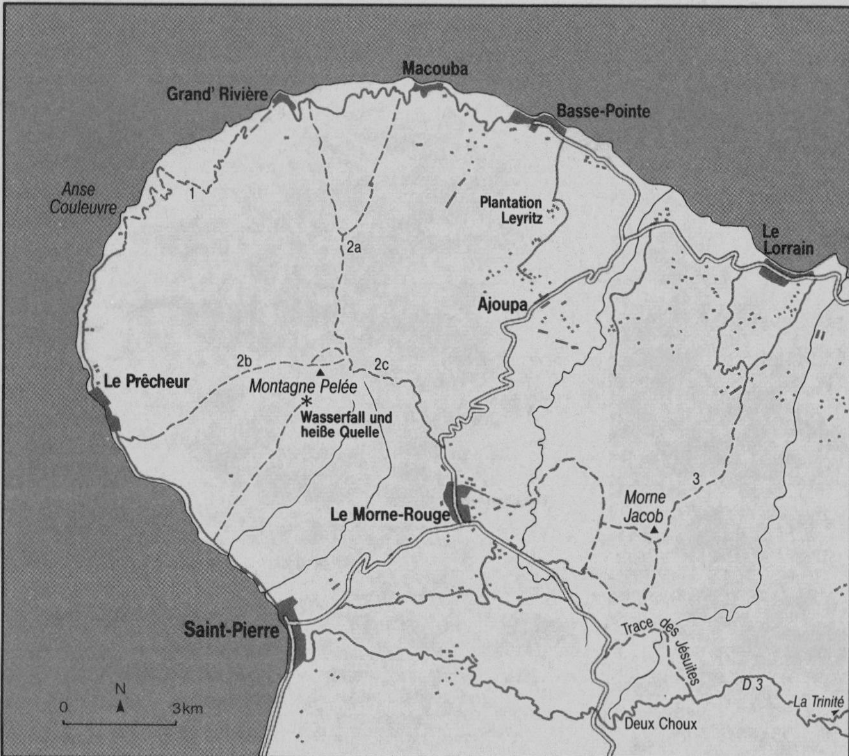

Übersichtskarte: **Wanderungen im Norden Martiniques** 1 Trace Anse Couleuvre – Grand-Rivière 2a Mont Pelée von Norden (ab Macouba/Grand-Rivière) 2b Mont Pelée von Westen (ab Le Prêcheur) 2c Mont Pelée von Südosten (Route de l'Aileron D39) 3 Gratweg Morne Jacob (von Sainte-Cécile nach Carabin/Le Lorrain)

naturkundlich) sehr informativen Wanderführern der Parkbehörden:

Parc Naturel de la Guadeloupe: Itinéraires pédestres. La Soufrière et les Monts Caraïbes.

Parc Naturel Régional de la Martinique: Guide des itinéraires de randonnées pédestres et promenades à pied.

Man erhält die Prospekte in den Maisons du Parc, im Buchhandel oder bei den Adressen, die auch Auskünfte über organisierte Routen erteilen oder Bergführer vermitteln:

Organisation des Guides de Montagne de la Caraïbe (O.G.M.)
Maison Forestière
Matouba
∅ 80 05 79

Club des Montagnards (C.D.M.)
BP 1085
Pointe-à-Pitre
∅ 94 29 11 / 81 11 02

Parc Naturel Régional
Caserne Bouillé
Route de la Redoute du Matouba
Fort-de-France
✆ 731930

Centre d'information du Parc Naturel Régional de la Martinique
9, Boulevard du Général de Gaulle
Fort-de-France
✆ 731930
oder
Parc des Floralies
Trois-Ilets
✆ 683450

Sport

Die Sportmöglichkeiten auf den Französischen Antillen sind hervorragend und werden ständig erweitert. Auf Martinique ist das Angebot noch vielfältiger als auf Guadeloupe. Im folgenden eine keineswegs vollständige Übersicht.

Angeln (Hochseeangeln)

Wer nicht selbst ein Boot mieten will, kann sich von einheimischen Fischern mitnehmen lassen (Verhandlungssache).

Guadeloupe:
Caraïbe Pêche, Marina Bas-du-Fort
Fishing Club Antilles, Route de Birloton, Bouillante
Nautilus Club und Chez Guy, Plage de Malendure (Bouillante)

Martinique:
Marina Trois-Ilets, Case-Pilote

Fahrradfahren

Radfahren gehört zu den vielpraktizierten Sportarten. Die meisten Gegenden der Inseln sind recht gebirgig, eine Herausforderung für sportliche Naturen! Auch in den reizvoll abgelegenen Grands Fonds/Grande-Terre geht es dauernd bergauf bergab. Das Plateau von Grande-Terre ist eine fantastische Umgebung für Radler (flach und reich an Seitensträßchen), bietet aber wenig Schatten (Sonnenschutz!). Leider gibt es kaum gute Rennräder, wie sie die Einheimischen am Feierabend für ihre Touren verwenden, zu mieten. Beim Fahrradverleih sollte man sich Zeit lassen (Anpassung, Kontrolle von Bremsen und Gangschaltung).

Guadeloupe:
Dingo location
im Novotel und Village Viva
Bas-du-Fort

Martinique:
Vespa Service
3, Rue Jules Monnerot
Fort-de-France
✆ 716003

Fliegen

Für Sportflieger gibt es Aéroclubs, die Maschinen vermieten und Flugstunden geben:

Ailes Guadeloupéenes
Aéroport du Raizet
97110 Abymes
✆ 821999/822444

Sagatour
Hôtel Hamak
97118 Saint-François
✆ 885999

Aéro-Club de la Martinique
Aéroport Lamentin
∅ 71 12 34

Wer nicht selbst fliegen, aber Luftaufnahmen von Martinique machen möchte, kann einen Rundflug mit dem Hubschrauber buchen:

Héli-Antilles
Aéroport Lamentin
50, Rue Ernest Deproge
Fort-de-France
∅ 73 30 03

Fußball

Fußball ist eine populäre Sportart auf den Inseln. Einfach fragen und mitspielen!

Golf

Guadeloupe:
Golf Municipal de Saint-François
(18-Loch-Golfplatz)
Zone touristique
∅ 88 41 87

Martinique:
Golf de l'Impératrice
Internationaler 18-Loch-Golfplatz
Trois-Ilets
∅ 68 32 81
Von Robert Trent Jones angelegt, 60 ha in traumhafter Lage, Clubhaus mit allen Einrichtungen

Folgende Spezial-Reiseveranstalter bieten Golfreisen an:

Air-Tours International (vgl. Veranstalter)

Golf Tours
Neuer Wall 38
2000 Hamburg 36
∅ 040/34 24 24

Birdie Golfreisen
Karlstraße 34
2000 Hamburg 76
∅ 0404/2 20 31 97

Club Méditerranée (vgl. Veranstalter)

F & B Golfreisen
Bahnhofstraße 36
6710 Frankenthal
∅ 06233/2 60 06

Reiten

Guadeloupe:
Le Criolo
Saint-Félix/Gosier
∅ 84 38 90

Le Relais du Moulin
Châteaubrun/Sainte-Anne
∅ 88 23 96

Martinique:
Black Horse
La Pagerie/Trois-Ilets
∅ 66 00 04

La Cavale
Diamant
Route du Novotel
∅ 7 62 29

La Gourmette
Didier
Morne Coco
∅ 71 52 13 (Reitschule)

Ranch Coulée d'Or
Sainte-Anne

Anse Trabault
∅ 767058

Ranch Jack
Galochat Anses d'Arlet
∅ 686397

Schnorcheln

Problemlos fast überall möglich. Benötigt werden nur Flossen, ein Schnorchel und eine gut abschließbare Maske mit Sicherheitsglas (die um ein Drittel vergrößert). Am besten bringt man die Schnorchelausrüstung (sog. ABC-Ausrüstung) selbst mit. Sie kann aber auch in Hotels oder auf den Glasbodenbooten *(bateaux à fond de verre)* ausgeliehen werden. Diese ›schwimmenden Aquarien‹ fahren zu den schönsten Riffgebieten hinaus.

Guadeloupe:
Papyrus
Marina Bas-du-Fort
∅ 909298
Veranstaltet Tagesausflüge in den Grand Cul-de-Sac Marin

Nautilus und Supervision
Von der Plage Malendure zur Ilet de Pigeon (Réserve Cousteau); mehrmals täglich

Martinique:
L'Aquarium
∅ 610803/614949/617172
Tagesausflüge ab Fort-de-France zur Südküste

Segeln

Segeln ist der beliebteste Sport in der Karibik. Der Passatwind bläst beständig, Nebel ist völlig unbekannt, mit heftigen Regenschauern muß aber gerechnet werden. Wetterberichte werden regelmäßig im Radio (FR3 Martinique und FR 3 Guadeloupe) durchgegeben. Seekarten kann man bereits in Deutschland kaufen. Es gibt zahlreiche nautische Führer für die karibische Inselwelt.

Gute Ankerplätze auf:

Guadeloupe:
Bas-du-Fort (Marina), Saint-François (Marina), Basse-Terre (Marina de Rivière Sens), Deshaies, Pointe Noire und andere Buchten der Côte-sous-le-vent

Dependancen:
Baie de Grand-Case und Simpson Bay (Saint-Martin), Gustavia (Saint-Barthélemy), Saint-Louis und Grand-Bourg (Marie-Galante), Terre-de-Haut (Saintes)

Martinique:
Baie des Flamands (Bucht von Fort-de-France), Trois-Ilets, Pointe-du-Bout (Marina), Anse Mitan, Anse à l'Ane, Marin, Sainte-Anne, Le François, Le Robert, Trinité, Saint-Pierre, Bellefontaine, Schœlcher.

Der Standard der Chartergesellschaften ist hoch. Unzählige Angebote von ein- bis mehrtägigen Segeltörns mit oder ohne Skipper.

Guadeloupe:
ATM Yachts
Lagon Bleu Gosier
∅ 909202

Locaraïbes
Marina Bas-du-Fort
∅ 908280

Nautica SARL
Marina Basse-Terre
∅ 810547

Soleil et Voile
Marina Bas-du-Fort
✆ 90 81 81

Vacances Yachting Antilles
Marina Bas-du-Fort
✆ 90 82 95

Martinique:
Alizé Plus
Marina Pointe-du-Bout
✆ 66 04 81

ATM Yachts
Marina du Marin
✆ 74 98 17

Martinique Charter
Trois-Ilets
✆ 68 36 09

Ship Shop
6, Rue Joseph-Compère
Fort-de-France
✆ 71 43 40

Soleil et Voile
Marina Pointe-du-Bout
✆ 66 09 14

Star Voyages Antilles
Marina Pointe-du-Bout
✆ 66 00 72

Tropic Yachting
Marina Pointe-du-Bout
✆ 66 03 85

Tauchen

Die Französischen Antillen gelten als hervorragende Tauchgebiete. Neben den vielen Saumriffen gibt es Felshöhlen und Schiffswracks zu besichtigen. Guadeloupe ist für seine großen Unterwasserparks (Ilets de Pigeon = Réserve Cousteau, Grand-Cul de-Sac-Marin) bekannt. Martinique kann mit einer fast bruchlosen Rifflinie (Südküste) und zwei bizarren Felsen (La Perle, Le Diamant) aufwarten. Eine besondere Attraktion sind die gesunkenen Schiffe, die seit dem Vulkanausbruch 1902 vor Saint-Pierre liegen und von Korallen und Schwämmen überwuchert sind. Lageplan:

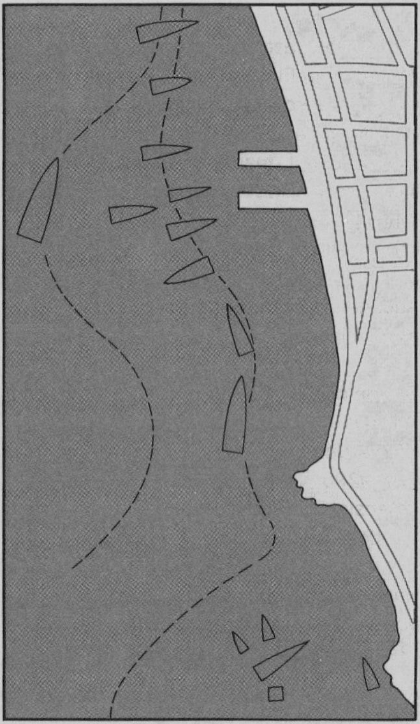

Bei den Tauchbasen kann man sich zu ein- oder zweiwöchigen Lehrgängen anmelden und ein Diplom *(brevet)* des französischen Taucherbundes erwerben.

Guadeloupe

Chez Guy (CIP Guadeloupe)
Plage de Malendure

97132 Bouillante
∅ 98 81 72
Bestausgestattete Basis, diplomierte und englisch sprechende Instruktoren, bietet Lehrgänge *(stages)* für Anfänger und Fortgeschrittene, auch kombiniert mit Surfen, Segeln, Tennis, eventuell auch Vollpension im Clubhaus.

Les Heures Saines
Rocher de Malendure
97132 Bouillante
∅ 98 86 63
Unterkunftsmöglichkeit mit Halbpension

Nautilus Club
Plage de Malendure
97132 Bouillante
∅ 98 85 69
Preisreduktion bei Gruppenanmeldung, Tauchwoche mit Übernachtung in Gîtes ruraux.

Aquafari Plongée
Créole Beach
Hotel Gosier

Club Méditerranée
Sainte-Anne

Saintes (Terre-de-Haut)

Centre Nautique des Saintes
Plage de la Colline
∅ 99 54 25

Saint-Barthélemy

Saint Barth's water sports & Scuba diving
Rue Oscar II/Rue de la Guadeloupe
Gustavia
∅ 87 66 16

Martinique

Tropicasub
La Guinguette
97250 Saint-Pierre
∅ 77 15 02

Bathy's Club
Hotel Méridien
Pointe-du-Bout
97229 Trois-Ilets
∅ 66 00 00

Sub Diamond Rock
Hotel Novotel Diamant
97223 Le Diamant
∅ 76 42 42

Club Nautique du Marin
Marina
97290 Le Marin
∅ 74 92 48

Weniger Sportliche können sich in einem *Aquascop* 10–15 m tief in die Korallengründe versenken lassen.

La Trinquette
Saint-Barthélemy
∅ 87 62 34

Sainte-Anne
Martinique
∅ 74 87 41 / 76 90 79

Tennis

Die großen Hotels haben Tennisplätze, oft mit Flutlicht ausgestattet. Außerdem gibt es (v. a. auf Martinique) zahlreiche kommunale Tennisclubs, die unter Umständen auch Nicht-Mitglieder spielen lassen (Verhandlungssache).

Wasserski

Im Sportangebot der großen Hotels.

Windsurfen

Der beständige Passat beschert Anfängern wie Weltmeistern hervorragende Surfbedingungen: Brandungs- und Starkwindrevier an den Atlantikküsten, seichtes Wasser in den riffgeschützten Lagunen, stille Karibikgewässer an den Westseiten. Wegen der scharfen Korallen sind Surfschuhe unerläßlich. Das Segel sollte mindestens 5 qm groß sein. Hotels und Surfcenter verleihen Boards und bieten Kurse an. Wer will, kann – gegen einen Aufpreis – das eigene Surfbrett im Fluggepäck mitnehmen.

Reviere auf Guadeloupe

Gosier: ideal, Surfcenter (Ilet de la Plage) und Surf-Shop
Sainte-Anne: sehr beliebt, Surfcenter (Hotel Rotabas)
Saint-François: Club der Voile (Nähe Fischerhafen)
Pointe des Châteaux: Achtung Strömungen!
Moule: schön bei Nordwind, für Wellenreiter
Port Louis/Anse Souffleur: für Wellenreiter
Basse-Terre: Die vorgelagerten Inseln (Saintes und Marie-Galante) formen einen Windkanal mit Windstärken von 7–8 Beaufort.

Reviere auf Martinique

Pointe-du-Bout: für Anfänger, Leichtwindregatten, Surf-Center und gut ausgerüsteter Shop. Achtung: Viel Verkehr in der Bucht von Fort-de-France!
Morne Cabri/Lamentin: Surf-Schule Le Neptune
Südküste: für Anfänger und Könner, Surf-Schule in Marin
Tartane: Treffpunkt Chez Leo
Grand-Rivière: Achtung: Gefährliche Strömungen!

Praktische Informationen von A–Z

Ausflüge

Lokale Tourismusunternehmen organisieren Busfahrten zu den Hauptsehenswürdigkeiten der Inseln. Der Tagesausflug (Visite de l'ile) schließt Besichtigungen, ein Mittagessen und eine *baignade* (Strandbesuch) mit ein. Es werden auch Minikreuzfahrten auf Glasbodenbooten und Segelschiffen (Schonern, Katamaranen) angeboten. Punsch, Mittagessen, Baden, Tauchen, Musik und Tanz gehören zum üblichen Animationsprogramm. In vergleichbarer Art werden übrigens auch kombinierte Exkursionen (Flugzeug/Schiff/Kleinbus) auf die Nachbarinseln offeriert. Die wichtigsten Veranstalter *(tours operators):*

Guadeloupe:
Jet tours
Flughafen Le Raizet, ∅ 822644

Georges Marie-Gabrielle
21, Rue Alexandre Isaac
Pointe-à-Pitre
✆ 820538

Martinique:
Caribtours
Pointe-du-Bout
✆ 763256

Jet tours
Pavillon Caribjet
Pointe-du-Bout
✆ 660507

Madinina Tours
Hotel Batelière Schœlcher
✆ 614949

Einkaufen

In Supermärkten gibt es das gleiche Angebot wie in Frankreich, allerdings zu meist höheren Preisen. Einheimische Produkte findet man eher auf Märkten und in kleinen Geschäften. In den Freihäfen von Saint-Martin und Saint-Barthélemy kann man günstig Tabakwaren, Elektrogeräte und Luxusartikel erwerben.

Auch auf Martinique und Guadeloupe ist es möglich, in Souvenir-Geschäften Duty-Free-Waren zu kaufen. Voraussetzung: Mindesteinkauf im Wert von ca. 300 DM und Zahlung in fremder Währung (Reiseschecks, Kreditkarte). Die größte Auswahl an Luxusartikeln hat:

Roger Albert
7 Rue Victor Hugo
Fort-de-France

Als Mitbringsel empfehlen sich: Blumen, Gewürze, Rum, Muscheln, Flecht- und Schnitzarbeiten (z. B. Bambuspuppen), Stoffe mit farbenfrohen karibischen/afrikanischen Mustern, kreolischer Goldschmuck, Aquarelle, Gravuren sowie Bücher und Bildbände.

Shopping geht man im Schachbrettzentrum der Hauptstädte: Rue Frébault, Rue de Nozière, Rue Schœlcher in Pointe-à-Pitre; Rue Victor Hugo und die Straßen rund um die Kathedrale in Fort-de-France. Schöne Geschäfte befinden sich auch in den Einkaufsgalerien von Bas-du-Fort (Guadeloupe) und Pointe-du-Bout (Martinique).

Öffnungszeiten der Geschäfte: 9–12.30 Uhr, 14.30–18 Uhr. Samstag nachmittags und sonntags geschlossen. Ausnahmen machen große Supermärkte (z. B. Mammouth), die oft auch spät abends noch geöffnet sind.

FKK

›Oben ohne‹ hat sich an den Hotelstränden durchgesetzt, wird aber von den Einheimischen nicht gerne gesehen. FKK ist mehr oder weniger tabu, oft durch Verbotstafeln explizit untersagt. Es gibt – außerhalb des Club Méditerranée – nur zwei, drei informelle Nacktbadestrände: am Anse Tarare (Grande-Terre), Anse Crawen (Saintes), Anse Trabault (Martinique).

Fotografieren

Die Antillaner lassen sich nicht gerne von Touristen fotografieren und vermuten hinter ›schußbereiten‹ Kameras kolonialistische Gemüter. Wer die Bewohner zu überraschen oder mit Teleobjektiven zu täuschen versucht, wird böse Reaktionen ernten. Man muß um Erlaubnis fragen und in Kauf nehmen, daß der Betreffende ablehnt oder sich in Positur wirft.

Wegen der intensiven Sonneneinstrahlung sind Filter und wenig lichtempfindliche

Filme (höchstens 100 bzw. 125 asa) zu empfehlen (Ausnahme Regenwald). Man erhält überall Filmmaterial von guter Qualität, allerdings zu erheblich höheren Preisen als in Europa. Im zollfreien Saint-Martin lohnt sich hingegen der Kauf von Kameraausrüstungen. In den Hauptstädten und Ferienzentren findet man Labors, die die Filme fachgerecht entwickeln.

Die Angst vor den Röntgenkontrollen auf den Flughäfen ist unbegründet: Die modernen Anlagen schaden den Filmen nicht mehr.

Galerien

Einige Kunstgalerien bieten in ihren Ausstellungsräumen karibische Malerei zum Verkauf an. Zwei Adressen:

Centre d'Art Haïtien
69, Route de Gosier (D 119)
Ortseinfahrt

Galerie d'Art Pierre Subito
51, Rue Garnier Pagès
Fort-de-France

Geld

Währungseinheit ist der französische Franc. Nur auf Saint Barth und Saint-Martin wird der US-Dollar als Zahlungsmittel akzeptiert. Man sollte sich deshalb mit französischem Bargeld und Francs-Reiseschecks versorgen. Die in Frankreich üblichen Kreditkarten (American Express, Eurocard, Visa, Diner's Club etc.) sind auch in Guadeloupe und Martinique weitverbreitet. Euroschecks werden vor allem von kleineren Betrieben nicht gerne genommen. Außerdem kann man sie nur bei einer Bank, dem Crédit Agricole, einlösen. Eine Postsparkasse gibt es nicht auf den Französischen Antillen.

Banköffnungszeiten: Mo–Fr 8–12 Uhr, 14.30–16 Uhr. Während der Sommerferien sind die Banken nachmittags geschlossen. Einwechseln von Euroschecks

Guadeloupe:
Crédit Agricole
Z.A. de Petit Pérou Abymes
✆ 906555

Rond Point Miquel
Pointe-à-Pitre
✆ 821897

Centre Ville Marché
Pointe-à-Pitre
✆ 834579
Zweigstellen auch in Basse-Terre und Petit-Bourg

Martinique:
Crédit Agricole
58, Rue E. Deproge
Fort-de-France
✆ 700192
Büro am Flughafen
✆ 512599

Gesundheit

Die Französischen Antillen zählen zu den wenigen Tropengebieten, die ohne medizinische Vorsorgemaßnahmen (Impfungen) bereist werden können. Die hygienischen Verhältnisse nähern sich europäischem Standard. Das Trinkwasser ist besser als bei uns. Sie brauchen sich also vor Eiswürfeln, Sorbets und rohem Salat nicht in acht zu nehmen. Magen- und Darmverstimmungen sind selten.

Ärztliche Versorgung im Notfall

Guadeloupe:
Centre Hospitalier
Pointe-à-Pitre
Morne Jolvière
✆ 828888/829880

Clinique Saint-Joseph
Pointe-à-Pitre
Rue Félix-Eboué
✆ 822337

Martinique:
Hôpital La Meynard
✆ 501515

Clinique de Sainte-Marie
✆ 713940/733400

Sanatorium du Carbet
✆ 771320/771856

Notrufnummer auf Martinique
✆ 739797 und 738016

Folgende Verhaltensregeln schützen vor den wenigen Gefahren, die in der tropischen Umgebung auf Sie lauern:

Die tropische **Sonne** steht vertikaler und strahlt äußerst intensiv. Lassen Sie sich nicht vom kühlenden Passatwind täuschen. Man riskiert ernsthafte Verbrennungen, wenn man die ersten Tage nicht extreme Vorsicht walten läßt. Sonnencreme (anfangs Faktor 12, dann abnehmend) und Kopfbedeckung bleiben auch nach der ersten Bräunung unerläßlich. Es ist ratsam, zum Schnorcheln ein T-Shirt anzuziehen.

Korallen können schmerzende Hautausschläge verursachen. Fassen Sie die Blumentiere (v. a. die Feuerkorallen) nicht an (das Pflücken ist ohnehin verboten!) und halten Sie beim Schwimmen Abstand. Wer auf einem flachen Riff strandet, holt sich an den scharfen Zacken blutende Schnittwunden. Badeschuhe tragen!

Diese schützen auch vor **Seeigeln,** in die man nur allzu leicht tritt. Damit die Wunde sich nicht infiziert, müssen die Stacheln vollständig entfernt werden. Aber nicht mit der Pinzette herausziehen: sie brechen dann ab. Am besten hilft heißer Limonensaft.

Der Kontakt mit **Quallen** kann zu Hautausschlägen oder sogar zu leichten Lähmungserscheinungen führen. Im Zweifelsfall den Arzt aufsuchen!

Muränen haben scharfe Zähne und beißen auf alles, was in ihre Nähe kommt. Man sollte deshalb unter Wasser nicht in dunkle Höhlungen greifen: Dort halten sie sich bevorzugt auf. Die Bißwunde mit Wasser und Desinfektionsmittel reinigen und einen Arzt konsultieren.

Haie patrouillieren draußen vor dem Riff und kommen nachts dichter an die Küste heran. Daher nicht nach Einbruch der Dunkelheit schwimmen, schon gar nicht vom Boot aus! Weit draußen grundsätzlich nicht alleine baden! Abfälle, glitzernde Gegenstände und blutende Wunden locken die Raubfische an, auch zappelnde Bewegungen.

Im stehenden Süßwasser tummeln sich die **Bilharziose-Parasiten.** Die stillen Bachbecken, Teiche und Unterläufe der Flüsse sind keine Badegewässer! Nicht überall stehen Warnschilder wie am Grand-Etang (Guadeloupe).

Auf Martinique lebt noch eine Giftschlange, die **Lanzenotter** oder **Trigonocéphale.** Gefährdet sind v. a. Waldarbeiter und Zukkerrohrschneider. Dem Wanderer droht kaum Gefahr, solange er auf dem Weg bleibt: die Erschütterung veranlaßt das Tier, sich zu verstecken. Der Biß kann tödlich sein: jede Anstrengung meiden und sofort ins nächste Krankenhaus!

Die hochgiftigen hellgrünen Äpfelchen und rundlichen Blätter des **Mancenillier-Baumes** verätzen die Haut. Jede Berührung vermeiden und bei Regen niemals unter den Bäumen stehen. Ihr Stamm ist nicht immer mit einem roten Ring markiert.

Karten

Unerläßlich sind die ign-Karten 1 : 100000 (Guadeloupe Nr. 510, Martinique Nr. 511). Man kann sie in deutschen Spezialbuchhandlungen, in den Librairies Antillaises von Pointe-à-Pitre oder Fort-de-France und überall sonst in Frankreich erwerben. Für Wanderer empfehlen sich zusätzlich die ign-Karten 1 : 25000, Série bleue sowie Guadeloupe Nr. 4601-4607 und Martinique Nr. 4501-4504.

Kinder

Die Französischen Antillen erweisen sich als ideal für einen Urlaub mit Kindern. Die Einheimischen sind ausgesprochen kinderfreundlich, der hygienische Standard ist gut. Die tropische Natur weckt die Entdeckungsfreude bei den Kleinen, und es droht dabei kaum Gefahr vongiftigen Pflanzen oder Tieren. Es gilt einzig die Verhaltensregeln zum Stichwort ›Gesundheit‹ zu beherzigen. Zum Planschen kommen v. a. die seichten Lagunen in Frage. Aufpassen muß man an den Stränden von Deshaies und Trois-Rivières (Guadeloupe) und auch am Anse Diamant (Martinique): Strömungen und höhere Brandung.

Konsulate

Konsulat der Bundesrepublik Deutschland
Acajou
97232 Lamentin
Martinique
✆ 503756

Konsulat der Schweiz
Europrotéction
Zone de la Jambette
97200 Fort-de-France
✆ 715454

Kreuzfahrten

Die Karibik ist nach dem Mittelmeer das beliebteste Kreuzfahrtziel. Viele der schwimmenden Hotels legen in Fort-de-France an. Der wunderschöne Viermaster ›Wind Star‹ segelt von hier zu den Grenadinen und zurück. Die kurzen Landausflüge führen zu den touristischen Hauptattraktionen. Falls man ein Taxi mietet, den Preis vorher vereinbaren.

Kriminalität

Die Schreckensmeldungen über Diebstähle und Gewaltdelikte in der Karibik stimmen nicht einmal mehr für Jamaica. Auf den Französischen Antillen ist die Kriminalität jedenfalls nicht höher als im übrigen Frankreich. Trotzdem sollten Touristen ein paar selbstverständliche Verhaltensregeln beachten. Da der größte Teil der Bevölkerung vergleichsweise arm ist, grundsätzlich nicht mit Schmuck, dickem Geldbeutel oder teurer Kamera- und Videoausrüstung protzen. Und am Strand keine Handtaschen unbewacht liegenlassen.

Guadeloupe:
Police Secours
Pointe-à-Pitre
✆ 820017
Basse-Terre
✆ 811155

Gendarmerie
Pointe-à-Pitre Nord

✆ 820920
Pointe-à-Pitre Sud
✆ 820059
Basse-Terre
✆ 811035

Martinique:
Police Secours,
Fort-de-France
✆ 630000

Gendarmerie
Fort-de-France
✆ 715135
Pointe-du-Bout
✆ 683106

Kulturveranstaltungen

Der Staat subventioniert Kulturhäuser, die Ausstellungen, Ateliers und Konferenzen organisieren und Konzerte, Ballett- und Theateraufführungen veranstalten.

Guadeloupe:
Centre des Arts et de la Culture
Place des Martyrs de la Liberté
Pointe-à-Pitre
✆ 827978

Martinique:
Service Municipal d'Action Culturelle (SERMAC)
Place José Martí
Parc Floral et Culturel
Fort-de-France
✆ 604877/716625

Centre Martiniquais d'Action Culturelle (CMAC)
Avenue Frantz Fanon
Fort-de-France
✆ 617676

Zeit und Ort der Veranstaltungen *(spectacles)* entnehmen Sie der Lokalpresse und den Veröffentlichungen der Offices du Tourisme. SERMAC gibt ein Monatsprogramm ›Sermactivités‹ heraus.

Kunsthandwerk

Bambusschnitzereien, Flechtwaren, kreolische Puppen, Madrasstoffe, Muscheln, Spitzendecken und Töpferware werden auf den Straßen, in den Ateliers (Hinweise im Routenteil) und in speziellen Souvenirgeschäften (s. ›Bonjour Guadeloupe‹, ›Chouboulloute‹) angeboten. Eine zentrale Verkaufsausstellung gibt es in **Martinique:**

Centre des Métiers d'Art
Rue Ernest Deproge (Uferstraße)
Fort-de-France

Literatur

Die Französischen Antillen haben auf literarischem Sektor einiges zu bieten. Informationen über die wichtigsten Autoren finden sich im Literaturabschnitt auf S. 84. Von den dort angeführten Werken liegen in deutscher Übersetzung vor:

Césaire, Aimé: Zurück ins Land der Geburt, München 1962
Condé, Maryse: Ich, Tituba, die schwarze Hexe von Salem, München 1988
Dieselbe: Segu, Köln 1988
Glissant, Edouard: Sturzflut, München 1959
Derselbe: Die Hütte des Aufsehers, Heidelberg 1983
Derselbe: Mahagony, Heidelberg 1989

Perse, Saint-John: Preislieder, München 1978

Schwarz-Bart, Simone: Ti Jean oder Die Heimkehr nach Afrika, Wuppertal 1982

Dieselbe: Télumée, Wuppertal 1987

Neben der antillanischen Belletristik sind auch eine Reihe historischer Bücher zu empfehlen. Es gibt spannende Augenzeugenberichte und Sachbücher, die abenteuerliche Momente der Inselgeschichte dokumentieren:

Carpentier, Alejo: Explosion in der Kathedrale, Frankfurt a.M. 1977. Roman über Victor Hugues, den ›Robespierre Guadeloupes‹. Eines der großen Werke der lateinamerikanischen Gegenwartsliteratur.

Exquemelin, Alexandre Olivier: Das Piratenbuch von 1678, neu hrsg. von Reinhard Federmann, Stuttgart 1983. Der Autor schreibt über sieben der berühmtesten Piraten seiner Zeit.

Kolumbus, Christoph: Bordbuch, Frankfurt a.M. 1981. Die Reiseaufzeichnungen des Entdeckers der ›Neuen Welt‹, ein faszinierendes Dokument mit aufschlußreichen Naturschilderungen.

Labat, Jean-Baptiste: Sklavenbericht. Abenteuerliche Jahre in der Karibik 1690–1705, hrsg. von Heinrich Pleticha, Stuttgart 1984. Der weltoffene Pater äußert die ungeschminkte Wahrheit über die Sklaverei, die Kariben, den Krieg gegen die Engländer. Ein unübertroffener Bericht über die Kolonisation Guadeloupes und Martiniques.

Seghers, Anna: Wiedereinführung der Sklaverei in Guadeloupe, Frankfurt a.M. 1989. Die Novelle über die napoleonische Reaktion zählt zu den weniger bekannten Texten der deutschen Exilliteratur.

Wer über gute französische Sprachkenntnisse verfügt, kauft sich seine Urlaubslektüre vor Ort. Die sehr gut sortierten *Librairies Antillaises* von Pointe-à-Pitre und Fort-de-France führen alle Klassiker und Neuerscheinungen der frankophonen Karibikliteratur:

Librairie Antillaise
41, Rue Schœlcher
Pointe-à-Pitre
✆ 32 51 5

Librairie Antillaise
32, Rue Schœlcher
Fort-de-France
✆ 71 65 54

Medien

Erhältlich sind die großen französischen Zeitungen. Als einzige lokale Tageszeitung erscheint ›France Antilles‹, ein konservatives Boulevardblatt mit ausführlichen Sportberichten und viel Folklore (Veranstaltungskalender!). Daneben gibt es die wöchentlich erscheinenden Publikationen der linken und autonomistischen Gruppierungen, in denen von Streiks und Landkommunen berichtet wird.

Die Fernsehanstalt RFO versorgt die DOMs *(départements d'outre-mer)* mit ›Filmkonserven‹, die mit Regionalsendungen (Nachrichten, Sport, Musik) angereichert sind. Satellitenüberspielungen sind selten, und wegen der Zeitverschiebung finden keine Direktübertragungen statt. Auf beiden Kanälen (RFO 1, RFO 2) dominieren amerikanische Serien und französische Feuilletons.

Sie können zahlreiche Privatfunksender empfangen, auf denen in allen Varianten der *zouk* schwingt. Sehr beliebt ist ›Radio Caraïbe International‹. Die Sender der Nachbarinseln strahlen häufiger Programme in kreolischer Sprache aus!

Museen

Guadeloupe

Aquarium de la Guadeloupe
Place Créole
Marina Bas-du-Fort
Tägl. 9–19 Uhr

Maison du Bois
Pointe-Noire
Südlicher Ortseingang
Tägl. 9.15–17 Uhr, Eintritt frei

Maison du Café ›La Grivelière‹
Vieux-Habitants
Oberes Flußtal (D 27)
Tägl. 9.30–17.30 Uhr
Tasse Arabica-Kaffee im Preis inbegriffen

Maison de la Forêt
Traversée (D 23)
Tägl. 9–17 Uhr, Eintritt frei
Ausstellungshäuser am Eingang und auf der Strecke der Naturlehrpfade

Maison du Volcan
Saint-Claude
Bains Jaunes (D 11)
Tägl. 8–16 Uhr, Eintritt frei

Musée départemental Edgar Clerc
La Rosette
Le Moule
Tägl. 9–12.30/14–18.30 Uhr, Mo, Di nur bis 17.30 Uhr, Mi geschlossen
Das Departementmuseum versammelt präkolumbische Funde, die neben den Petroglyphen des Parc Archéologique zu den wichtigsten Kulturdenkmälern der Insel zählen.

Musée Schœlcher
24 Rue Peynier
Pointe-à-Pitre
Tägl. 9–12.30/14–17 Uhr, Do, Fr bis 18 Uhr, Sa nur vormittags, Mi geschlossen

Musée Saint-John Perse
Ecke Rue A. R. Boisneuf/Nozières
Pointe-à-Pitre
Tägl. 8.30–12.30/14.30–17.30 Uhr, Sa nur vormittags, Do geschlossen

Parc Archéologique
Trois-Rivières
Auf dem Weg zur Bootsanlegestelle
Tägl. 8.30–17 Uhr
Arawak-Petroglyphen und Lehrpfad durch tropische Nutzpflanzungen

Parc Zoologique et Botanique
Traversée (D 23)
Unterhalb des Morne à Louis
Tägl. 9–17 Uhr
Mit Verkaufsstand und Café

Dependancen

Ecomusée
Château Murat
Marie-Galante
Mo, Di, Do, Fr 8–13/14.30–18.00 Uhr

Musée saintois
Fort Napoléon
Terre-de-Haut (Saintes)
Nur vormittags 9–12 Uhr, Führung möglich. Im ersten Stock sechs Säle über Geschichte und Kultur der Saintes-Inseln, im Erdgeschoß vier Ausstellungsräume des Musée d'Art Moderne.

Martinique

Bibliothèque Schœlcher
Rue de la Liberté
Fort-de-France

Mo–Fr 8–12/14.30–18 Uhr, Sa 8.30–13 Uhr
Wechselnde Ausstellungen

Galerie de Botanique
1, Place José Martí
Parc Floral et Culturel
Fort-de-France
Di–Sa 8–12/14.30–17.30 Uhr

Galerie de Géologie
1, Place José Martí
Parc Floral et Culturel,
Fort-de-France
Di–Sa 9–12.30/15–18 Uhr, im August geschlossen

Jardin Botanique
Le Jardin de Balata
Route de la Trace (N 3)
Tägl. 9–18 Uhr

Maison de la Canne
Trois-Ilets
An der Pointe-Vatable (D 7)
Tägl. 9–17 Uhr, Mo geschlossen

Musée d'art en coquillage
Anse à l'Ane
Tägl. 10–12/14–17 Uhr, Mo geschlossen

Musée des arts et traditions populaires
Rue Cassien Sainte-Claire
Saint-Esprit
Tägl. 9–12/15–17 Uhr, So 9–14 Uhr, Di geschlossen

Musée Départemental de la Martinique
9, Rue de la Liberté
(gegenüber der Savane)
Fort-de-France
Tägl. 9–12/15–18 Uhr, Sa nur vormittags; bedeutende präkolumbische Sammlung

Musée Paul Gauguin
Anse Turin
Le Carbet
Tägl. 9.30–17.30 Uhr

Musée du Père Labat
Kreuzung Anse Azérot/Belle Etoile
Sainte-Marie
Auskunft bei M. Florentiny ✆ 71 62 68

Musée de la Pagerie
Trois-Ilets
Tägl. 9–17.30 Uhr, Mo geschlossen

Musée de poupées végétales
Plantation Leyritz
Basse-Pointe
Tägl. 8–18 Uhr

Musée Régional
Bureau du Patrimoine
43 Rue Jacques Cazotte, Fort-de-France
Wechselnde Ausstellungen

Musée du Rhum
Distillerie Saint James
Sainte-Marie
Mo–Fr 9–13/14–16.30 Uhr, Sa und So nur vormittags

Musée des Transports et du Commerce
53, Rue Victor Hugo
Fort-de-France
Mo–Fr 9–17 Uhr, Sa 9–13 Uhr

Musée vulcanologique
Rue Victor Hugo
Saint-Pierre
Tägl. 9–12/15–17 Uhr

Nachtleben

Die Antillaner gehen früh zu Bett und stehen mit der Sonne auf. Nach 20 Uhr sind die Straßen auch in den Städten menschenleer. Ein ›Nachtleben‹ findet nur in den Touristenzentren Bas-du-Fort, Gosier (Guadeloupe), Pointe-du-Bout (Martinique) statt.

Die meisten großen Hotels veranstalten Abendprogramme und haben eigene Diskotheken, zu denen nicht nur die Hotelgäste eingeladen sind. Außerdem:

Diskotheken

Guadeloupe:
Elysées Matignon
Route du Bas-du-Fort
∅ 90 89 05

La Cascade
Gosier Grande Ravine
∅ 84 38 02

Mandingo
Gosier Strand
∅ 84 35 59, Mo geschlossen

New Land
Rivierastraße
∅ 84 23 23 (am Wochenende)

La Grotte
Saint-Félix
∅ 94 40 46 (am Wochenende)

Acapulco
Saint-François
∅ 88 44 90 (am Wochenende)

Le Neptune
Quartier Cayenne
Saint-François
∅ 88 48 65 (am Wochenende)

Martinique:
Club des Iles
180, Avenue M. Bishop
Fort-de-France
∅ 79 62 72 (Fr und Sa)

Manoir
Route des Religieuses
Fort-de-France
∅ 70 28 23 (Fr und Sa)

Le Must
20 Boulevard Allègre
Fort-de-France
∅ 71 74 60, So geschlossen

New Hippo
24 Boulevard Allègre
Fort-de-France
∅ 71 74 60, So, Mo geschlossen

L'Oeil
Petite Cocotte
Ducos
∅ 56 11 11, Mo geschlossen

Zipp's Dupe Club
Dumaine
el François
∅ 54 47 06 (nur Sa)

Spielkasinos

Guadeloupe:
Casino de Gosier-les-Bains
Pointe de la Verdure
∅ 84 18 33

Casino de Saint-François
Route de Méridien
∅ 88 41 40

Martinique:
Im Hotel Méridien (Pointe du Bout)
und
Im Hotel La Batelière (Schœlcher).
Für den Eintritt erforderlich: Ausweispapiere und angemessene Kleidung (Krawatte).

Pitt

Hahnenkampfarenen sind in den empfohlenen ign-Karten eingezeichnet. Die Wettkämpfe werden während der Saison (November bis April) meist an Sonntagen ausgetragen. Die genauen Termine kann man der lokalen Presse entnehmen. Der Pitt Cléry in Rivière Pilote (Martinique) zeigt auch den Kampf von Mungo gegen die Giftschlange Trigonocéphale (jeden Sonntag ab 14.30 Uhr).

Post

Da die Inseln zum französischen Staatsgebiet gehören, sind Briefe, Postkarten und Telefonate erfreulich billig. Eine Postkarte nach Deutschland kostet 2,60 FF, ein Brief 2,80 FF, ab 10 g 3,40 FF. Postkarten erreichen manchmal erst nach zwei Wochen ihr Ziel.

Hauptpostämter:

Guadeloupe
Boulevard Légitimus
(gegenüber der BNP)
Pointe-à-Pitre

Martinique
11, Rue de la Liberté (vor der Savane)
Fort-de-France

Öffnungszeiten: Mo–Fr 7–18 Uhr, Sa 7–12 Uhr

Rumdestillerien

Fast alle Rumdestillerien können besichtigt werden (meist werktags 8–12/14–16 Uhr und Sa vormittags). Ein Besuch lohnt sich freilich nur während der Herstellungsperiode (Januar bis Juli). Nicht selten sieht man unter den windschiefen Blechverschlägen noch die alte Maschinerie. In Martinique kann man oft um die Anlage einer traditionsreichen Habitation herumgehen. Die großen Destillerien bieten Führungen an, die in den Verkaufsräumen mit einer Gratis-Degustation enden.

Guadeloupe

Bellevue-Reimonenq
Sainte-Rose
Sofaïa-Auffahrt

Bologne
Basse-Terre
Populärer Rhum blanc

Damoiseau
Le Moule (D 101)
Vollmundiger Rum vieux

Grosse Montagne
(Simonnet)
Lamentin
Ø 25 93 67

Montebello
Petit-Bourg
✆ 954165

Séverin
Route Boucan (N 2) – Duportail
✆ 289186
Traditionelle Destillerie mit altem Schaufelrad (letzte Wassermühle)

Marie-Galante

Bielle
Ab Grand-Bourg landeinwärts
Richtung Capesterre

Poisson
Unweit der Zuckerfabrik Grand-Anse
auf der N 9
Historische Brennerei (1860)
Marke: Guildive du Père Labat

Salut
Oberhalb von Capesterre

Letzter Kupferalambik der
Französischen Antillen

Martinique

Bally
Domaine de Lajus
Le Carbet
✆ 780894
Edle Jahrgänge in den Lagern *(chais de vieillissement)*

Bernus
Fort-de-France
✆ 713519

Clément
Domaine de l'Acajou
Le François
✆ 543159
Schöne Habitation, Dokumentarfilm in der Case à Lucie

Depaz
Habitation de la Montagne
Saint-Pierre
✆ 736867

Duquesne
Fort-de-France
✆ 719168

Favorite
Landstraße nach Lamentin (D 13)
✆ 504732

Hardy
Tartane
✆ 582082
Originelle Fabrik, kleine Produktion

J. M.
Macouba
✆ 789255
Rarität

Mauny
Rivière Pilote
Ø 736668
Mit Pitt

Saint-Etienne (Simonnet)
Gros-Morne
Ø 576344

Saint James
Sainte-Marie
Ø 693002
Mit Museum

Trois-Rivières
Schnellstraße nach Sainte-Luce
Ø 625178

Strom

Die Stromspannung beträgt 220 V. Ein Adapter ist daher nicht nötig.

Telefon

Die öffentlichen Fernsprecher werden in Guadeloupe und Martinique auf Telefonkarten umgestellt, die an den Postschaltern zu erwerben sind. Das Telefonsystem der Inseln kommt mit sechsstelligen Nummern ohne Vorwahl aus. Sie können im Selbstwählferndienst wie folgt anwählen:

BRD: 19 – 49 – Ortskennzahl ohne die 0

Österreich: 19 – 43 – Ortskennzahl ohne die 0

Schweiz: 19 – 41 – Ortskennzahl ohne die 0

Von Deutschland aus ist Guadeloupe unter der Vorwahl 00590, Martinique unter der Vorwahl 00596 zu erreichen.

Trinkgeld

Üblich sind – wie in Frankreich – 10–15%. Das Personal in Kinos erwartet ebenfalls ein Trinkgeld.

Zeitverschiebung

Die Französischen Antillen liegen im Winter fünf, im Sommer sechs Stunden hinter der mitteleuropäischen Zeit zurück. Die ›innere Uhr‹ stellt sich langsamer um als die Armbanduhr. Genießen Sie daher die Sonnenaufgänge, solange das Frühaufstehen keine Probleme bereitet!

Zoll

Für Bundesbürger gelten die zollrechtlichen Bestimmungen der EG. Pro Person dürfen 300 Zigaretten (bzw. 150 Zigarillos, 75 Zigarren, 400 g Tabak), 750 g Kaffee, 1,5 l Alkohol (beim Rum herrscht größere Toleranz) und 37 cl Parfüm abgabefrei ausgeführt werden. Wer eine Kamera (nicht-französisches Fabrikat) ersteht, sollte die Quittung gut aufbewahren, da es ansonsten Schwierigkeiten bei der Zollabfertigung geben kann. Insgesamt können EG-Reisende Waren im Wert von 2400 FF (ca. 800 DM) zollfrei ausführen. Für Österreicher und Schweizer sind die Regelungen strenger: Waren im Wert von 300 FF, 200 Zigaretten, 1 l Alkohol, 25 cl Parfüm.

Antillanisches Wörterbuch

accras	Fischbällchen
ajoupa	indianische Laubhütte, heute überdachter Picknicktisch
alizé	Passatwind
anse	Bucht
bakoua	geflochtener Strohhut
batterie	Geschützstellung mit mehreren Kanonen
béké	auf den Antillen geborener Weißer
biguine	kreolischer Tanz
bitaco	Antillaner, der noch nie in Frankreich war
blaff	Fischsud
boi-boi	aus Holz und Stoffresten gefertigte Marionette
boucan	Holzfeuer zum Räuchern
buvette	Rumkneipe
cabrouet	zweirädriger Ochsenkarren
câpre(sse)	dunkelhäutiger Mischling
carbet	indianische Gemeinschaftshütte mit Blätterdach, heute Bootsschuppen
carême	trockene Saison (Dezember bis März)
case	einfache Behausung aus Holz und Wellblech
cassave	Maniokbrot
caye	Korallenriff
chabin, e	hellhäutige(r) Schwarze(r) mit feinen Gesichtszügen und Kraushaar
chadron	martiniquanische Bezeichnung der eßbaren weißen Seeigel (oursin)
colombo	pikanter indischer Saucentopf
coolie	Nachkomme der indischen Einwanderer, auch *z'indien*
cric-crac	Dialogritual der mündlichen Erzähltradition
décollage	erster morgendlicher Rumtrunk
dentelles	geschnitzte oder geschmiedete Friese, die als Dachverzierung dienen
djobeur	Gehilfe der Marktfrauen, Unterhalter
doudou	zärtliche Bezeichnung für geliebte Person, im *doudouisme* zum touristischen Klischeebild (Sonne, Palmen, schöne Mädchen) entartet
engagé	zwangsverpflichteter Siedler oder vom Teufel Besessener
fonds blancs	küstenferne Sandbänke
gaulettes	aus Ti-baume-Ruten geflochtene Wände, mit feuchter Erde abgedichtet
gommier	Gummibaum, aus dessen Stamm das gleichnamige Boot gefertigt wird
gros-ka	Spiel auf der afrikanischen Trommel, der *ka*
habitation	Wohnhaus des Siedlers oder seine ganze Plantage
hivernage	Regenzeit (Juli bis Oktober)
kalenda	erotischer Tanz afrikanischen Ursprungs
laghia	Kampftanz zwischen Männern
lolo	winziges Lebensmittelgeschäft, antillanischer ›Tante-Emma-Laden‹
madras	buntgestreiftes Tuch aus Indien, traditionelle Kopfbedeckung der Frauen
mare	Tümpel
marigot	Brackwasserbereich
marron	entlaufener Sklave

matoutou	Frikassé aus Erdkrabben, auch *matété* genannt
métro	aus Frankreich (= métropole) kommender Weißer, auch *z'oreille* genannt
métropole	Mutterland
miquelon	in Martinique: Fischgründe außer Inselsichtweite, Anspielung auf die französische Besitzung vor Kanada (Saint-Pierre-et-Miquelon)
morne	Berg, Hügel vulkanischen Ursprungs
ouassous	Flußkrebse, auch *z'habitants*
piton	Vulkankegel
pitt	Hahnenkampfarena
planteur	Rumcocktail mit Fruchtsaft
pri-pri	nach indianischer Tradition hergestelltes Floß
punch	Rumcocktail
purgerie	langgestreckter Trakt der Zuckersiederei, in dem die Melasse abfließt
quimbois	Zauberei
ravine	enges Bachbett
saintois	ursprünglich auf den Saintes gebautes, in ganz Guadeloupe verbreitetes Fischerboot
savane	Wiese
senne	großes Fischernetz
sucrerie	vorindustrielle Zuckersiederei, auch *sucroterie*
ti	Diminutiv z. B. ti-bois, ti-nèg, ti-punch
veillée	Totenwache
vidé	lautstarker Karnevalsumzug
vinaigrerie	Siedereigebäude, in dem früher aus den Zuckerrückständen Rum gebrannt wurde
yole	flaches Boot ohne Kiel, denen für die Regatten *(courses de yole)* große Segel aufgesetzt werden
zombi	Gespenst
zouk	Tanzfest, Popmusik

Personenregister

Barnabès, Jean 83
de Bass, Marquis 168
de Beauharnais, Alexandre 196
Bertrand, Alexandre 188
Besgneux, Maurice 157
de Blénac, Comte 168
Briere de l'Isle, General 204
Brousse, Robert 12

Capécia, Mayotte 68
Carpentier, Alejo 41, 85
Césaire, Aimé 68, 80, 84, 171, 172, 183
Chamoiseau, Patrick 87
Clément, Homère 204
Clerc, Edgar 124
Condé, Maryse 88, 128
Colbert, Jean-Baptiste 38
Cousteau, Jacques 144
Cyparis 13, 178

Damas, Léon-Gontran 84
Delgrès, Louis 138, 142
Despointes, Familie 44
Desportes, Paul 85
Dubuc, Familie 190
Dumanoir, Pinel 130
Duparquet, Jacques 35, 38
Duplessis d'Ossonville, J. 35, 146
Dutertre, Pater 28, 179

Eboué, Felix 93
d'Esnambuc, Pierre Belain 35, 170, 174

Faisans, Georges 64
Fanon, Frantz 67, 170
Fréminville, Chevalier de 165

García Márquez, Gabriel 85
Gauguin, Paul 175
Glissant, Edouard 85
Gourbeyre, Gouverneur 86
de Grasse, Graf 40
Gustav III. 155

Hawks, Howard 46
Hayot, Familie 44
Hearn, Lafcadio 177
Houel, Charles 36, 38, 90, 142, 159
Hugues, Victor 41, 65, 93, 94

Josephine, Gattin Napoleons I. 70, 170, 195f.

Kassav, Musikgruppe 76
Kolumbus, Christoph 33f., 130, 154, 157, 159, 163, 174

Labat, Jean-Baptiste, Pater 28, 39, 59, 142, 183, 186, 187, 204, 205
Lacroix, Alfred 12
La Fontaine 84
Lambert, Korsar 39
de Las Casas, Bartolomé 36
Légitimus, Darling 88
Leiris, Michel 79
Liénard de l'Olive, C. 35, 146
Louis XIII. 35
Louis XIV. 39, 179
Louis XVI. 155

de Maintenon, Gattin Louis XIV. 179
Malavoi, Musikgruppe 75
Martin, Jean-Marie 183

Martyr, Petrus 10
Matignon, Prinz von Monaco 65
Maximimin, Daniel 85

Napoleon I. 43, 70, 168, 195, 196
Niger, Paul 85

Picasso, Pablo 178
Picq, Henri 170, 172
Pélage, Offizier 43
Placy, Enzhan 88

Reinette, Luc 47
Richepance, General 43, 142
Robert, Admiral 45

Saint-John Perse 84, 93, 131
Schœlcher, Victor 43, 93, 171, 173
Schwarz-Bart, André 43
Schwarz-Bart, Simone 77, 87
Senghor, Leopold 48, 54
Stellio, Musiker 75

Tascher, Marie-Joseph Rose s. Josephine
Tazieff, Haroun 12, 15
Thoze, Jean-Philippe 191
Tirolien, Guy 85
Toscanelli 10
Toussaint Louverture 43
Tristan, Flora 175

Vauquelin, Comte de 204

Zobel, Joseph 87 f.

Orts- und Sachregister

Abymes 50, 90, 91
Acomat 147
adornos 34, 124, 173
Ajoupa-Bouillon 182
Allée Dumanoir 130
Anguilla 153
Anse à Jacques 121
Anse à la Barque 144
Anse à l'Ane 196
Anse à l'Etang 189
Anse à Sable 144
Anse Bertrand 125
Anse Caraïbe 147
Anse Céron 179
Anse Charpentier 186
Anse Couleuvre 179
Anse Crawen 165
Anse de la Baie 122
Anse de la Barque 124
Anse de la Gourde 122
Anse de la Perle 146
Anse du Bout 18, 189
Anse du Colombier 156
Anse du Figuier 166, 201
Anse Laborde 125
Anse Maurice 124
Anse Noire 197
Anse Pistolet 125
Anse Rodrigue 166
Anses d'Arlets, Les 197
Anse Souffleur 20, 125
Anse Trabaud 202
Anse Turin 175
Antigua 10, 125, 152
antillanité **49,** 85
Assimilation 44, **48**

Baie des Anglais 21
Baie du Génipa 195
Baie du Trésor 190
Baie-Mahault 90, **145,** 150, 158
Baillif 15, **142**
Bains Chauds 139, 140
Bains Jaunes 136

Balata 168, **191**
Barbados 11
Barbuda 10, 11
Barre, La 159
Bas-du-Fort 94
Bas, Les 159
Basse-Pointe 48, 66, **183**
Basse-Terre 10, 15, 43, 54, 55, 90, **142**
batterie 39, 123, 132, 147
Beauport 55, **125**
Beausoleil 146, 147
Bellefontaine 173
Blancs Matignon 41, 65, 127
Bois Jolan 121
Bouillante 144

Canal des Rotour 126
Canal Perrin 126
Cap Chevalier 202
Capesterre 27, 128, **130, 160**
Capot 186
Caravelle-Halbinsel 21, 181, 187, 188,
carbet 70
Carbet, Le 174
carême 17, 24
Carmichael 133, 137, 138, 140
Cascade des Ecrevisses 149
Cascade Vauchelet 135
case **70,** 134, 147, 150
Case-Pilote 173
Caye Plate 21, 161
Chameau 165
Champfleury 133
Changy 130
Château Dubuc 189, **190**
Château Murat 160
Chemin des Dames 136
Chutes du Carbet **133,** 138, 149
Chutes de Moreau 129
Citerne 12, 133, 135, 138
Code Noir 38
Coffre à Mort 179
Col de l'Echelle 133, 134, 137, 138
Col des Mamelles 140, 144, 148
Corossol 155
côte au vent 16, 202
côte sous le vent 16, 144, 147

Cousinière 143
Cul-de-Sac du Marin 201

dentelles **70,** 163, 187
Deshaies 147
Désirade 10, 11, 33, 65, 79, 122, 125
Deux Choux 194
Diamant 197, 199, 202
Didier 68, 168, 190
Dominica 10, 35, 82, 136, 180, 181, 185

Etang de l'As de Pique 135
Etang Madère 135
Etangs Roche 135

Fond-Lahaye 173
Fond-Saint-Jacques 186
Fonds Blancs 203
Fonds-Saint-Denis 179, 194
Fort Caroline 165
Fort-de-France 48
Fort Fleur d'Epée 41, 94
Fort Josephine 165
Fort Marin 201
Fort Napoléon 163
Fort Saint-Charles 40, 43, 132, 142
François, Le 40, **204**

Gabarre, La 90, 128
Galéries, Les 21, 160
Galion 55, 136, 142, 188
Gaoulé, Le 190, 199
Gardel 55, 123
gaulettes **71,** 161
gommier 60, 173, 197
Gorges de la Falaise 181
Gosier 52, 90, **121**
Gouyrbeyre 15
Goyave 27, 129
Grand-Bourg 159, 160
grand' case 70
Grand Cul-de-Sac Marin 19, 21, 90, 125, 145
Grande Anse 132, 146, 157, **158,** 160, 166, 197
Grande Anse des Salines 202
Grande Anse Macabou 202, 203

Grande Découverte 140
Grande Montagne 157
Grande Rivière à Goyaves 145
Grande Savane 137, 181
Grand Etang 135
Grande-Terre 10, 21, 27, 55, 90, 153
Grand-Ilet 162, 166
Grand-Rivière 185
grands blancs 37, 40, **64**
Grands-Fonds 94, **127**
Grenada 82
grève marchante 44
Gros Fougas 135
Gros Fujas 12
Gros-Morne 188
Gueule Grand Gouffre 161
Gustavia 155
Guyana 82

Habitation **37,** 44, 58, 131, 134, 138, 144, 160, 179, 182, 195, 202, 204, 205
Haie Bebel 146
Haiti 41, 43, 49
Hauts, Les 159
hivernage 17
hygrophile Vegetation 24, 180

Ilet à Boissard 90
Ilet-à-Cabrit 20, 162, 165, 202
Ilet à Caret 126, 145
Ilet à Cochons 90
Ilet à Kahouanne 146
Ilet à Petrelluzzi 90
Ilet à Ramier 197
Ilet Carénge 145
Ilet Chanel 204
Ilet Christophe 145
Ilet de Coco 156
Ilets de Pigeon 19, 144, 148
Ilet du Gosier 121
Ilet Fajou 145
Ilet la Biche 145
Ilet Macou 126
Ilet Oscar 204
Ilet Pinel 153

Jabrun-du-Sud 127
jardins créoles **27,** 134, 150, 203
Jarry 50, 51, 90, 128, 142

La mentin 145
Levallois 127
Lorient 156
Lorrain, Le 186
Louisiana 75, 82, 177
Loup Garou 204

Macouba 66, 181, 183
Madeleine 12
Madras **73**
magmatische (Eruption) **12**
Maison de la Forêt 147, **149**
Maison du Bois 147
Maison du Café 144
Maison du Volcan **136,** 147
Malendure 144
Mamelles s. Col des Mamelles
Mangles, Les 126
Manzo, La 205
Mare-au-Punch 160
Marie-Galante 10, 11, 27, 33, 55, 122
Marigot 144, 152, **153,** 186
Marin, Le 201
marrons 38, 49
Matéliane 129, 140
Matouba 14, 43, 66, **138**
mesophile Vegetation 24
Montagne du Vauclin 203
Montebello 128, 140
Mont Pelée 12, **13,** 174, 178, 179, 180, 183, 194
Monte Caraïbes 132, 133
Montserrat 10, 125, 152
Morne-à-l'Eau 126
Morne Bigot 197
Morne des Abymes 166
Morne-des-Esses 187
Morne Jacob 194
Morne Lacher 197, 202
Morne Lèger 148
Morne Morel 165
Morne-Rouge 14, 166, 180
Morne-Vert 173, 194
Morne Vitet 156

Moscou 135
Moule 21, 66, **123**

Négritude 46, **48, 67,** 68, 84, 88, 172
Nevis 10, 152
New Orleans 75
Nuages, Les 191, 194
nuée ardente **12**

pacte colonial 39, 54
Pagerie 195
Pain-de-Sucre 165, 186
Pas du Roy 136
Pelée s. Mont Pelée
Perle, La 179
petits blancs 37, 40, **65,** 155
Petit-Bourg **128,** 203
Petit Canal 126
Petit Cul-de-Sac Marin 90
Petit Havre 121
Petit Terre 122, 159
Petroglyphen 34, 131, 143, 173, 199
Phillippsburg 153
phreatische (Eruption) 12
Pic du Paradis 153
Pitons du Carbet **15,** 174, 191
Plage de Clugny 18, 146
Plage de Fort Royal 146
Plage de Roseau 130
Plage de Saint-Claire 130
Plage des Amandiers 146
Plage des Raisins Clairs 122
Plage de Tillet 146
Plage Ramée 146
Plage Rifflet 146
Plaine de la Simonière 121
Plaines, Les 145, 147
Plantation Leyritz 182
Plateau Boucher 194
Plateau de la Concorde 193
Plateau de Papaye 139
Plateau du Palmiste 135
Pointe Allègre 146
Pointe-à-Pitre 79, 160
Pointe de la Grande Vigie 21, **124**
Pointe de la Petite Tortue 124
Pointe des Châteaux 21, **122,** 157
Pointe des Colibris 122
Pointe du Bout 52, 169, **196**
Pointe Ferry 147
Pointe-Noire 147
Pointe Tarare 122
Pont Pierre 166
Porte d'Enfer 21, **124,** 202
Port-Louis 66, 125
Prêcheur, Le 179, **181**
purgerie 37, 187

Raizet, Le 50, 90
Ravine aux Exrevisses 138
Ravine Chaude 145
Rivière Blanche 13, 179
Rivière Class 140
Rivière Corossol 149
Rivière David 149
Rivière Goyave 20
Rivière-Lorrain 194, 195
Rivière Moreau 129
Rivière Noire 138
Rivière Pilote 199
Rivière Rouge 137, 139, 140
Rivière Roxelane 178, 181
Rivière-Salée 20, 90, 128, **195,** 199
rhum agricole **58, 59**
rhum industriel **58, 59**
Robert, Le 205
Rocher du Diamant 20, **197**
Routhier 134

Saint-Barthélemy 10, 11, 52, 65, 71
Saint-Claude 14, 135
Sainte-Anne **121, 201**
Sainte-Luce 199
Sainte-Marie 187
Sainte-Rose 146
Saintes 10, 11, 33, 40, 65, 71, 79, 136
Saint-Esprit 203
Saint-François 52, **121,** 122
Saint-Jean 156
Saint Kitts 10, 152, 154
Saint-Louis 162
Saint-Martin 10, 11, 155
saintois 60, 163, 200
Saint-Pierre **13,** 43, 75, 168

Saint-Thomas 155
Saint-Vincent 10, 11, 82, 181
Sans Toucher 140
Santa Lucia 10, 82, 181, 199
Saut d'Eau du Matouba 138
Saut de la Lézarde 128
Savane à Mulet 136
Savane aux Ananas 140
Savana des Pétrifications 21, 202
Schœlcher 168, 173, 200
Simson Baai Lagoon 153
Sint Eustatius 10
Sint Maarten 152
Sofaïa 146
Soufrière **14,** 33, 163
sucr(ot)erie 37, 44, 190

Tartane 189
Terre-Basse 153
Terre-de-Bas 162, 166
Terre-de-Haut 162, 163
Tintamarre 153
Trace Baille Argent-Sofaïa 146, 147
Trace Carmichael 138, 140
Trace de Jésuites 194
Trace de l'Echelle 138
Trace des Contrebandiers 145, 147
Trace don Crêtes 140, 144, 149
Trace des Etangs 135
Trace Karukéra 134
Trace Merwart 128, 140, 150
Trace Victor Hugues 128, 140
Traversée 145
Trinidad 10, 82
Trinité, La 61
Trois-Ilets, Les 52, 188, **195**
Trois-Rivières 15, 34, 131, 199
Trou à Diable 161
Trou du Grand Souffleur 166

usine centrale 44, 55, 58, 123, 125, 145

Vauclin, Le 204
Vernou 128, 140, 150
Verrier 173, 192
Vieux-Bourg 126
Vieux Fort 15, 132, 159, 161
Vieux-Habitants 140, **143**
Vinaigrerie 37
Virgin Islands 10, 152
Viviparie 21

xérophile Vegetation 24, 124, 145, 147

yole 60, 199, 202

Zévalos **93,** 122
Zyklone **17,** 121, 123, 126, 129, 144, 168

Korsika Natur und Kultur auf der ›Insel der Schönheit‹

Languedoc – Roussillon Von der Rhône zu den Pyrenäen

Das Tal der Loire Schlösser, Kirchen und Städte im ›Garten Frankreichs‹

Lothringen Kunst, Geschichte, Landschaft

Die Normandie Vom Seine-Tal zum Mont St. Michel

Paris und die Ile de France Die Metropole und das Herzland Frankreichs. Von der antiken Lutetia bis zur Millionenstadt

Führer Musée d'Orsay, Paris

Périgord und Atlantikküste Kunst und Natur im Lande der Dordogne und an der Côte d'Argent von Bordeaux bis Biarritz

Das Poitou Westfrankreich zwischen Poitiers, La Rochelle und Angoulême – die Atlantikküste von der Loiremündung bis zur Gironde

Die Provence Ein Begleiter zu den Kunststätten und Naturschönheiten im Sonnenland Frankreichs

Savoyen Vom Genfer See zum Montblanc – Natur und Kunst in den französischen Alpen

Südwest-Frankreich Vom Zentralmassiv zu den Pyrenäen

Griechenland

Athen Geschichte, Kunst und Leben der ältesten europäischen Großstadt von der Antike bis zur Gegenwart

Die griechischen Inseln Ein Reisebegleiter zu den Inseln des Lichts

Korfu Das antike Kerkyra im Ionischen Meer

Kreta – Kunst aus fünf Jahrtausenden Von den Anfängen Europas bis zur kreto-venezianischen Kunst

Rhodos Eine der sonnenreichsten Inseln im Mittelmeer – ihre Geschichte, Kultur und Landschaft

Alte Kirchen und Klöster Griechenlands Ein Begleiter zu den byzantinischen Stätten

Tempel und Stätten der Götter Griechenlands Ein Reisebegleiter zu den antiken Kultzentren der Griechen

---

Großbritannien

Englische Kathedralen Eine Reise zu den Höhepunkten englischer Architektur von 1066 bis heute

Die Kanalinseln und die Insel Wight Die britischen Inseln zwischen Normandie und Süd-England

London Biographie einer Weltstadt

Die Orkney- und Shetland-Inseln Landschaft und Kultur im Nordatlantik

Ostengland Suffolk, Norfolk und Essex. Von Künstlern und Bauern, Kirchen und Palästen der Countryside (Juli '90)

Schottland Geschichte und Literatur. Architektur und Landschaft

Süd-England Von Kent bis Cornwall. Architektur und Landschaft, Literatur und Geschichte

Wales Literatur und Politik – Industrie und Landschaft

Guatemala Honduras – Belize. Die versunkene Welt der Maya

Holland Ein Reisebegleiter durch Städte und Provinzen der Niederlande

---

Indien Von den Klöstern im Himalaya zu den Tempelstätten Südindiens

Ladakh und Zanskar Lamaistische Klosterkultur im Land zwischen Indien und Tibet

Indonesien Ein Reisebegleiter nach Java, Sumatra, Bali und Sulawesi (Celebes)

Bali Tempel, Mythen und Volkskunst auf der tropischen Insel zwischen Indischem und Pazifischem Ozean

---

Irland – Kunst, Kultur und Landschaft Entdeckungsfahrten zu den Kunststätten der ›Grünen Insel‹

Island Vulkaninsel zwischen Europa und Amerika

Israel

Das Heilige Land Historische und religiöse Stätten von Judentum, Christentum und Islam in dem zehntausend Jahre alten Kulturland zwischen Mittelmeer, Rotem Meer und Jordan

---

Italien

Die Abruzzen Das Bergland im Herzen Italiens, Kunst, Kultur und Geschichte

Apulien Kastelle und Kathedralen im Südreich der Staufer

Elba Ferieninsel im Tyrrhenischen Meer. Macchienwildnis, Kulturstätten, Dörfer, Mineralienfundorte

Emilia-Romagna Oberitalienische Kunststädte zwischen Po, Apennin und Adria

Das etruskische Italien Entdeckungsfahrten zu den Kunststätten und Nekropolen der Etrusker

Florenz Ein europäisches Zentrum der Kunst. Geschichte, Denkmäler, Sammlungen

Gardasee, Verona, Trentino Der See und seine Stadt – Landschaft und Geschichte, Literatur und Kunst

Latium – Das Land um Rom Klöster und Villen. Kirchen und Gräberstädte, mittelalterliche Orte und arkadische Landschaften

Lombardei und Oberitalienische Seen Kunst und Landschaft zwischen Adda und Po

Die Marken Die adriatische Kulturlandschaft zwischen Urbino, Loreto und Ascoli Piceno

Der Golf von Neapel Das Traumziel der klassischen Italienreise. Geschichte, Kunst, Geographie

Ober-Italien Kunst, Kultur und Landschaft zwischen den Oberitalienischen Seen und der Adria

Die italienische Riviera Ligurien – die Region und ihre Küste von San Remo über Genua bis La Spezia

Piemont und Aosta-Tal Begegnungen italienischer und französischer Kunst im Königreich der Savoyer. Kultur, Geschichte und Landschaft im Bogen der Westalpen

Rom – Ein Reisebegleiter Zweieinhalb Jahrtausende Kunst und Kultur der Ewigen Stadt

Rom in 1000 Bildern Kunst und Kultur der ›Ewigen Stadt‹ in mehr als 1000 Bildern

Das antike Rom Die Stadt der sieben Hügel: Plätze, Monumente und Kunstwerke. Geschichte und Leben im alten Rom

Sardinien Entdeckungsreisen auf einer der schönsten Inseln im Mittelmeer

Südtirol Begegnungen nördlicher und südlicher Kulturtradition in der Landschaft zwischen Brenner und Salurner Klause

Toscana Das Hügelland und die historischen Stadtzentren

Umbrien Eine Landschaft im Herzen Italiens

Venedig Die Stadt in der Lagune – Kirchen und Paläste, Gondeln und Karneval

Das Veneto Verona, Vicenza, Padua. Städte und Villen, Kultur und Landschaft Venetiens (Juni '90)

Die Villen im Veneto Eine kunst- und kulturgeschichtliche Reise in das Land zwischen Alpenrand und Adriabogen

Japan – Tempel, Gärten und Paläste Einführung in Geschichte und Kultur und Begleiter zu den Kunststätten Japans

Der Jemen Nord- und Südjemen. Antikes und islamisches Südarabien

Jordanien Völker und Kulturen zwischen Jordan und Rotem Meer

Jugoslawien Kunst, Geschichte und Landschaft zwischen Adria und Donau

Karibische Inseln Westindien. Von Cuba bis Aruba

Kenya Kunst, Kultur und Geschichte am Eingangstor zu Innerafrika

Luxemburg Entdeckungsfahrten zu den Burgen, Schlössern, Kirchen und Städten des Großherzogtums

Malaysia und Singapur Dschungelvölker, Moscheen, Hindutempel, chinesische Heiligtümer und moderne Stadtkulturen im Herzen Südostasiens

Malta und Gozo Die goldenen Felseninseln – Urzeittempel und Malteserburgen

Marokko – Berberburgen und Königsstädte des Islam Ein Reisebegleiter zur Kunst Marokkos

Mexiko Ein Reisebegleiter zu den Götterburgen und Kolonialbauten Mexikos

Mexico auf neuen Wegen Ein Reisebegleiter zu präkolumbischen Kultstätten und Kunstschätzen

Namibia und Botswana Kultur und Landschaft im südlichen Afrika

Nepal – Königreich im Himalaya Geschichte, Kunst und Kultur im Kathmandu-Tal

Österreich

Das Burgenland Land der Störche und der Burgen: Kultur, Landschaft und Geschichte zwischen Ostalpen und Pußta

Kärnten und Steiermark Vom Großglockner zum steirischen Weinland

Salzburg, Salzkammergut, Oberösterreich Kunst und Kultur auf einer Alpenreise vom Dachstein bis zum Böhmerwald

Tirol Nordtirol und Osttirol. Kunstlandschaft und Urlaubsland an Inn und Isel

Vorarlberg und Liechtenstein Landschaft, Geschichte und Kultur im ›Ländle‹ und im Fürstentum

Wien und Umgebung Kunst, Kultur und Geschichte der Donaumetropole

Pakistan Drei Hochkulturen am Indus. Harappa – Gandhara – Die Moguln

Papua-Neuguinea Niugini – Steinzeit-Kulturen auf dem Weg ins 20. Jahrhundert

Polen Geschichte, Kunst und Landschaft einer alten europäischen Kulturnation

Portugal Vom Algarve zum Minho

Madeira Kultur und Landschaft auf Portugals ›Blumeninsel‹ im Atlantik

Rumänien Schwarzmeerküste – Donaudelta – Moldau – Walachei – Siebenbürgen: Kultur und Geschichte

Die Sahara Mensch und Natur in der größten Wüste der Erde

Sahel Senegal, Mauretanien, Mali, Niger Islamische und traditionelle schwarzafrikanische Kultur zwischen Atlantik und Tschadsee

Schweiz

Die Schweiz Zwischen Basel und Bodensee · Französische Schweiz · Das Tessin · Graubünden · Vierwaldstätter See · Berner Land · Die großen Städte

Tessin Kunst und Landschaft zwischen Gotthard und Campagna Adorna

Das Wallis Der Südwesten der Schweiz

Skandinavien – Dänemark, Norwegen, Schweden, Finnland Kultur, Geschichte, Landschaft

Sowjetunion

Georgien und Armenien Zwei christliche Kulturlandschaften im Süden der Sowjetunion

Moskau und Leningrad Kunst, Kultur und Geschichte der beiden Metropolen, des ›Goldenen Ringes‹ und Nowgorods

Sowjetischer Orient Kunst und Kultur, Geschichte und Gegenwart der Völker Mittelasiens

Spanien

Die Kanarischen Inseln Inseln des ewigen Frühlings: Teneriffa, Gomera, Hierro, La Palma, Gran Canaria, Fuerteventura, Lanzarote

Katalonien und Andorra Von den Pyrenäen zum Ebro. Costa Brava – Barcelona – Tarragona – Die Königsklöster

Mallorca – Menorca Ein Begleiter zu den kulturellen Stätten und landschaftlichen Schönheiten der großen Balearen-Inseln

Nordwestspanien Landschaft, Geschichte und Kunst auf dem Weg nach Santiago de Compostela

Spaniens Südosten – Die Levante Die Mittelmeerküste von Amposta über Valencia und Alicante bis Cartagena

Südspanien für Pferdefreunde Kulturgeschichte des Pferdes von den Höhlenmalereien bis zur Gegenwart. Geschichte der Stierfechterkunst

Sudan Steinerne Gräber und lebendige Kulturen am Nil

Südamerika: Präkolumbische Hochkulturen Kunst der Kolonialzeit. Ein Reisebegleiter zu den Kunststätten in Kolumbien, Ekuador, Peru und Bolivien

Südkorea Kunst und Kultur im ›Land der Hohen Schönheit‹

Syrien Hochkulturen zwischen Mittelmeer und Arabischer Wüste

Thailand und Burma Tempelanlagen und Königsstädte zwischen Mekong und Indischem Ozean

Tschechoslowakei Kunst, Kultur und Geschichte im Herzen Europas

Tunesien Karthager, Römer, Araber

Türkei

Istanbul Bursa und Edirne – Byzanz – Konstantinopel – Stambul. Eine historische Hauptstadt zwischen Abend- und Morgenland

Ost-Türkei Völker und Kulturen zwischen Taurus und Ararat (Juni '90)

Ungarn Kultur und Kunst im Land der Magyaren (Juli '90)

USA – Der Südwesten Indianerkulturen und Naturwunder zwischen Colorado und Rio Grande

Zypern 8000 Jahre Geschichte: Archäologische Schätze – Byzantinische Kirchen – Gotische Kathedralen

»Richtig reisen«

Ägypten
Algerische Sahara
Amsterdam
Arabische Halbinsel
Australien
Bahamas
Von Bangkok nach Bali
Belgien mit dem Rad
Berlin
Bornholm
»Richtig wandern«: Bretagne
Budapest
»Richtig wandern«: Burgund
China
Cuba
Dänemark (Juni '90)
Elsaß
Ferner Osten
Finnland
Florida
Frankreich für Feinschmecker
Friaul – Triest – Venetien
Graz und die Steiermark
Griechenland
Großbritannien
Guadeloupe · Martinique
Hawaii und Südsee
Holland
Hongkong
Mit Macau und Kanton
Ibiza/Formentera
Nord-Indien
Süd-Indien (Juli '90)
Indonesien
Irland
Istanbul
Italien
Jamaica
Kairo
Kalifornien
Kanada und Alaska
Ost-Kanada
West-Kanada und Alaska
Kreta
»Richtig wandern«: Kykladen
Lanzarote
London
Los Angeles
Madagaskar · Komoren
Malediven
»Richtig wandern«: Mallorca
Marokko
Mauritius
Mexiko
Moskau
München
Neapel – Küsten und Inseln
Nepal
Neu-England
Neuseeland
New Orleans
und die Südstaaten Louisiana, Mississippi, Alabama, Tennessee, Georgia
New York
»Richtig wandern«: Nord-England (Juni '90)
Norwegen
Ostafrika
Paris
Peru und Bolivien
Philippinen
Portugal
Réunion
»Richtig wandern«: Rhodos
Rom
San Francisco
»Richtig wandern«: Schottland
Schweden
Die Schweiz und ihre Städte
Seychellen
Sinai und Rotes Meer
Sizilien
Spanien
»Richtig wandern«: Südtirol
Südwesten – USA
Teneriffa
Texas
Thailand
Toscana
»Richtig wandern«: Toscana und Latium
Türkei
Tunesien
Venedig
Wallis
Wien
Zentralamerika
Zypern